소수자들의
삶과 기록

소수자들의 삶과 기록

윤수종 엮음

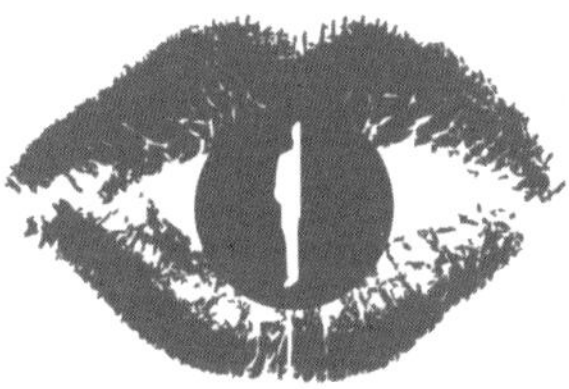

사회를 움직이게 하고
열리게 하는 소수자들의 행진

탈가정 10대 • 탈성매매 여성 • 넝마주이 • 병역거부자 • 영창 근무자/수용자
탈시설 장애인 부부 • 청각장애인 • 자폐장애아 • HIV 감염인
성소수자 부모 • 성소수자

문학들

책을 펴내며

이 책에 실린 글들은 계간 『문학들』(2014년 가을호~2018년 봄호)의 '이야기들' 란(37호~51호)에 실었던 것들이다. 몇몇 글은 이미 알려진 내용을 담고 있거나 중복되어 뺀 것도 있다. 당사자가 직접 쓴 글이 가장 많지만 부모, 구술노동자, 연구자들이 쓴 글도 있다.

이미 『문학들』 22호~36호에 실렸던 글들을 묶어서 『소수자들의 삶과 문학』(문학들, 2014)으로 펴낸 바 있다. 『소수자들의 삶과 문학』에서 주요한 글 형식은 수기였다. "수기가 문학의 일종이긴 하지만 실제 삶을 담기 때문에 허구적인 문학이 주는 충격과는 질적으로 다르다. 실제 있었던 일이고 자기 체험의 문제니까 그 파괴력이 굉장히 크다. 신문기사의 경우 매우 짧게 단편적으로 편집되기 때문에, 소수자의 주체적 시각에 있는 그대로의 진실을 드러내지 못한다. 그러나 수기형태의 이야기들은 정말 소중한 글쓰기 공간이다. 일반 문학적 담론을 통해서 자신의 생각을 드러낼 수 없는 소수자들에게 하나의 공간을 제공한다는 의미가 있다. 한국전쟁은 물론이지만 4월혁명 직후와 5·18 이후에 수많은 수기가 쏟아졌다. 유신체제 아래에서 노동자들의 억압된 목소리를 드러내는 통로가 되었던 게 수기였다. 사실 수기야말로 한국문학의 토대를 형성했던 것이라 볼 수 있는데, 예컨대 베트남 전쟁 수기로 인해 베트남전쟁 문학이 가능했다. 수기는 언어적 시민권을 가지지 못한 이들에게 그 권리를 돌려주는 공간이다. 소수자들의 목소리가 드러나는 공간이 많으면 많을수록 좋다. 소수자들의 실상을 드러낼 수 있는 담론공간이 부족한 것이 사실이다. 문화매체는 그런 공간을 잘 허락하지 않는다."

그러나 수기도 글쓰기 형식이다. 글쓰기를 통해 자신을 표현한다는 것은 굉장히 어려운 일이다. 특히 소수자 당사자들이 수기를 만들어 내기에는 적잖은 한계가 있었다. 더욱이 더욱 더 소수적인 것을 탐색해 나감으로써 소수적인 것의 지평을 넓혀갈 수 있다는 생각을 하게 되면서, 글을 만들어 낼 수 없는 소수자들을 만나게 되었다. 글자화된 텍스트를 어떻게 만들어 낼 것인가? 언어와 문자로 표현된 것은 우리의 표현들 가운데 얼마나 차지할까? 당사자가 언어와 문자로 표현할 수 없는 것을 표현해주는 도우미가 필요했다. 그러다 보니 연구자들이 소수자들을 면담하여 채록한 것을 '말하는 식으로' 인용하고 설명해 나가는 텍스트들에 접속하게 되었다. 또 어느 날 글을 받았는데 필자 소개란에 '구술노동자' 라고 쓰여 있었다. 신선한 느낌을 받았다. 그냥 옮겨 쓰는 것이 아니라 당사자의 감정까지도 드러내고 있었다. 동영상 표현 형식이 득세해 가는 현실 속에서 문자텍스트를 만들어 가는 것이 구태의연한 것 같지만 영상이나 목소리와는 다른 내용을 전달해줄 수 있었다. 더욱이 '표현도우미' 라니. 소수자들에게는 많은 표현도우미가, 친구가 필요한 것 같다.

대표화할 수 없는 사람들, 대표화될 수 없는 사람들, 보이지 않는 사람들, 표현하기 어려운 특성을 가진 사람들, 소수적인 사람들을 드러내는 다양한 방식의 기록이 필요하다고 생각한다. 물론 당사자가 표현할 수 있다면 아주 좋지만 말이다. 이 책에 실린 글들은 소수자들 당사자와 도우미와 친구(부모)…가 기록한 것들이다.

기록의 중요성을 다시 생각하면서 책의 제목을 『소수자들의 삶과 기록』으로 정했다.

그렇다면 소수자들의 삶을 다시 살펴보자.

그동안 실렸던 소수자들의 삶에 관한 여러 편의 글을 보면서 '정주'를 지향하는 표준화된 다수자들의 삶과는 다른 삶의 모습을 엿볼 수 있었다. 물론 표준적인 사회에 의해 갇히기도 하고 당사자들의 장애에 의해 주춤하기도 하지만 끊임없이 이동하면서 새로운 주체성을 찾아 나서는 소수자들의 모습을 확인할 수 있었다. 사회를 움직이게 하고 열리게 하는 소수자들의 행진을 확인할 수 있었다.

그러한 구도에서 '이동', '감금', '장애', '주체성'이란 주제별로 글을 배치해 보았다.

독자들을 위해 각 이야기에 대한 간단한 소개를 해 보고자 한다.

이동

「지금은 이동중」은 가정 밖 청소녀/년들의 이동하는 삶을 그려주고 있다. 광주의 작은 대안학교에서 만난 탈가정 10대, 다희와 신선에 대한 기록과 증언은 우리 시대 10대들의 색다른 움직임을 볼 수 있게 해

준다. '집' 의 의미가 해체되어 버린 이들은 거리에서 이동하며 공동주거를 이루어 가는 과정, 차털이와 폰팔이 등의 생계전략, 끊임없는 이합집산 속에서 이동하는 삶을 보여준다.

「내 인생의 블랙홀」은 성노동자의 탈성매매 과정에 대한 이야기이다. 불가항력적인 운명의 속박에서 벗어나려는 '존재' 의 미세한 음성이 진양조 소리로 들려온다. 사방에 걸쳐 있는 폭력과 착취의 그물 속에서 버텨내면서 점차 자신을 찾아가는 그녀는 이제 자신을 드러냄으로써 다른 사람들을 포용해 나가고 있다.

「그래도 살아야 하기 때문에」는 1980년대 말 넝마주이의 이야기이다. 좀 철 지난 이야기지만 여기저기 끊임없이 돌아다니면서 살아가는 삶을 보여준다. 비어와 속어를 사용하면서도 범법의 경계를 넘나들면서도 밑바닥 인생들의 버팀목인 자긍심을 드러내면서 함께하는 삶을 그려준다.

감금

「중간 크기의 세계를 소망하며」는 병역거부자의 이야기이다. "남을 개종시키려 하지 마라"는 프란체스코 교황의 말을 빌지 않더라도, 자신의 삶을 자신의 의미대로 살고자 했던 한 사람의 이야기가 우리에게 던지는 파동은 아프다. 저녁 무렵의 산책, 휴일의 등산, 친구 집에서의 식사와 정겨운 대화, 시장보기… 그런 중간 크기의 갈망조차 막아버리는 것이 우리의 현실이다.

「영창의 안과 밖」은 군대 안의 감옥 이야기이다. "너 영창 갈래?" 군대 안에서 장교의 이 한마디면 병사의 웬만한 불만이나 항의나 저항을 눌러버릴 수 있다. 이 글은 군대 '영창'이라는 시공간에서 겪은 체험담으로서, 병사들의 사소한 다툼이나 사건들을 처리해 나가는 감금장소로서 영창의 안과 밖을 근무자와 수용자를 통해 그려준다. 군대의 문제들이 여러 측면에서 고스란히 드러나고 있다. 수용자들을 복종시키는 메카니즘뿐만 아니라 해병대의 차별적 기제(가해자의 상찬과 피해자의 꼰잘레스화)까지 보여준다. 감금은 차별을 결코 해결하지 않는다. 강화할 뿐이다.

장애

국가와 체제와 다양한 메카니즘의 억압이나 예속화 방식만이 아니라 당사자가 지닌 장애로 인해 갇혀 버리는 사람들이 있다.

「이 부부가 사는 법」은 우리 이웃이 되려는 탈시설 장애인 부부의 목소리이다. 시설에서 만나 결혼하고 체험홈을 거쳐 독립한 이들 부부의 이야기는 아프지만 애틋하고, 그래서 또 한편 아름답다. 그 아름다움은 상분 씨의 생생한 목소리에서 오는 진실함 때문일 것이다. 이웃이 되는 것이 어떤 것인지를 일깨워주고 있다.

「청각장애인으로 살아가기」는 어려서 청력을 잃은 청각장애인의 이야기이다. 아주 사소한 것처럼 보이는 것이 특정한 사람들에게는 얼마나 커다란 문제이며 결국은 그러한 문제를 해결하면 모두에게 더 좋은 환경을 제공하게 된다는 것을 생생하고 구체적인 육성으로 들려준다.

「크랙」은 발달장애아를 키우며 또한 조현병을 앓았던 언니를 둔 사람의 소설이다. 이 글은 자폐장애인이 겪는 일상을 살아 있는 문체로 전달한다. 소수자는 물론이고 그 가족의 이야기까지 엮어 내는 이 짧은 글의 강렬함, 즉 감성적이지만 감정의 낭비를 보여주지 않는 이러한 말하기는 그만큼의 관심과 존중이 없었다면 불가능했을 터이다.

주체성

「4는 0이다」는 에이즈감염인의 자기고백 글이다. 그는 서정적이고 아름다운 문장으로 아픈 얼굴 하나를 스케치한다. HIV 감염 판정을 받은 글쓴이의 목소리와 피에르 장 주브의 『파울리나 1880』에서 가려 뽑은 문장들이 교차하는 글은 마치 다성음악을 듣는 듯하다. 말할 수 없는 문자들이 한 곡의 음악으로 연주된다. 그는 다른 '그'에게 묻는다. "그와 함께 보내는 시간이 늘어날수록 나는 슬퍼졌다. 어떻게 말하면 좋을까. 언제 말하면 좋을까. 그리고 어떻게 헤어지면 좋을까." 그리고 또 그는 고발한다. "평등하지 않은 사람들의 삶은 죽음조차 평등하지 못했다. 죽음 앞에서조차 삶의 계급에 의한 차이는 확연했다." 마지막으로 그는 선언한다. "다 사라져라. 내 앞에서, 내 기억에서 나가 없어져라. 처음부터 내게 없었던 것처럼. 그리고 나도 당신들에게 없었던 것처럼. 우리 앞에 남겨진 원망과 증오의 시간들을 피하기 위해서라도."

「나는 성소수자의 부모입니다」는 성소수자부모들의 인터뷰를 정리한 글들이다. 다양한 성소수자를 자녀로 둔 어버이들의 이야기가 눈길을 끈다. 당사자들은 자신들의 선택적(?) 삶이겠지만 원치 않게 다른 성정체성을 지닌 자녀들을 둔 부모들의 상처와 그 치유과정들이 독자의 마음을 한층 순화시킬 것이다. 그리고 최근 이 부모님들의 활발한 운동은 주목할 만하다.

「옆집 남자」는 1960년대 말 무렵 서울의 한 후미진 동네를 배경으로 한 소설이다. 물론 그 전개과정과 흐름의 구도는 여전히 현재진행형이라 할 수 있다. 서울 한복판에서 밀려난 사람들이 대거 모여들어 생긴 이 마을사람들은 서울시민이면서 서울시민이 아니었다. 마을사람들이 겪고 사는 일들을 기록하는 화자의 시선을 따라가다 보면 이상한 세상의 그림자가 마을 전체를 뒤덮는 듯하다. 마을사람들은 소문의 소문을 만들어 간다. 그 사이 타지에서 온 이방인 '그 남자' 가 마을사람들의 주목을 받기 시작한다. 확연한 이유를 알 수 없는 증오와 분노는 하나의 희생양을 원한다. '일반인' 들의 외로움과 분노가 '공공의 적' 을 어떻게 탄생시키는지를 보여준다. 남자의 사랑과 내면의 갈등, 소수자의 이야기는 소수자로서의 차별을 드러내는 것만이 아니라 어느덧 우리 사회의 현실을 향해 예리한 칼날을 들이민다.

사회를 움직이게 하고 열리게 하는 소수자들의 행진!

필자들을 대신해서

2019년 2월

윤수종 씀

차례

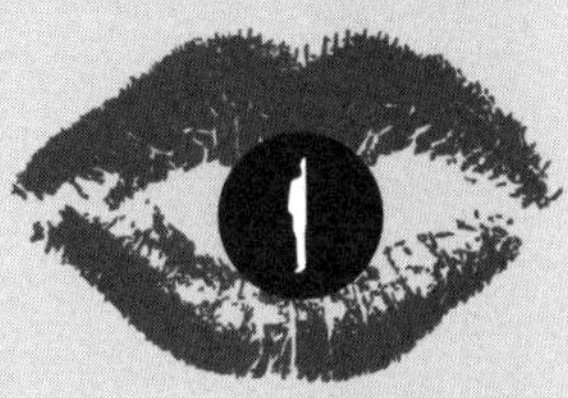

이동

탈가정 10대

탈성매매 여성

넝마주이

지금은 이동 중 • 추주희

내 인생의 블랙홀 • 임수정

그래도 살아야 하기 때문에 • 김차균

지금은 이동 중
– '탈가정' 10대 다희와 신선의 이야기

추주희*

다희와 신선을 만나기

다희와 신선을 만난 건 2014년 여름 광주의 작은 대안학교 늘품교실에서다. 늘품교실은 2012년부터 광주지역에서 학교를 다니지 않는 10대들을 대상으로 인권교육, 검정고시, 인문학교실, 문화예술교육, 상담 등을 하고 있다. 이곳은 주로 법원의 수강명령, 보호관찰, 상담위탁을 받은 10대들이 찾아온다. 일부는 친구 따라 놀러왔다가 다니기도 한다. 무엇보다 이곳에 오는 10대들은 가족들과 함께 지내는 경우보다 따로 나와서 살거나 쉼터에서 사는 경우가 더 많다. 늘품을 졸업(?)한 친구가 아르바이트 했던 술집에서 같이 일했던 다희는 그 술집에 놀러간 늘품

* 전남대 여성연구소 연구원.

교사를 만나고 나서 이곳에 와 검정고시를 준비하게 되었다. 다희를 처음 만났을 때 만 19살이었으며, 그 시기 즈음 잠깐 부모님의 '집' 으로 돌아갔다. 다희보다 한 살 어린 신선은 현재(2015년) 만 19살인데, 소년원을 나온 후 쉼터에서 생활하고 있으며 쉼터 선생님과 친구들의 소개로 늘품교실을 찾게 되었다.

'집' 으로 돌아가기 전

다희가 맨 처음 '집' 을 나왔던 순간은 가출이었다고 말했다. 보호자의 동의 없이 나온 상황이기 때문에 가출일 수 있지만, 자신을 딱히 찾지 않고 또한 집에 있더라도 어떠한 보살핌도 받을 수 없는 '집' 에서 나온 것은 역설적으로 '가출' 이 아니었다. 처음 다희는 아빠의 가정폭력을 거부하며 집을 나왔다.

다희 아빠랑 엄마랑 트러블이 심했어요. 아빠가 가정 폭력이 너무 심했었어요. 그래서 초등학교 3학년 때 엄마가 집을 한 번 나갔었어요. 아빠가 엄마 머리를 다 자르고 난리가 났었거든요. 그 이후에 저흰 어린 초등학생이어서 아빠가 저랑 동생이랑 수원에 데려다준 거예요. 엄마의 오빠 집에. 그래서 엄마가 수원으로 달려왔어요. 다시 서울 가고 나서 한 달 정도 학교를 안 다녔어요. 어느 날 아빠가 너무 보고 싶은 거예요. 그래서 서울 집에서 아빠 핸드폰으로 전화를 했는데 아빠가 그걸 추적해서 올라왔어요. 그래서 그때부터 다시 살았는데 2주 정도 잘 지내다가 아빠가 다시 똑같아졌어요. 초등학교 3학년 때. 그때 초등학교를 4곳을 다녔어요. 광주 다니다가 서울 청량 초등학교 다니다가 다시 광주에 오고… 그때 다시 돌아오게 된 건 아빠가 찾아왔기 때문에요. 그때부터 포기하고 살았어요. 엄마도 포기하고. 다 아빠가 미안하다고. 그런데 똑같고 엄마도 그냥 포기하고 살았는데 아빠가 가정폭력이 안 나아지니까 언니가 처음 가출을 했어요. 언니는 아빠한테 죽도록 맞고… 몇 번 더 하다가 집에 있었는데, 제가 못 견디겠는 거예요. 그래서 중2 때쯤 나왔어요. 저희가 하도 그러니까… 아빠는 지금은 저희를 안 때려요, 못 때리죠 머리가 다 커버렸으니까. 그런데 저희나 엄마를 못 때리니까, 자기를 때려요. 집안 물건을 던지고… 지금은 그런가보다 하고 넘기지만…

신선　태어난 곳은 나주에서 16살까지 있었으니까. 광주는 16살 때부터 있었어. 본격적으로 나와 산 게 그러니까 16살 때지. 그전에는 들락날락 가출하다가 16살 때부터. 이때 난 출가다 이러면서. 부모님과 합의나 동의 없었어. 그런 건 안 중요해. (부모님은) 나한테 관심도 없었어. 고모가 나 혼자 살 때, 돈을 빌려줬으면 빌려줬지, 아빠는 돈을 준 적도 없고. 그전부터도. 15살 때부터 나와 있었는데, 그때도 전혀 도움 받고 살지 않았어. 지금도 부모님이랑 연락 안 해. 명절 때도 안 하고, 앞으로도 뭐 할 생각 거의 없어. 지금이 편하고 좋아.

신선은 부모님 이혼 후 할머니와 살았다. 잠깐이지만 재혼한 아버지와 같이 생활했다. 하지만 아버지의 강압적인 규제와 폭력, 재혼한 어머니와의 관계는 힘들었다. 무엇보다 이제까지 자신을 내버려 뒀던 아버지가 갑작스레 자신의 삶에 개입하는 게 싫었다. 그래서 16살에 나주에서 광주로 올라와 생활했다.

10대의 첫 가출은 대개 우발적이거나 일시적이며 단기간에 끝나는 경우가 많다. 그러나 그러한 가출이 반복되고 장기화되는 과정에는 다른 의미들이 담겨 있다. 즉 가족 안에 남아 있을 수 없는 상황과 조건들, 혹은 가족 밖에서 살아갈 수 있는 새로운 동력을 찾아 나서는 '독립' 의 과정이 함께 뒤섞여 있다.

다희 그때 나는 15살이었으니까. 어렸을 때부터 그랬거든요. 다른 애들은 학교에서 공부하는데 나는 선배들이랑 여행 다니니까 멋있었어요. 그 사람들이 착하고 잘 챙겨주니까 고맙고 좋았어요. 지금 생각해보면 철없었죠. 그냥 다 미래가 없었어요. 미래도 없고, 그냥 생각 없이 노는 것 같았죠. 그래도 만약 지금 그때로 돌아가면 또 그렇게 살았을 것 같아요. 학교 안 다닌 거 말고는 그때 생활에 대한 후회는 전혀 없어요. 친한 사람들끼리 모여 사니까 재미있었어요. 가족하고 비교하면, 내가 살던 집보다 다툼이 적었었고, 학교에서 친했던 애들이랑 같이 산 느낌이고, 사회 선배의 도움과 보살핌을 받으면서 편하게 사는 거예요. 그때는 정말 그 사람들이 제게 의지가 되었고, 무슨 일이 있으면 쪼르르 달려가서 의논했어요. 누가 나한테 뭐라고 말하면 혹은 괴롭힌다고 말하면 다 해결해주는 내 편이었어요.

신선 광주는 16살 때부터 있었는데, 여기 있으면서 나주나 수원, 대전, 남양주 등지로 돌아다닌 거야. 수원에서 8개월, 남양주에서는 6개월, 대전은 3달. 광주는 한 4년. 광주에서 오래 있었던 건, 광주에 친구들이 있으니까. 충장로, 구시청 금동, 금성빌라도 살고, 대지장도 살았고, 여러 곳에서 살았어. 쪽방이나 상하방에는 안 살았고. 빌라나 원룸에서 살았어. 거지같이 살지는 않았어. 하지만 거지같이 살고 안 살고는 돈 차이지. 일을 하느냐 안 하느냐에 따라 집도 달라지지. 일은 또 얼마나 하느냐는 자기가 얼마나 쓰느냐에 따라 달라지고. 고1 때, 17살 때, 그때 정말 돈 없어서 노숙했었지. 십 원도 없었어. 한 일주일 이상 했었지. 아파트 옥상에서 주로 살았어. 아파트 옥상이나 계단에서 잤어. 여기는 따뜻해. 밥은 잘 안 먹고. 노가다 했지. 노가다 해가지고 돈이 생기면, 보통 형들이랑 같이 돈을 모아서 집을 얻지. 정말 일도 많이 했어. 일 많이 했어. 노가다. 핸드폰. 중고핸드폰 판매. 서빙. 전단지 돌리기, 공장에서도 일하고, 택배. 공장 일은 하루 하고 나왔어. 너무 힘들었어. 자질구레하게 삥도 뜯고, 절도도 하고… 그중 오토바이 절도로 (소년원) 갔지.

중학교 2학년부터 나와 살기 시작한 다희는 이 시기에 차털이 및 차량 절도를 하면서 여러 지역을 돌아다니며 생활했다. 그러다 고1 때부터 광주 금동에서 여러 선배들과 함께 또 다른 '집'을 얻어 생활하기 시작했다. 그리고 집에서 나올 시기 즈음 남자친구를 사귀었다. 그때까지만 해도 학교도 잘 적응하고 다녔지만, 남자친구를 통해 알게 된 오빠들과 함께 이곳저곳 놀러 다니는 것이 즐거웠다. 또래들과의 생활이 즐거웠던 것은 그들로부터 받은 보살핌과 돌봄이 더 중요하게 다가왔기 때문이다. 가족에게서 제공받지 못한 보살핌과 돌봄을 제공해 주는 이들과의 생활은 오히려 자기 삶을 안정화하고 즐거운 것으로 받아들일 수 있게 했다. 이때부터 다희는 또래들과 함께 이곳저곳 돌아다니며 함께 생활하기 시작했다. 어떤 계획이나 목적 없이 무작정 전국을 돌아다녔다. 어디든, 언제든지 가고 싶은 곳이 생기면 떠났다. 다희는 이를 그저 "여행을 많이 다녔어요."라고 표현했다. 부모의 경제적 지원 없이, 스스로 돈을 벌거나 도둑질하거나 빌리거나 하며 '적극적으로' 현재의 가족과 분리된 생활을 이어 나갔다.

하지만 신선은 달랐다. 신선은 일해야만 먹을 수 있었고, 쉴 수 있었고, 잘 수 있었다. 처음 광주에 올라와서 시작한 일은 '노가다' 다. 이런 노동경험은 공식적인 노동시장에 진입한 10대가 할 수 있는 일들을 전형적으로 보여 준다. '가출' 시기가 생활에 필요한 만큼의 돈을 버는 데 집중되어 있었다면, '탈가정' 으로 독립적인 생활을 위해서는 단순히 생계유지가 아닌 정기적인 '일' 또는 '직업' 이 필요하다. 노가다가 되었든 핸드폰 판매가 되었든 꾸준히 일했다. 일이 없을 때는 삥도 뜯고 절도도 했다.

차털이와 폰팔이

집에서 나와 또래들과 이곳저곳 돌아다니며 생활하기 위해서는 돈이 필요했다. 돈이 없으면 방값, 식사비, 담뱃값을 충당하지 못한다. 급할 때는 다시 '집' 으로 돌아가 돈을 훔쳐서 나오거나 거리에서 삥을

뜯기도 하며, 차털이도 했다. 차털이는 매우 간단한 절도 방법이다. 골목이나 노상에 주차되어 있는 차량의 손잡이를 무작위로 잡아당겨서 잠겨 있지 않은 차량을 확인하고, 자연스럽게 차문을 열고 들어가 귀중품이나 동전 주머니 등을 훔친다. 때로 창문을 깨기도 한다. 문이 잠겨 있지 않은 자동차에는 때때로 자동차 키가 꽂혀 있기도 하며, 이때 차를 훔치기도 한다. 집을 나와 사는 10대들이 하는 가장 일반적인 불법적 활동이다. 다희는 돌아다니면서 필요한 경비는 어울린 언니, 오빠들과 함께 차를 털면서 충당했고, 그것으로 전국 각지를 3개월 정도 돌아다녔다. 대부분 차에서 잠을 자거나 때때로 모텔과 찜질방을 이용했다.

다희 두세 달 정도는 차를 따면서 지냈어요. 차를 털면 귀중품 같은 것도 나오고 돈도 200만 원 뭉텅이로 나와요. 그때그때 모텔에서 자고 오빠들 집이나 언니들 집에 가서 하루씩 자고 3개월 동안 차에서 자고 그랬던 것 같아요. 그 딴 차를 몇 시간 타다가 다른 차를 또 따요. 계속 그 패턴으로 100대 가까이. 차는 오빠들이 주로 땄죠. 전국을 다 다녔어요. 여기저기 다 다녔어요. 대전, 순천, 경상도… 이렇게 해서 돌아다녔어요. 그 지역에서 산 건 아니고 차를 갈아타면서 그 지방에 있었어요. 정차해서. 노느라. 순전히 노느라. 노래방도 가고, 바다도 가고, 술도 마시고.

배회할 때, '탈가정' 10대는 적절한 주거 공간을 찾고자, 즉 그곳에 정착하고자 노력하지 않는다. 오히려 이들은 다른 지역을 배회하며 자신들이 원래 살고 있던 곳에서 하는 행위와 전혀 다른 생활이나 경험을 추구한다. 그래서 이들은 특정한 이동의 경로나 목적지가 없다. '목적지' 없는 배회에 모험, 오락, 성 쾌락은 훨씬 중요한 변수가 된다. 이 경우 이들은 매우 '위험한' 존재가 되기도 하며, 이들의 삶 자체가 위험과 혼돈 속에서 '목적 없는 존재'로 비치기도 한다. 특히 이러한 배회 시기에는 다른 지역으로 이동이 수시로 이뤄진다. 이들에게 마땅하고 적절한 주거 공간은 없지만, 현재의 자신의 삶에서 새로운 곳을 살펴보고 즉흥적인 행동을 하는 또래 집단과 함께하면서 일탈을 모험이나 "여행"으로 의미화한다. 이들에게 중요한 사회관계는 장소에 고정되지 않으며, 주거 공간도 마찬가지로 고정될 필요가 없다. 오히려, 시간적·공간적 제약에서 벗어나 바다, 도시, 계곡과 같은 특정 장소, 사건들, 새로운 만남을 위해 이동하며, 주거 공간은 이동과 이동 사이를 연결하는 하나의 마디가 된다.

신선 고2 때 즈음 광주에서 살다가 수원으로 간 거야. 이때 그냥 놀았어. 돈도 안 벌고 그냥 놀았어. 나쁜 짓도 별로 안 하고 그냥 놀았어. 핸드폰 팔면서. 중고폰 판매했어. 내가 가지고 있던 중고폰 8개 있었어요. 친구들 것도 팔고. 핸드폰 기종마다 가격이 달라요. 중고폰 판매상에게 팔았어요. 기스가 나면 가격은 잘 안 쳐주죠. 세 달 동안 중고폰 팔아서 살면서, 밥 먹고 pc방 가고 그 생활을 반복했어요. 그러다가 어떤 모르는 형을 만났는데… 나랑 그때 같이 살던 여자친구. 걔들은 조건사기를 했어. 여자랑 같이 모텔을 (조건만남 하는) 남자가 들어가면, 뒤 따라 들어가서 문 열고 이거 신고하겠다고 하면서 돈 받아내는 거

했어. 그 형을 따라갔던 남자 동생들이 조건사기를 했어. 그 형은 자기 여자 친구한테 그 조건사기를 시키고.

신선은 공식 노동시장에서 일하지 않을 때는 주로 폰팔이를 했다. 폰팔이는 여러 가지 유형이 있다. 휴대폰 대리점에서 손님을 모으며 호객행위를 하는 폰팔이에서부터 중고폰 매입처에 핸드폰을 훔쳐다 파는 폰팔이, 인터넷에 중고 핸드폰을 판매한다고 올린 후 물건을 보내지 않고 돈만 받고 튀는 폰팔이(일명 사기폰팔이)까지 다양하다. 신선은 주로 휴대폰 대리점에서 호객행위를 하면서 생활할 때 여러 대의 폰을 가지고 있었고, 자신의 폰과 친구들의 폰을 팔며 생활했다. 그러나 우연히 만난 형과 함께 살았던 또래들이 조건만남 사기를 치며 생활하자 헤어지게 됐다.

배회의 끝(?)

배회와 이동이 잠시 멈추는 순간이 있다. 사회에서 다양한 비행이나 범법행위를 한 10대는 사법적 판단을 받게 되고, 그에 따라 소년원이나 쉼터 등지에서 관리를 받게 된다. 이 과정에서 '밖'의 생활과 분리되거나 관계의 제한을 받는다. 하지만 외적 제재로 소년원이나 '집'이나 '쉼터'에 들어갔던 10대는 제재 기간이 끝나면 곧바로 소년원이나 쉼터나 집에서 나와 혼자 살거나 친구와 함께 산다.

다희 시내(광주광역시 금동)에 정착한 건 저 중3 때 즈음이에요. 이게 2013년 12월 31일이에요. 아직도 기억이 생생한데… 이날 다 같이 노래방에 갔는데 제가 핸드폰을 '(훔친)' 차에 놓고 내렸어요. 구 시청 사거리에서. 근데 와서 보니까 경찰차가 5대가 몰려가지고 그 차를 수사하고 있는 거예요. 거기 제 핸드폰이 있잖아요. 우선 도망쳤죠. 그런데 다음 날 갈 곳이 너무 없는 거예요. 오빠들이 저한테 계속 우선 집에 가라… 그래서 우선은 무서우니까 집엘 갔는데, 아빠한테 제 핸드폰이 있는 거예요. 경찰한테 연락이 온 거죠. 큰일 났다 이러고 아빠한테서 도망치려고 했는데, 아빠가 내 머리를 잡아 머리가 한 뭉텅이 빠지고 뺨 맞고 발로 차이고 동네방네 살려달라고 하고… 결국 경찰이 오고, 저도 경찰서 가서 진술서 쓰고, 바로 나와서 그 오빠들이랑 살게 됐어요.

다희는 도난 신고된 차량 안에 핸드폰을 두고 내린다. 결국 경찰로, 가족에게 소환됐다. 경찰에 신고가 들어갈 정도로 아빠에게 맞고, 경찰서에 가서 거짓 진술 -자신 역시 핸드폰을 잃어버렸고, 차 안에 발견된 핸드폰을 찾고 있었노라고 말한다- 을 한 다음에 풀려났다. 하지만 집으로 돌아가고 싶지 않았다. 결국 남자친구가 생활하는 또래, 선배들의 집에 들어가 살게 되면서 정착생활을 시작했다.

신선 나는 수원에 있다가 잡혔어요. 그래서 광주로 왔지. 보호관찰 위반상태였는데, 수원으로 도망갔어요. 잡혀가지고, 거기서 위탁소 들어갔다가 광주로 왔어요. 처음에 쉼터 처분을 받았어. 쉼터에서 지내게 되었는데, 순천에 있는 쉼터였는데 2년 보호처분. 근데 너무 힘들었어.

쉼터에서 지내기가 너무 힘들어서, 경기도로 도망을 쳤어요. 순천 쉼터 애들은 정말 싸가지가 없어요. 텃새가 엄청 심하고, 뭣도 아닌 것들이 담배 있냐고 시비 걸고, 뺏어가듯이 담배 가져가고. 옆에 있는 애들 당하는 것을 보면은… 빨래 같은 것도 다 하라고 하고, 애들 때리려고도 하고 그래서. 거기 쉼터는 보호관찰 받는 애들만 가는 쉼터. 텃새가 정말 너무 심했어. 선생님들이 도와주거나 제재하거나 그런 것도 없고. 보호관찰 끝날 때까지 2년 동안 거기에 있으라고 처분 받았는데 못 있겠더라구. 그래서 도망쳤지. 그래서 수원에서 그렇게 일하면서 살았지.

신선의 정착 생활은 크게 두 가지 이유 때문이었다. 하나는 또래들과 집단생활을 하다 생활고에 결국 가구원들이 뿔뿔이 흩어졌을 때거나 범법행위로 인해 강제적으로 쉼터와 집으로 소환될 때이다. 이때 일시적으로 집으로 돌아가서 또는 쉼터에서 생활하면서 그동안의 '자유로웠던' 생활은 끝이 난다. 쉼터는 '강제적인 생활로' 있을 때는 무엇을 해서든지 벗어나야만 하는 공간이었지만, 안전을 보장해 주고 돈을 벌지 않고도 학업을 할 수 있는 상황을 제공해 주는 곳으로 인식하는 순간 정주 공간으로 변한다. 신선은 일하지 않고 검정고시로 학력을 취득하고 자격증을 따기 위해 19살에 쉼터에 들어왔다. 하지만 이들에게는 군대를 가야 한다는 큰 부담이 있다. 또한 쉼터에는 입소 정원이 제한되어 있기 때문에 결원이 생기지 않는 이상 '연령' 우선순위로 입소를 거부당하거나 살고 있더라도 20살 이상이 되면 퇴소와 관련된 암묵적 압박을 받는다. 결국 쉼터도 일시적 정주공간일 뿐이다.

공동주거의 시작

'탈가정' 10대가 집에서 나오는 것은 계획적이고 구체적인 '독립'을 염두에 둔 과정으로 이루어지지 않는다. 이들은 물리적이고 감정적으로 집과 거리를 두고 떠났을 뿐이다. 그러나 이들이 가지고 있는 물적 토대는 매우 약하다. 집을 얻을 만한 충분한 돈도 정보도 없다. 이들은 우선 친구 집에서 얹혀산다. 얹혀살기는 부모님과 함께 사는 친구 집에서 얹혀살기부터, 맞벌이 부부 빈집을 이용하기, 부모의 이른 포기 후 직접 집을 얻어 준 친구(또래, 선후배) 집에 얹혀살기 등 다양한 형식으로 나타난다. 그러나 집에서 나온 이후에 '얹혀살기' 나 '남의 집을 내 집처럼 이용' 하며 사는 행위 이외에도, 자신의 집을 타인과 공유하거나 자기들끼리 돈을 모아 작은 방을 공유하며 지낸다. 대부분 자신의 좁은 방과 '집' 을 여자친구, 동네 후배, 친구의 친구, 학교 친구, 아는 동생, 인터넷을 통해 우연히 알게 된 사람까지 여러 종류의 '집밖' 사람들과 다양한 방식과 형태로 공유한다.

신선 혼자 산 적도 있고, 여럿이 같이 산 적도 있는데. 굳이 말하자면 같이 산 경험이 더 많지. 한 70% 정도는 같이 살았던 것 같아. 같이 살 때는 혼자 살 때보다 쓸쓸하지 않고 각자 자기 부담을 어느 정도 내면서 살았으니까 (생활면에서는) 덜 부담이 되고. 6명이 살면 한 사람당 오만 원 정도면 같이 살 수 있어. 원룸에서 여러 명이 사는데, 거의 남자끼리 살았는데… (웃음). 남자끼리 살면 병맛. 여자들이랑 살면 망한 집이지. 남자끼리는 홀애비 냄새에 방 엄청 더럽고, 여자랑 있으면… 좀 그렇고 그런 것이 많아. 19살 미만 금지가 있어. 성생활 같은 건 서로 알아서 피해주는 것 같은 게 없어. 있어도 상관없이 하는 거지. 그래서 망한 집이라고 말하는 것이야. 웃음.

그러나 공동주거 생활의 이점과 단점은 동전의 양면처럼 존재한다. 일반적으로 가구원 수가 많아질수록 함께 살아가는 운영비가 늘어난다. 함께 살기 때문에 주거비 부담은 줄어들었지만, 식사비, 술과 담배 구매 비용, 피시방 이용비 등의 비용이 늘어난다. 따라서 때때로 식사를 거르거나 하루에 한 끼만 먹기도 하며 필요한 생필품을 훔쳐서 생활하는 등 범죄에 연루되는 경우가 있다. 또한 가구원 수가 늘어나면 서로의 행동을 평가하고 조정하기 어려워진다. 이러한 지점은 특히나 서로간의 배신이나 불신, 불만을 키운다. 반면에 자유로운 성관계와 성행위가 가능하지만 동시에 좁은 공간에서 여러 명이 함께 생활하는 공간에서 이성 관계는 불편한 것이 되기도 한다.

다희 광주. 여기 시내 금동. 시내에서도 살았고 전대에서도 살았고 계림동에서도 살았었고. 시내에 집이 3개 있었어요. 옮겨서. 저보다 나이가 많은 언니. 오빠 5명이랑 언니 4명? 집이 3개가 있어요. 여기 3곳 말고 집이 3개가 더 있었는데 커플은 커플끼리 살고 이렇게. (마을처럼?) 그리고 언니 중에 한 명이 아기가 있었어요. 그 언니 아기를 보느라 저는 그쪽에 살았었고. 남편이 없었어요. 제가 거기 들어가서 살고 언니 한 명이랑. 시내에서는 1년 정도 살았어요. 그 언니 오빠들 중 한 명이 제 남자친구였어요. 제 남자친구의 친구들이랑 친누나였어요. 남자친구의 동네친구였어요. 양산동 사람이었는데, 차 타고 놀고 경찰서 가고 그러면서 더 끈끈해졌어요. 그 사람들은 전과가 많은 사람들이었어요. 저 만나기 전부터 큰언니 한 명 빼고는 18, 19살이었죠. 조직은 아니고 자기들끼리 친했던 거였어요. 다 집엘 안 들어갔고, 자유분방한 사람들이었어요. 각자 다 일하기도 하고, 대부분 다 용돈 받고. 아니면 나쁜 일 하고. 다 밖으로 나돌고, 여행하고 그래가지고. 집안 형편들은 비슷비슷했는데, 아주 못산 건 아니었는데, 집으로 다시 돌아가진 않았어요. 애기 엄마가 있었는데, 제가 사는 집세 내고, 다른 사람들은 개인적으로 내고, 애기 엄마는 밤일 나갔어요. 그때 언니 23살. 그래서 제가 아기 돌보면서 살았어요. 집 비용은 언니랑 오빠들이 다 냈어요. 전 돈 하나도 안 썼어요.

다희는 비좁은 원룸에서는 함께 살 수 없기 때문에 같은 원룸 건물 방 세 개를 얻어 함께 거주했다. 각 방의 주인은 있었으나, 가족같이 지내면서 방주인이 누구인지 상관없이 오가며 생활했다. 이때 다희 역시 주거비용을 전혀 지불하지 않고 옵션을 잘 갖춘 원룸에서 함께 살 수 있었다. 첫 번째 방에는 집에서 나와 사는 남매가 살았고, 두 번째 방에는 미혼모 언니와 남녀 커플이 살았다. 또 다른 방에는 남녀 커플이 살았다. 다희는 미혼모 언니와 함께 언니의 아이를 돌보며 두 번째 방에서 살았다. 세 개의 방은 한 집처럼 공유되었다. 집안일 역시 세 방 사람들이 따로따로 하는 것이 아니라 다 같이 했으며, 언니들이 게임하러 피시방에 가거나 돈을 벌기 위해 나가면 다희가 아이를 돌봤다. 언니의 아기는 친부는 아니지만 함께 살던 청소년에게 '아빠' 라고 부르기도 했다.

단순히 주거 공간을 공유하면서 서로의 관계가 시작되었지만, 서로 보살피거나 다른 가구원의 가족을 돌보면서 각자의 사생활까지 깊숙하게 개입하게 되었다. 결과적으로 주거를 공유하거나 함께 어울려 노는 것을 넘어서서 생활을 공유하면서부터 이들의 친밀성은 서로를 보호하고 지지하는 공고한 울타리가 된다. 따라서 이때의 생활과 공간 그리고 이를 중심으로 한 관계는 '탈가정' 10대가 어떠한 위기 상황에서도 어떻게든 서로 도우며 살아갈 수 있게 하는 원동력이자 기반이 된다. 무엇보다 이들은 서로의 사적 생활을 강조하고, 공간을 구분하면서 생활하였지만 동시에 서로의 삶을 돌보는 행위에서는 공간을 개방하고 공유하였다.

이합집산의 규범

함께 살기 시작했지만, 이들에게도 나름 지켜야 할 규칙이 있다. 자기들끼리 지닌 고유한 규칙을 지키지 않았을 때는 처벌받기도 하고, 그로 인해 함께 살던 집단이 해체되기도 한다. 이들에게 나름의 규칙은 공유된 경험에서 비롯된다. 공유된 경험은 서로 간의 유대감과 친밀감을 형성하며, 공동 거주과정에서 협력하며 생활할 수 있는 기반이 된다.

다희 그때는 오빠들이 차털이 하고 그 차로 여행 다녔는데… 그 오빠들이 "아 망했다." 해서 보니, 뒤에 경찰차가 쫓아온 거예요. 저희가 기름을 넣고 바로 도망갔는데 법원 입구 앞에 경찰차가 5대 정도 있는 거예요. 저희 잡으려고. 그때 차를 2대 나눠 탔었는데 이쪽 오빠들은 잘 됐는데 제가 탄 쪽 오빠, 남자친구랑 저랑 오빠 2명 있었어요. 그런데 이 오빠 두 명은 먼저 도망치게 보내고. 우리 둘이 뭘 하든 할 테니까 먼저 도망가라고. 그래서 걸어가는데 경찰이 말 걸어요. 그래서 저희 경찰서까지 가서 진술서 쓰고, 우리 둘이 말이 맞아가지고. 저희는 그냥 진짜 느긋하게 있었어요. '무슨 일 있어?' 연기하면서… 나중에 저도 차털이로 경찰서 갔는데, 전 그냥 멍 때리고 있었어요. 왜냐면 전 잘못한 게 없으니까. 훔친 건 잘못한 거지만, 뭐 한 게 없었어요. 같이 차 타고 놀았을 뿐이고…

다희는 함께 생활하는 가구원의 범죄나 비행과 같은 범법 행위에 동조하였으며, 이에 대해 즐기면서 놀았다고 표현하며 자기를 정당화 한다. 범법 행위를 상황에 대한 도덕적 판단보다는 자신들의 놀이문화의 연장선에서 이해하고 있었다. 물론 범죄의 동조나 옹호는 이들의 상호 협력관계를 형성하고 함께 생활하는 가구원 간의 신뢰를 높이는 데 일조한다.

그러나 무엇보다 함께 살기나 경계를 넘나드는 삶에서는 "오늘의 동지가 내일의 적"이 되기도 한다. '가족'과 같은 역할을 부여하였지만, 언제든지 같이 사는 이들이 '배신' 할 수 있다. '배신'에 대한 두려움은 바로 이들이 형성한 친밀성의 이면을 드러낸다. 서로의 생활에 대해서 잘 알고 있지만, 가구원이 이기적으로 행동할 경우 집단 내부에서 제재나 처벌을 가한다.

다희 (그런데 오래도록 함께 살지 않고 '그' 집을 나온 이유는?) 제가 어느 날 너무 술이 먹고 싶어서 먹었어요. 그렇게 많이 말고, 아기(엄마)랑 사귀던 오빠랑 3명이서 있었는데 술이 먹고 싶어서 반 병을 먹었어요. 제가 주량이 3병이어서 그냥 반 병 마시면 그러나 보다 하고 멀쩡한 상태에서 있는데 오빠가 자꾸 자기 옆에서 자래요. 저는 싫다고 했어요. 3명이서 있는데. 안 잔다고 하니까 저를 발로 여기(배)를 찬 거예요. 세게. 제가 "왜 때리느냐?"고 뭐라고 하니까 뺨을 때린 거예요. 저도 그때 화가 나서 아래층에 다른 언니가 살았는데 다른 언니한테 가서 오빠가 이래서 "못 살겠다. 나가겠다." 이러고 그때가 새벽 2시였는데 아침 돼서 바로 나왔어요. 같이 살 때 절 돌봐주는 언니 아기가 있었는데, 제가 정말 키우다시피 지냈거든요. 그때도 나와야 하는데 아기 때문에 못 나오다가… 아기는 언니 오빠들 다 왔을 때 (인제 주고). 언니 오빠들한테는 이유 말 안 하고 "저 이제 나가겠습니다."하고 나온 거고, 나중에 와서 그 오빠가 그 일 있고 4~5달 있다가 "내가 다희 때렸다"고 했대요.

다희는 성폭력 상황에서 맞서다 일방적으로 맞는다. 맞고 나서 바로 새벽에 같이 살던 언니와 오빠에게 나가겠다고만 말하고 뛰쳐나온다. 다희는 친한 사이에서 발생한 성폭력을 숨기고 싶어, 같이 살던 가구원들에게 별다른 설명을 하지 않았다. 어떠한 사회적 안전망도 없는 '탈가정' 10대 여성의 경우 자신들만의 네트워크를 통해 새로운 안전한 주거 공간을 만들지만, 친밀한 관계를 빌미로 오히려 성폭력이나 성매매 상황에 노출되게 된다. 분명 이들 10대 여성이 거리를 피해, '주거'

를 통해 물리적으로 안전한 공간을 확보하는 것은 자신에게 발생한 '위험한' 상황을 극복하려는 시도이다. 그럼에도 불구하고 이들 10대 여성에게 성적인 접근을 하는 남자들과 좁은 '방'에서 함께 사는 것은 오히려 더 일상적인 위험한 순간을 만들기도 한다. 모르는 사람이 아닌 '함께 사는 사람'이라는 친밀한 관계는 성폭력과 성매매의 위험을 돌봄 제공으로 포장하기도 한다. 이는 우정이나 돌봄으로 구축된 믿음에 대한 정서를 악용한 것이다. '돌봄'과 '안전'이 필요해 서로를 도우며 함께 살지만, 때때로 그것이 이들의 삶을 더욱 압박한다. 그 공간 안에서 '어린 여성'은 강압적 성매매나 성폭력의 대상으로서 열악한 위치에 놓이게 된다. 주거 공간에서 10대 여성에게 성문제가 중요하게 부각되는 것은 주거 공간을 확보하는 데서 이들이 10대 남성보다 훨씬 더 취약하기 때문이다. 가족의 지원 없이, 적절한 일자리를 구하지 못한 10대 여성이 자신이 원하는 자유로운 삶을 만들어 가기 위한 기반으로서의 '집'을 확보하는 것은 어려운 일이다.

신선 집으로 들어간다거나 맘이 안 맞아서 갈등이 생기면 각자 찢어지는 거지. 의견이 갈리는 건 어디로 갈 것인지, 뭘 하면서 살 것인지, 돈을 어떻게 나눌 것인지 그런 것들이지. 돈 때문이야. 집으로 들어가는 애들은 버티기 힘드니까 들어가는 거야. 밥 먹는게 힘들지. 돈이 없으면 라면 먹고 살아야 하잖아. 한달 내내 라면만 먹고 있다고 생각해 봐. 일을 구해도. 일을 구해서 밥만 먹겠어. 밥보다는 게임방, PC방. 술도 먹고 담배도 피우고, 지 옷도 사고 그래야 하는데. 그러면 아무래도 그렇지. 이런 생계의 이유가 아니라면 찢어지는 이유가 다 경찰에 잡혔기 때문이지.

'탈가정' 생활에서 상호 의존과 호혜는 필수적이지만, 때때로 생활의 제약 요건이 되기도 한다. 신선은 이들의 함께 살기의 어려움을 잘 말하고 있다. 뭘 하면서 살 것인지, 돈을 어떻게 나눌지는 이들의 생활에서 가장 중요한 협의지점이다. 서로의 형편과 생활을 알고 있어, 아무런 조건 없이 선의와 호의를 베풀어 함께 살지만 이들이 기본적인 욕망을 채워 줄 수 있는 것들은 부족하다. 굶주린 배를 채워 줄 음식이나 성 욕망을 채워 줄 수 있는 대상과 공간, 항상적 애정과 돌봄을 제공해 줄 존재도 부족하다. 이들은 서로를 '가족'처럼 표현하지만 함께 거주하는 것이 현실적으로 어려울 때는 헤어져서 '따로' 생활하기도 한다. 이들은 서로를 책임질 만한 사회적·경제적 조건과 능력을 갖추고 있지 않다.

쉼터의 자유롭지 못함과 거리의 위험성을 피해 주거공간을 확보할지라도, 그 공간은 '안정적이고 안전한' 집이 아니다. 여럿이 함께 거주하는 '집'은 여전히 성 공격이나 성 요구에 노출되기 쉬운 곳이다. 공유와 전유를 통한 주거공간 확보전략은 10대 여성이 '불안정 주거' 생활을 하는 데 드는 주거비 부담을 덜어 주지만, 다른 한편으로는 여전히 스스로 자신의 안전을 책임져야 하는 상황에 처하게 한다.

끝나지 않은 다희와 신선의 삶과 이동

'탈가정' 10대의 주거 이동은 일차적으로 가족으로부터 벗어나는 과정에서 시작된다. 여기에는 자발/비자발적 선택으로 이원화하여 말할 수 없는 가족 상황과 개인적 조건들이 얽혀 있다. 그럼에도 불구하고 이들의 '탈가정' 이후의 생활은 경제적이고 구조적인 상황 변화와 연결되어 있다. 주거 공간을 선택하고 이동하는 과정은 경제적 여유를 가지고 주관적인 의사로 결정하는 선택과 이동이 아니다.

주거 경계가 수시로 해체되고 재구성되는 과정은 탈가정 10대가 어떤 공간에서 그리고 어떤 조건에서 정주하는지를 보여 준다. 이동과 불안정한 주거에서 나타나는 정주 현상은 사회 제도와 접속되고 단절되는 과정과 밀접한 연관이 있다. 무엇보다 이들은 자기 삶의 제약적 조건들을 혼자서가 아니라 여럿이 함께 살면서 해결하고 있었다. 공동 주거의 경험은 가구원들에게 또래 집단 네트워크를 넓힐 수 있는 기회를 주고, 함께 사는 데 더 나은 방법을 찾을 수 있는 기회를 제공한다. 이와 더불어 구성원과의 관계 형성을 할 수 있는 기회이자 방안이 되기도 한다. 그러나 공동 주거는 가구원들 간의 결합의 정도에 따라 매우 다양하게 나타난다. 특히 가구원들 간의 결합이 수직적인 경우에는 선후배 간의 깍듯한 관계와 더불어 상명하달의 위계적인 관계를 형성하지만, 보다 수평적 관계에서는 돌봄과 신뢰를 중요시하는 호혜적 관계를 형성한다. 따라서 강제력이 없는 수평적 관계에서는 이러한 호혜성에 바탕을 두고 서로의 관계를 지속할 수 있는 공간, 즉 그 공간이 불안정하거나 좁은 공간에 다수가 있어야 할지라도 공동 주거를 하게 된다.

다수의 가구원들과 함께 사는 공동 주거는 끊임없이 만들어지고 해체되고 다시 만들어진다. 주거 공간 자체의 특성 때문이기도 하지만, 이들의 삶의 형태와 가구원이 형성되고 해체되는 과정에서 공동 주거는 불안정하다. 그렇다고 불안정함이 부정적인 것은 아니다.

공동 주거에서는 가구원들이 비교적 쉽게 들어오고 나갈 수 있으며, 부모나 학교, 사회의 간섭이나 개입이 없어 비교적 자유롭게 지낼 수 있다. 또한 이들 10대의 자유로운 생활은 단순히 정해진 일과 없이 생활하는 것만을 의미하지 않는다. 무엇보다 '자유로운' 연애와 성관계까지도 포함하고 있다. 이들의 공동주거 생활에는 성 욕망을 드러내고 조절하는 과정도 포함돼 있다. 그러나 이 과정에서 분명 이들 삶의 전략들이 수평적이고 다양하게 연결되고 확장되지 못할 때, 불평등과 폭력이 강화되어 나타나기도 한다.

이들의 삶이 '가출'로 보일 수도 있다. 다희의 이야기는 더 분명하게 '탈가정' 10대의 삶을 드러낸다. 다희는 10대이면서 여성이고, '자립할 수 있는 삶을 지닌 개인'이기도 하다. 그런데 이를 보장하지 않는 사회에서 다양한 차별과 구조적 제약을 겪으며, 스스로 자신이 처한 곤경이나 환경을 극복하고자 노력하고 있었다. 이미 이들은 수시로 "따로 또 같이" 살며, 자신들의 삶의 영역을 만들고 있다는 점 역시 분명한 사실이다. 따라서 '누구와 어떻게 살 것인가'의 문제가 이들 10대에게는 당연히 '부모' 또는 '가족'과 함께 사는 것으로 수렴될 수 없을 뿐만 아니라 오히려 선택과 협상의 문제가 되고 있음을 보여 준다. 나아가 가족과의 제도적 결합, 규범적 결속이 약화되고 있음을 고려할 때, 이들은 삶의 불확실함과 필요한 돌봄을 함께 사는 이들을 통해 재구성해 나가고 있었다.

내 인생의 블랙홀
– 탈성매매 여성의 이야기[1]

임수정*

수진은 1970년 전남 강진에서 태어났다. 태어난 지 백일 만에 생모와 헤어졌다. 생모와 왜, 어떻게 헤어졌는지 자세한 정황은 모른다. 고모는 생모가 많이 아파서 친정으로 갔다가 돌아오지 않았다고 했다. 하지만 새엄마와 할머니의 갈등으로 미루어 짐작하건대 엄마가 아프다는 것은 핑계인 것 같았다. 이후 수진의 보호자는 할머니였다. 새엄마는 가난한 살림살이, 고부갈등, 무능한 남편과 남편의 폭력에 대한 분풀이를 어린 수진에게 폭력으로 되돌려 주었다. 새엄마의 폭력을 보다 못한 할머니가 방학이면 어린 수진을 데리고 친척집을 전전했다. 초등학교 4학년 때 할머니가 돌아가자 새엄마의 폭력은 더 심해졌다. 아버지는

* 전남대학교 대학원 NGO협동과정 박사과정.

1 이 글은 임수정의 석사논문 「탈성매매여성의 생애사 연구」(2014년)에서 수진의 인터뷰 내용을 발췌하여 정리한 것임.

새엄마의 폭력을 피하라며 남의 집 식모살이, 애기담살이로 들여보냈다. 새엄마는 초등학교를 졸업하자마자 공장으로 보내려고 했지만 고모의 도움으로 중학교에 입학하게 되었다. 새엄마의 폭력은 중학생이 되어서도 멈추지 않았다. 아버지는 새엄마의 폭력을 모른 척했다. 중학교를 졸업하자 아버지는 수진을 성남의 친척집으로 보냈다. 새엄마가 시골의 나이 든 남자와 결혼시키려고 했기 때문이었다.

성남에서 친척 아저씨의 소개로 봉제공장에 취직했지만, 우여곡절 끝에 삼종 술집[2]에 발을 들였다가 손님의 도움으로 그 술집에서 도망쳤다. 광주에 돌아왔지만 새엄마의 폭력이 두렵고 싫어서 집에 들어가지 못하고 친구 집에 얹혀살았다. 그 소식을 들은 아버지가 친구 집으로 찾아왔다. 이후 고모부의 소개로 버스 안내양으로 취직하게 되었다. 안내양으로 일하던 중 버스기사에게 성폭행을 당했다. 그 소문이 버스기사들 사이에 퍼져서 버스기사들에게 상습적으로 성폭행을 당했다. 버스 안내양으로 번 월급은 새엄마가 봉투째 빼앗아가 버렸다. 부모는 그 월급봉투 때문에 "치고 박고" 싸웠다. 수진의 아버지는 "여기서 일해 봐야 밑 빠진 독에 물 붓기"라며 멀리 떠나라고 했다. 수진은 다시 성남으로 가는 버스에 올랐다. "어린애가 올 곳이 아니"라며 도망가라고 했던 그 술집으로 간 것이다. 찾아간 첫날부터 성매매가 시작되었다. 그때 수진의 나이 17살이었다.

몇 군데 업소를 옮겨다니다 광주 상무대 집창촌에서 업주의 소개로 첫 번째 남편을 만나 동거를 시작하였다. 19살에 첫 아이를 낳은 후 둘

2 장소를 옮기지 않고 술집 등 업소에서 바로 성매매가 이루어지는 것을 의미함.

을 더 낳았다. 수진의 나이 30살, 첫 아이가 초등학교 3학년 때 이혼을 했다. 첫 번째 남편과 함께 사는 동안 가난과 폭력에 시달렸다. 남편은 도박중독이었으며 돈을 잃을 때마다 수진을 때렸다. 남편에게 맞다가 죽을 것 같은 생각이 들어 13년의 결혼생활에도 불구하고 아이들을 버려두고 도망쳤다. 갈 곳이 없었던 수진은 '숙식제공' 해주는 성매매 업소에 다시 들어가게 되었다. 성매매방지법이 만들어지면서 성매매 현장에서 탈출할 때까지 수진은 약 4년 정도 성매매를 하였다. 성매매 현장에서 탈출하는 과정에서 두 번째 남편을 만나게 되었다. 두 번째 남편과의 사이에 1남을 두었다. 두 번째 남편은 외도가 심했다. 외도 문제로 갈등이 생기자 폭력을 휘둘렀다. 수진은 더 이상 폭력을 견디며 살고 싶지 않아서 두 번째 남편과 이혼하였다.

현재 수진은 여성인권운동단체에서 성매매 피해 여성들을 지원하는 일을 하면서 두 번째 결혼에서 낳은 12살짜리 아들을 혼자 키우고 있다.

새엄마

수진은 새엄마를 무척 두려워하고 있었다. 새엄마와 교류가 끊어진 것은 이미 오래전이었다. 그럼에도 불구하고 새엄마의 폭력에 대해서 이야기할 때 목소리가 떨리며 나왔다.

> 나는 엄마 얼굴을 보면 왠지 움츠러들었어요. 굉장히 무섭고 어렸을 때 내가 엄마를 생각하는 거는 고릴라? 거인? 체구도 컸어

요. 엄청 뚱뚱했던 걸로 기억이 나요. 그리구 술도 잘 먹고. 우리 엄마, 새엄마 동네에서 소문날 정도로 악녀였어요. 나한테는 최고의 악녀였어요. 할머니 안 볼 때, 할머니가 잠깐씩 일 보러 가고 나 혼자 있을 때는 저 엄청 맞고 살았어요. 화가 나면 무조건, 대상은 나였어요. 아빠하고 무슨 일이 있어서 화가 나잖아요. 그러면 그 매는 내가 다 맞는 거예요. 할머니한테 무슨 감정이 쌓이면 그거 두고 있다가 그 매는 아무도 없을 때 내가 다 당하는 거예요. 손에 잡히는 대로 도구 잡히는 대로 무조건 항상 그렇게 맞다 보니까는….

여행의 시작

수진의 가족은 강진에서 식당을 운영했다. 아버지와 새엄마는 식당 일을 함께했는데 날마다 싸웠다. 아버지는 새엄마가 손님들과 이야기를 하거나 웃을 때마다 트집을 잡았다. 새엄마는 그 화풀이를 수진에게 폭력으로 돌려주었다. 아버지는 수진을 보호하지 못했다. 새엄마는 아버지가 없을 때만 때렸다. 새엄마의 폭력으로부터 수진을 보호한 사람은 할머니였다.

근데 어느 날 내가 밖에 나갔다 왔는데 할머니가 나한테 다짜고짜 물어보는 거예요. 수진아~ 네? 그랬더니. 너 혹시 저기 서랍 위에 있는 동전통에 돈 손댔어? 아니 나 거기 동전 있는 거 몰라,

나 그거 모르는데, 그랬어. 그랬더니, (침 삼키고 숨 들이켜고) 아니라고 했는데도 불구하고, 아빠가 나한테 거짓말한다고 그러면서 종아리 대라고 그러면서. 그때 처음으로 종아리 다섯 댄가 맞아 봤어요. 근데 그 다음 날 아빠도 없고 할머니도 없는데 내가 굉장히 불안해지는 거예요. 이게 뭐지 하고서는 불안감이 오기 시작하더니만 엄마가 딱 방에 들어와 문을 잠그고 그때부터 나를 죽자 사자 패기 시작하는 거예요, 무조건. 왜 나한테 거짓말 하냐면서. 결국에는 내가 도둑이 돼 버린 거죠. 그래야지 내가 덜 맞을 것 같아서. 그런데 내가 맞았다는 거는 할머니한테는 할머니 맘 아플까 봐 절대 말을 못하겠더라고. 근데 할머니가 나를 씻기면서 이걸 봤을 거 아니에요. 멍 자국이 다 들어 있는 것을. (울먹거리며) 할머니는 아빠하고 그런 문제로 싸움하기 싫어하셨고 그때 마침 방학이 됐어요. 그래서 할머니가 수진이 데리고 친척집 가 있게 해 달라고, 방학이니깐 애기 데리고 차라리 좀 갔다 오겠다고 하셨죠. 그때부터 여행이 시작된 거예요.

수진은 방학 때마다 할머니와 함께 친척집을 전전하였다. 거처가 불안정하기는 했지만 새엄마의 폭력을 피할 수는 있었다. 하지만 거처가 불안정하다는 것은 수진에게 또 다른 폭력에 노출되었다는 것을 의미했다. 군대에서 휴가 나온 친척 삼촌에게 성추행을 당한 것이다. 수진은 그것이 어떤 의미인지 그 당시에는 잘 몰랐다. 그럼에도 성추행 당한 사실을 그 누구에게도 이야기한 적이 없었다. 친척 삼촌이 절대 말하지 말라고 해서가 아니었다. 소문이 나서 갈 곳이 없어질 것이 두려워서였다.

그랬는데 (울음 그치고) 음…, 제가 그 어렸을 때도 그렇게 할머니랑 같이 계속 친척집을 전전하며 여행 다녔어요. (코 훌쩍) 제가 여행 중에 할머니한테도 말 못하는 그런 게 있었어요. 아마 그 때가 초등학교, 초등학교 전으로 생각돼요.

그 해남에서 들어가는 화산이라는 동네가 있는데 거기에 고모할머니가 중국집을 했었거든요. … 군대에 가 있던 삼촌이었는가 봐요. 그 뭐라 그러지? 휴가 중? 휴가 중에 와서 이제 잘 곳이 없으니까는 내가 가운데 자고 삼촌이 옆에 자고 할머니가 가에 자고 했는데 (한숨 들이쉬고) 할머니가 새벽 네 시쯤에 새벽기도를 가니까는 (숨 들이쉬고) 다른 때 같으면 날 항상 깨워 데리고 가거든요. 근데 삼촌이 있으니깐 할머니가 안심하고 놔두고 갔어요. 근데 그게 문제가 된 거예요.

한참 자고 있는데, 계속 누군가가 내 몸을 더듬는 거예요. 그래서 나는 할머니가 나 일어나라고 쓰다듬는 줄 알았어요. 근데 좀 있으니깐 내 입에 뭔가 물컹한 게 계속 물려져 있는 느낌이 드는 거예요. 근데 눈을 뜰 수가 없는 거예요. 눈을 뜨게 되면 굉장히 이상해질 것 같다는 생각이 들고, 눈을 꼭 감고 있었어요. 근데 삼촌이 자기 성기를 자꾸 내 입에다가 집어넣고 자꾸 성 그거를 하려고 했어요. 한참 그거 하고 있는데 나도 모르게 그 물컹한 느낌이 너무 싫으니깐 그걸 꽉 깨물어 버렸는가 봐요. 그래서 순간 윽 하고 깜짝 놀래가지고서는 얼른 빼고서는 소리 지르면 안 되니깐 내 입을 딱 막고서는 조용히 하라고 너 이거 말하면 안 된다고, 절대 말하면 안 된다고 삼촌이 그러는 거예요.

그러고 있다가 할머니가 새벽교회 끝나고 왔는데 내가 떠돌이처럼 할머니랑 항상 이 집 저 집 다니면서 이렇게 자잖아요. 말을 할 수가 없는 거예요. 그러면 우리 할머니랑 나랑 이제 잘 공간이 없다고 그렇게 생각을 했기 때문에(울먹울먹), 그런 말이 나오기 시작하면 할머니랑 나랑 또 둘이 어디 가서 자지? (울먹거리며) 이번에는 누구 집 가지? 그 생각이 딱 먼저 나니까 할머니한테 절대로 말하지 못했어요. 지금까지도. 그게 내가 처음으로 당해 본….

애기담살이

할머니가 건강이 안 좋아져서 수진을 더 이상 돌보지 못하게 되자 아버지는 수진을 남의 집 애기담살이로 들여보냈다. 초등학교 4학년 때부터 남의 집에서 허드렛일을 하거나 아기 보는 일을 하기 시작했다. 수진의 가정 사정과 이런 처지를 잘 알고 있던 초등학교 담임교사는 수진을 입양하겠다는 제안을 하기도 하였다. 그러나 아버지는 담임교사의 제안을 거절했다. 새엄마의 폭력을 피해 할머니와 함께 머문 적이 있는 교회의 목사 부부도 입양을 제안했다. 수진을 입양해서 미국으로 함께 가고 싶다는 것이었다. 수진은 미국으로 가고 싶었다. 공부하고 싶었고 집에서 벗어나고 싶었다. 그러나 이 제안은 수진이 거절했다. 미국으로 가 버리면 할머니를 다시 만날 수 없을 것이기 때문이었다.

할머니를 떠날 수는 없었다. 수진의 사정은 집안 친척들과 학교, 동네 이웃들이 모두 알고 있었지만 도와줄 수 있는 방법은 한정적이었다. 아버지도 애기담살이로 들여보내는 것 외에 다른 대안을 찾지 못했다.

> 애는 학교에 다녀야겠는데 집에 있으면 분명히 내가 없는 사이에 두들겨 맞을 게 뻔하고(울며), 애가 그래도 학교는 다녀야 되니깐 이렇게 허드렛일 하면서라도 괜찮으니깐 지낼 공간이 있었으면 좋겠다고. 그러니까 저희 큰엄마가 큰엄마 학부형 아는 집을 소개해 줬어요. 거기서 밥하고 설거지하고 그냥 그 집에도 꼬마아이가 있는데 두 분이 바쁘다 보니까 애기만 학교 갔다 오고 학원 갔다 오면 집에서 챙겨가지고 같이 있어만 주라고, 그리고 학교 다니면 된다고. (숨 들이쉬고) 그렇게 하고 그 집에서 간단하게 일하면서 그렇게 학교를 다녔어요. 그런 집들이 내 기억으로는 한 세 번 정도?

중학교

새엄마는 수진이 초등학교를 졸업하자마자 공장에 보낼 계획을 세우고 있었다. 고모는 아버지에게 그래서는 안 된다고, 고모가 학비를 댈 테니 중학교에 보내야 한다고 우겨서 겨우 중학교에 갈 수 있게 되었다. 고모는 새엄마의 폭력과 구박을 방관하는 아버지를 나무랐다. 그럼에도 중학생이 되어서도 새엄마의 폭력은 여전히 계속되었다.

학교생활은 재미있었다. 공부가 어려웠지만 숙제는 밤을 새워서라도 꼭 해갔다. 숙제를 하고 있으면 새엄마는 "공부해서 어디다 쓸 거냐."며 때렸다. 새엄마가 때리지 않을 때는 수진이 아버지 대신 장사를 해서 돈을 벌어다 줄 때였다.

엄마는 아빠가 아무리 힘들어도 절대 아빠를 도와주진 않았어요. 장사를 해 준다거나 그러지 절대 않았어요. 그러기 싫대요. 근데 대신해서 내가 그 역할을 해 주면서 내가 팔아 주고 그 물건이 팔리게 되면 그 돈을 엄마한테 줬거든요. 그러니까 내가 엄마한테 돈을 벌어 줄 때는 엄마가 절대 나를 때리진 않았어요. 그거를 알았죠. 아 엄마는 돈을 주면 날 안 때리는구나. 그러니까 더 열심히 벌었죠.

근데 내가 필요한 거는 내가 그때부터 벌어 쓰기 시작했어요. 아빠가 과일 장사를 그때 했으니까 공판장에서 물건 떼갖고 오면 인제 물건을 쌓아 놓잖아요. 아빠가 집 앞에다 그걸 놔두면 내가 그걸 지키면서 팔기도 하고, 수박을 한 백 개 정도 앞에 펴 놓고 가면 혼자서 그걸 다 팔기도 하고. 내 친구들이 지나가면서 너 뭐하냐고 그러니까 나 장사한다고. 나는 그 대신 이걸 팔아야지 내가 필요한 걸 살 수 있으니까, 나는 전혀 이상하게 생각 안 하고. (숨 크게 들이쉬고) 그래야만 내가 원하는 걸 살 수 있으니까 그렇게 했고.

'나' 라는 존재

수진은 중학교를 졸업하고 고등학교에 가고 싶었다. 공부가 재미있었다. 공부할 시간이 없어서 숙제도 제대로 하지 못했지만 배우고 싶었다. 다른 아이들처럼 학교에 다니고 싶었다. 그러나 새엄마는 수진을 공장에 보내서 돈을 벌게 하거나 시집보낸다는 이유로 팔아 버릴 생각을 하고 있었다. 수진은 아버지에게 고등학교에 갈 수 있게 해 달라고 말했지만 아버지는 못들은 척했다. 아버지는 새엄마를 설득하지 못했고 수진을 성남의 친척집으로 보내 버렸다. "죽었다 깨어나도 너는 이제 집에 오면 안 된다."는 말뿐이었다. 집에서 떠나게 된다는 것은 새엄마의 폭력으로부터 자유로워진다는 것이었지만, 낯선 상황은 두려웠다. 버스기사에게 성폭행을 당했을 때, 버스기사들이 상습적으로 성폭행 했을 때, "그러느니 차라리 돈이라도 벌자."고 생각하고 삼종 술집으로 찾아갈 때도 두려웠다. 두렵고 무서웠지만 체념하고 받아들였다. 이후 아버지와의 만남이 몇 차례 더 있었지만 가족으로서의 관계는 그것이 마지막이었다.

> 근데 이제 그때 옆집 아줌마가 나를 불렀어요. (울며) 그래서 아줌마가 하는 말이 우리 수진이 불쌍해서 어쩌냐고. 그래서 아줌마 왜요?(더 울며) 그랬더니, 느그 엄마가 너 어디 시골에다가 어디 시골아저씨한테 시집보낼라 한다고. 너 시골에다가 돈 얼마 받고 시집보낼라 한다고. 수진아 너 도망갈라면 차라리 도망가라고 그러면서 아줌마가 옆집 아줌마가 막 나 붙들고서는(흐느끼며) 울

더라구요. (우느라 말 못함) 인제 아빠한테 물어봤어요. 아빠 (흐느끼며) 나 어디다가 팔아? 그래서 그랬더니 아빠가 아무 말씀 안 하시고 계시더라구요. (울며) 아빠 나 시집가는 거야? 그랬더니 아빠가 아무 말 안하고 조용히 저보고 짐을 싸라고 하더라구요. 니 옷가지하고 짐을 싸라고. 그래서 짐을 싸고 있는데 아빠가 딱 한마디 하셨어요. 다시는 집에 들어오지 마. 너는 오늘부터 집 없는 사람이라고, 다시는 집에 오지 말라고. 그러면서 터미널에서 성남 가는 차표를 끊어 주고(흐느끼며). 거기가 아저씨 집이었든가? 저한테는 친척 아저씨 집에 가라고 차표를 끊어 주면서 죽었다 깨어나도 너는 이제 집에 오면 안 된다고 그러면서, 그게 마지막이었어요.

성남 가는 버스 안에서 생각을 했어요. 내가 뭘 잘못했지? 나는 왜 맨날 이렇게 살아야 되는 거지? 그러면서 나 혼자 버스 안에서 그래 나는 다시는 집에 돌아가지 않을 거야. 나는 부모님도 없고 나는 아무도 없어. 그때 할머니는 아파서 양로원에 계셨고 할머니를 만날 기회도 없이 그냥 그대로 끝났어요. 터미널에 도착하니까 친척 아저씨라는 분이 나와 계셨고, 그분 따라서 집엘 갔어요.

따뜻한 가족

수진은 성남의 친척집에서 처음으로 따뜻한 가정생활을 경험하게 된다. 친척집에서의 생활은 모든 것이 처음이었다. 가족이 함께 밥을 먹는 것, 까맣게 탄 누룽지가 아니라 흰 쌀밥을 함께 먹는 것, 이어폰을 끼고 음악을 듣는 것, 취미로 그림 그리며 살 수도 있다는 것을 알게 되었다.

> 그러면서 고모가 되게 잘 해 주셨고. 아침에는 온 가족이 나란히 앉아서 같이 밥 먹고. 나는 아, 집이라는 게 이런 거라는 거를 처음 봤어요. 온 가족이 앉아서 밥 먹으면서 웃으면서 이야기하고 이렇게 하는데, 나는 그런 걸 한 번도 경험해 보지 못했기 때문에 되게 낯설었고, 쑥스러웠고, 말도 못하겠더라구요. 그때 계란 후라이를 첨 먹어 봤어요.
>
> 먹어 보라고 그래서 아주머님이 내가 밥 먹고 있는데 거기서 (울먹거리며) 불쌍한 거, 그러면서 수진아 여기서는 그렇게 눈치 보지 말고 밥 먹어도 된다고. 이것도 먹고 저것도 먹고 골고루 먹으라고 남들에 비해서 체구도 되게 작구 되게 말라노니까는 골고루 먹어야지 더 큰다구.

봉제공장

수진은 친척아저씨의 소개로 봉제공장에 다니게 되었다. 아침에 봉제공장에 가서 일하고 저녁이면 돌아와 음악을 듣거나 쉬었다. 친척 고모가 지갑에서 돈이 없어졌다며 수진을 도둑으로 오해하기 전까지. 그 일로 새엄마에게 전화해서 데려가게 하겠다며 화를 내기 전까지 수진의 일상은 평화로웠다. 수진은 고모의 화내는 모습도 무서웠지만 새엄마에게 전화해서 데려가게 하겠다는 그 말 때문에 무작정 친척집에서 가출하고 만다.

거기서 한 3일 정도 지났는데, 친척 아저씨가 저한테 공장을 소개를 시켜줬어요. 인형 만드는 봉제 공장이었는데 집에서 한 20분 걸어가면 공장이 있었어요. 그리고 한 한 달 되어서 처음으로 돈을 받았어요. 돈을 받았는데 그 돈을 안 쓰고 집에 보내줬어요. 얼마 받았는지는 기억이 안 나고, 나는 그 돈 한 번도 손 안 대고 그냥 그대로 집에 보냈어요.

그리고 두 달 될 때쯤? 고모가 막 나한테 화를 내는 거예요. 그때 헤드폰 끼고 음악을 듣고 있었는데. 그래서 고모가 나한테 왜 그러세요? 그랬더니 나한테 자기 지갑에 있는 거 돈 손댔냐고 물어보더라구요. 나는 돈이 필요 없으니까 나는 그런 거 모른다고 안 손댔다고, 그런데 큰 고모가 되게 화를 많이 내면서 나한테 계속 윽박지르면서 그러니까. 근데 그 화내는 고모의 모습을 보니까 진짜 겁이 덜컥 났어요. 게다가 집에다 전화를 하겠다는 거예요. 그래서 겁이 엄청 나는 거예요. 나 집에 가면 또 맞겠구나. 그 생각이 먼저 들면서 그냥 그 집에서 뛰쳐나와 버린 것 같아요.

삼종 술집

수진은 친척 고모에게 '도둑'으로 오해를 받자 어린 시절 새엄마가 자신을 '도둑'으로 몰았던 기억과 함께 자신을 매질했던 기억이 떠올랐다. 수진은 두려웠다. 무작정 친척집에서 뛰쳐나와 길거리를 방황하고 있던 수진에게 공장에 함께 다니던 동료가 어떤 곳을 소개해 주었다. "먹여 주고 재워 주는 곳"이라는 말만 해 주었을 뿐, 그곳이 무슨 일을 하는 곳인지는 말해 주지 않았다.

> 제가 다니던 공장 주변에 술집이 엄청 많았어요. 그 지금 보면 삼종 술집 있잖아요. 거기를 지나가고 있는데 그 공장에서 같이 다니던 언니가 있어요. 그 언니가 글더라구요. 자기 아는 집 있는데 여기 가면 그래도 우리가 잘 수 있고 먹고 재워 주고 니가 해 달라는 대로 다 해 주는데 거기 갈래? 근데 거기가 삼종이었어요.
>
> 갔는데 아줌마 한복 입혀 주고 한복이 너무 크니까 옷핀으로 고정하고서는 입혀서 앞에다가 앉혀 놓더라구요. 그래 갖고서는 아저씨들이 지나가면 그냥 너는 가만히 앉아 있기만 하면 된다고. 다른 언니들이 다 그거 하니까 그냥 앞에만 가만히 앉아 있기만 하면 밥 준다고, 그래서 나는 거기 그냥 가만히 앉아 있었어요.
>
> 거기서 한 며칠 있었나? 근데 어느 날인가 아줌마가 나보고 쩌기 안에 손님 왔는데 쩌기 안에 가가꼬 아저씨 옆에서 술만 따르면 아저씨가 술 먹는데 술만 따르고 있으면 술 잔 비면 술만 따라주면 된다고, 그래서 술만 따라 줬어요. 근데 거기에 있는 언니가 손님하고 쩌기 방에 들어가야 된다고 그러는 거예요. 그래서 방에 들어갔는데, 근데 나보고 몇 살이냐고 물어 보더라구요. 그래서 이제 다른 언니들이나 손님들이나 나이 물어 보면 스무 살 먹었다고 말

하라고 그래서 스무 살 먹었다고 말했는데, 그 아저씨가 아닌 것 같다고, 스무 살짜리 아닌 것 같다고, 너 몇 살 먹었냐고 계속 물어보더라구요. 그럼 아저씨는 왜 자꾸 물어보는데요? 그랬더니 그때 그분이 그랬어요. 자기 방송국 피디라고. 그냥 그렇게 이야기만 하고 끝났는데. 그러면서 아저씨가 그랬어요. 나한테 너 돈 있냐고, 없다고 그러니까 돈을 주면서 나보고 여기서 도망가라고. 자기가 데리고 나가줄 테니까 가라고 도망가라고, 너 여기 있으면 안 된다고 도망가라고. 그래서 그 아저씨가 시키는 대로 그 아저씨가 준 차비 들고 도망갔어요.

방송국 피디라는 아저씨 덕분에 삼종 술집에서 도망쳐서 광주에 돌아왔다. 그러나 새엄마가 무서워서 집으로 들어가지 못하고 친구 집으로 갔다. 친구 집에 머물면서 친구 엄마가 소개해 준 타월공장에 다니게 되었다.

(친구 집에) 가 있으면서 인제 일자리를 알아봤어요. 그리고 화순에 있는 타월공장, 거기를 갔어요. 거기를 가서 한 두 달 일했어요. 두 달 일하고, 돈은 벌었는데 은행이라는 것도 몰랐고, 돈을 어떻게 해야 하는 것도 몰랐고, 그래서 내 친구 엄마한테 드렸어요.

어느 날 친구랑 어디 가려고 버스를 타려고 했는데 고모부가 나를 봤나 봐요. 고모부가 나를 확 붙잡고 너 수진이 아니냐고 그랬어요. 나 아니라고 절대 아니라고 시치미를 뚝 떼고… 그래서 밖에 못 나가고 계속 주말에도 걔 친구 집에도 못 가고 공장에만 있었어요.

그렇게 한 공장에서 두 달 기숙사에 있으면서 지냈는데, 공장이 망해서 문을 닫게 됐어요. 그래서 저는 다시 나오게 됐는데, 아빠가 친구 집에 수진이 여기 있는지 안다고 하면서 데리러 온 거예요.

성폭행

수진은 아버지가 친구 집으로 찾으러 와서 어쩔 수 없이 따라가 하룻밤을 지냈다. 수진에게 가족이란 성남의 친척집에서 경험했던 "아침에는 온 가족이 나란히 앉아서 같이 밥 먹고, 밥 먹으면서 웃으면서 이야기 하는" 것이었다. "그런 걸 한 번도 경험해 보지 못했기 때문에 되게 낯설었고, 쑥스러웠고, 말도 못하게" 어색한 일이었다. 아버지는 그런 환경을 만들어 줄 수 없었다. 그래서 아버지가 자신을 찾으러 왔지만 특별한 기대를 하지 않았다.

아빠가 데리러 온 거예요. 그래서 아빠 손에 붙들려서 다시 집에 갔는데 집에서 하루 잤나? 그 다음 날 아빠가, 고모부가 그때 중앙고속 터미널(시외버스터미널)에 있었는데, 거기 가서 안내양 차장 하라고, 거기 가서 일 하라고, 거기다 넣어줬어요. 그때가 18살 때쯤. 맨날 시외 다니고 맨날 시외 정류소 있는데 거기 기숙사 있는 데서 따로 잤거든요.

수진은 초등학교에 가기 전에 친척 삼촌에게 당했던 성추행을 아무에게도 말하지 못했다. 누군가에게도 그때의 경험을 털어놓고 싶지 않았다. 버스기사에게 성폭행을 당하게 되자 어린 시절에 당했던 성추행의 기억이 떠올랐다. 가족관계에서 지지와 보호를 받지 못하고 성장한 수진은 성폭행이라는 강력한 스트레스 상황에서도 부모와 가족을 떠올리지 않았다. 오히려 "아무 말도 하지 않고 먹여 주고 재워 주는" 성매매 업소에 가야겠다고 결심하고 성남으로 떠났다.

> 근데 버스기사 아저씨가 내가 인제 광주에 오게 되면 길 많이 안 돌아다니고 항상 다니던 길만 다니니까는 엄청 헷갈려서 아저씨 기숙사 들어가는 길이 어느 쪽 방향인지만 가리켜 달라고 그랬더니 아저씨가 자기가 데려다 주겠다고 하고서는 그때도 그 기숙사가 여인숙 같은 데다가 기숙사를 놔뒀거든요. 데려다 주겠다고 하는데 길이 분명히 아닌 것 같은데 자꾸 데리고 가는 거예요. 그렇게 해갖고서는 여인숙에 들어가게 됐는데, 그때 그 아저씨한테 처음으로 성폭행을 당했어요.
>
> 그래서 막 밑에서는 피가 나고 일어나서 걸으려고 하는데 배는 아프고 걸음도 못 걷겠고, 어떻게 해야 할 줄도 모르겠고, …근데 아저씨가 그때 돈 만 원인가를 쥐어 주면서 절대 아무한테도 말하지 말라고 말하면 안 된다고. 그래서 절대 아무한테도 말을 못 했어요. 말을 못하고 그 다음에 일하고 있는데 며칠 있다가 다른 기사 아저씨가 나를 차 안에서 또 성폭행 했어요.
>
> 터미널 저쪽 깊숙이에 버스를 대놓고 차 바닥을 다 청소하고 숙소로 들어가려고 했는데, 아저씨가 거기가 구석진 데라서 잘 안

보이니까 나를 버스 안에서 눕혀놓고 또 성폭행을 했어요. 내가 이렇게 계속 있다가는 계속 당할 것 같고 그래서 같이 일하던 다른 언니한테 말했어요. 언니 있잖아요, 자꾸 아저씨가 나한테 그런다고, 그래서 나 힘들다고, 나 어떡하면 좋냐고.

그러고 있다가 나중에 제가 월급 받는 날이었어요. 아빠랑 엄마랑 쩌기 밑에 와 있다고 해서 봉투에다가 봉급 그게 있어서 들고 갔는데 엄마가 나를 보자마자 돈 봉투를 바로 들고 가 버리더라구요. 나중에 아빠가 돈 봉투 어딨냐고 묻더라구요. 두 분이 그 돈 봉투 때문에 투닥투닥 거리면서 아빠가 나한테 그러더라구요. 넌 여기 있다가는 평생 돈 벌어다가 저 밑 빠진 독에다가 물 붓듯이 그리 하니까 여기 있지 말고 그냥 가라고 또 그러시더라구요. 그래서 진짜 나는 말하고 싶은 게 있어서 말하려고 만났는데 아빠는 내 말은 전혀 들을 생각도 안 하고, 엄마는 내 손에 쥐어진 돈 봉투만 챙겨서 가버리고, 나라는 존재는 없는 거구나. 그리고 나는 그 누구한테도 말을 해서는 안 되는구나. 그리고 다시 성남 가는 버스를 타고 거기로 간 거예요. 그냥 그 술집으로 간 거예요.

착취

다시 성남으로 올라간 수진은 친척집에서 무작정 뛰쳐나와서 찾아갔던 성매매 업소에 갔다. 처음에는 "가만히 앉아만" 있으면 된다고 말했지만 이번에는 달랐다. 첫날부터 성매매가 시작되었다. 버스기사에게 성폭행을 당하고 자포자기 심정으로 성매매 업소에 찾아갔지만 정말로 "먹여 주고 재워 주는" 것 이외에 한 번도 직접 돈을 받지는 못했다.

> 가가지고 있으니까는 아줌마가 글더라구요. 이제 너도 니가 밥 먹고 이렇게 지내니까 너도 밥값은 해야 되지 않냐고. 그러면서 아저씨가 술 먹고 있는 테이블을 보여 주고 바로 그냥 그 자리에서 성관계를 갖기를 원하더라구요. 어떻게 할 거냐고 나도 모르겠다고. 근데 결국 거기서 그냥 했어요.
>
> 난중에 인제 …너 찾는 사람이 돌아다닌다고, 너 여기 있으면 안 되겠다고. 그래서 그 아줌마가 맥양집이라고 하죠? 맥주 팔고 양주 팔고 하는 집에 소개시켜 줬어요. 너 거기가 있으라고 거기 있으면 돈도 벌고 한다고. 근데 나는 거기서 있으면서 내 손에 돈을 쥐어 본 건 그 아저씨가 가슴에 꽂아 준 돈 외에 한 번도 돈을 만져 본 적이 없어요. 아줌마한테 아줌마 나 뭐 필요한데 이거 사 줘 그러면 그 아줌마가 나를 데리고 가서 (돈을 한 번도 주진 않았고) 화장품부터 시작해서 신발이랑 옷 같은 거 사서 입히고, 없으니깐 내가 선물로 사 준 거라고 이렇게 말해 놓고. 아줌마 나 그러니까 돈 좀 주세요, 나도 일 했으니까 돈 좀 주세요, 그러면 너 여지껏 여기서 내가 먹여 주고 재워 주고 다 했는데 니가 무슨 돈이 필요하냐고 응? 그리고 니가 지금까지 있으면서 니가 쓴 게 어디냐고… 내가 필요한 거는 이거 이거만 필요했는데 아줌마가 나머지는 다 사다가 이거 해야 된다고 이거 해야 된다고 그래 놓고서

는… 내가 그랬어요. 돈 달라고. 그랬더니 아줌마가 나중에 줄게, 니 갈 때쯤 되면 내가 줄게, 내가 니 돈 떼먹냐고 그랬죠. 그때 거기서 내가 제일 나이가 어렸거든요. 근데 나보다 한 세 살 더 먹은 언니가 그랬어요. 수진아 주인아줌마가 니 돈 띵겨먹고 있다고, 너 여기 있으면 안 된다고, 그렇게 해갖고 그 언니랑 다른 데로 도망쳤어요.

도망쳤는데 역시 또 같은 맥양집이에요. 특별히 갈 데가 없고 내가 특별히 가진 게 없으니까. 그런데 가게 장사도 안 하고 문을 닫게 생겨서 아저씨한테 아저씨 나 집에 가겠다고 그랬더니 알아서 하라고… 나 돈 한 번도 안 받았다고 그랬더니 아저씨가 오만 원인가 줘서 그거를 받고서 다시 광주에 내려오게 됐어요. 근데 광주에 내려왔는데 이제는 친구 집에도 못 가겠고, 또 갈 데가 없는 거예요. 어떡하지? 그러고 있는데 벽보에 숙식제공이라고 하는 것이 굉장히 많이 붙어 있더라구요. 그래서 전화를 했어요. 상무대? 술집 많아서. 데리러 왔더라구요. 거기도 맥양집이었으니까. 그때는 다 군인 상대로 성매매하고 거기서 먹고 자고. 그때 열아홉 살? 열여덟 살에서 열아홉 살 되기 전 중간쯤 됐으니까.

동거(결혼) 그리고 이혼

일은 했지만 돈을 벌지 못한 채 광주에 돌아온 수진은 상무대 집창촌에서 군인을 상대로 성매매를 했다. 그러나 얼마 되지 않아 업주의 소개로 첫 번째 남편을 만나게 되었다. 첫 번째 남편은 처음 만나던 날 "주인 언니랑 말 다 했다"고 하면서 '기어치(기어이)' 강간을 했다. 수진이 상무대 성매매 업소에 들어갈 때 숙식제공이라는 전제조건이 있었다. 업주는 수진을 먹여 주고 재워 준다는 이유로 성매매로 벌어들인 돈을 한 푼도 지급하지 않았다. 첫 번째 남편이 "주인 언니랑 말 다 했다"고 했을 때, 수진은 업주와 남편 사이에 거래가 있었을 것이라고 짐작했다. 자신도 모르는 사이에 남편에게 팔린 것이다. 남편은 "아가씨로 일하는 것보다 가게 하나 차려 줄 테니 장사를 하는 것이 어떻겠냐"고 꼬드겼다. 수진이 생각하기에도 "그냥 이렇게 있는 것보다는 그것이 낫겠다"는 생각이 들었다. 그래서 동거(결혼)를 시작하였다. 그때 수진의 나이 18살에 불과하였다.

그래서 이제 그 아저씨가 자기랑 살자고. 부모님한테는 내가 한 스물세 살 먹었다고 거짓말 하라고. 그리고 이렇게 말 해야지 부모님이 돈을 줘서 니 장사를 할 수 있다고 그래서 나는 진짜 그런 줄 알고 그렇게 말을 했어요. 그래서 송정리라는 데 들어와가지고 방을 얻었어요. 그때부터 그냥 그 아저씨랑 동거를 했는가 봐요. 그리고 애기가 생겼어요.

그리고 나서 애기를 낳고 혼인 신고를 하려고 하는데 이제 열아홉이 되니까, 미성년자니까 혼인신고를 위해 엄마(새엄마)가 올라왔어요. 애기가 3월 10일생이고 나는 9월 26일생. 엄마는 그냥 애기 낳고는 이렇게 사니까는 살라고 해서, 나는 그냥 그렇게 살았어요.

수진은 19살에 첫아이를 낳았고 21살에 둘째아이를 낳았다. 결혼 생활은 순탄하지 않았다. 남편은 생활비를 주지 않았다. 수진이 밖에 나가는 것을 무척 싫어했다. 생활에 필요한 물건을 사러 가는 것도 용납하지 않았다. 필요한 것이 있으면 남편이 직접 사다 주었다. 이웃사람들과 이야기하는 것도 싫어했다. 아이들과 집 안에 가만히 있기를 바랐다. 부부간의 성관계는 성폭행과 다름없을 정도로 강제적이었다. 수진은 "시키면 시키는 대로", "하라면 하라는 대로" 했다. 스스로 그렇게 하기로 결정한 데에는 이유가 있었다. 의무를 다했으니 "내 마음에 대해서는" 간섭하지 말라는 무언의 저항이었다.

> 그냥 시키면 시킨 대로, 하라면 하는 대로, 그리고 하고 싶지 않아도 본인이 원하면 계속 그냥 해주고. 나는 생리가 나와도 해 달라 그러면 그냥 했어야 되니까.

뿐만 아니라 남편이 싫어하는 일은 하지 않았으며 남편의 뜻을 거스르지 않고 생활하려고 노력하였다. 오로지 아이들을 돌보고, 아이들과 대화하고, 집안일만 하면서 살았다. 그럼에도 불구하고 어느 날 불쑥 남편의 폭력이 시작되었다. 남편은 도박으로 돈을 잃고 돌아오면 수진을 폭행하고 강간하였다. 남편의 폭행과 강간은 아이들이 보는 앞에서도 벌어졌다.

> 그러고 있는데 어느 날 갑자기 아저씨가 나를 때리기 시작했어요. 어느 날 점심 때 모여서 가게도 이렇게 했으니까 밥 한 끼 먹자

고(아는 언니들이). 그래서 어 알았어 언니 그렇게 하겠다고 하고 아저씨가 가게에 있으니까 나 밖에 나가서 언니들이 모여서 밥 한 끼 먹자고 하니까 밥 한 끼만 먹고 올께 했는데 그대로 따귀가 날아오는 거예요.

그러고 나서는 나보고 가서 밥 먹고 오래요. 그러니 나는 완전 어이가 없었어요. 그리고 그때 우리 친척 고모가 아동복을 했었고 저는 숙녀복을 했었거든요. 같이 물건을 하러 서울 가게 되면 수표를 빼서 주는 거예요. 글면 이제 서울 거기서는 조회가 안 되니까는 전화번호 적어야 되는데, 진짜인지 아닌지 확인전화 한 번 했어요. 그때 고모랑 같이 있었는데, 남자 점원이 누구 누구씨 댁 맞냐고 그러니까는 맞다고 해놓고는, 나한테 서울 가서 바람 폈다고 그러면서 고모가 있는데 나를 그 자리에서 두드려 패기 시작하는 거예요. 그리고 아저씨는 택시 일을 하고 나는 애들하고 있는데 돈을 안 갖다 주는 거예요. 애기들은 계속 돈이 들어가는데, 그리고 자기 있는 돈까지 아파트 전세금까지 다 써가지고서는 계속해서 은행에서 대출금 갚으라고. 그런 것을 나는 처음엔 몰랐어요. 나중에 보니까 택시를 하면서 노름을 했나 봐요. 그때부터 대놓고 한밤중에 들어와갖고서도 자고 있으면 무조건 때리고, 때리고 나서 성폭행하고. 애들 보는 앞에서도 그랬거든요. 비 오는 날 길거리에서 아무 이유 없이 길 가고 있는데, 장바구니 들고 지나가고 있는데 와가지고서는 무조건 개 패듯이 때려서 맞고, (울먹거리며) 내가 그랬어요. 이유나 알고 맞으면 진짜 억울하진 않겠다고.

남편의 폭력은 주위에서 말려도 소용이 없었다. 신고를 받고 출동한 경찰은 "가정일이니까 둘이 알아서 하라."고 발뺌을 했다. 수진은 경찰의 만류에도 불구하고 남편을 가정폭력범으로 신고했다. 경찰서에서 돌아온 남편은 수진을 또다시 폭행하였다. 그 폭력을 견디지 못하고 집에서 뛰쳐나왔다. 세 명의 자식을 남겨두고 혼자 도망 나온 것이 가슴 아팠지만, "무진장 살고 싶었기에 그냥 무조건 또 도망"쳤다. 자신이 먼저 살아야겠다는 일념뿐이었다.

> 너무 맞다가 지쳐가지고서는 제가 경찰에 신고를 했어요. 옆방에 와서 말려도 소용없고, 그래서 경찰에 신고했어요. 경찰이 왔는데… 나 무서워서 인제 도저히 못살겠다고, 이렇게는 진짜 못살겠다고. 그래도 애기 아빠고 남편이니까 그냥 참고 살라고. 그런데 나는 그렇게는 못하겠다고. 나는 경찰이 최소한 24시간은 데리고 있을 줄 알았어요.
>
> 잠도 못 자고 계속 그런 상황에서는 너무 힘들고, 내가 친정에다 하소연 할 데도 없고 아무에게도 말할 데도 없고, 그런데 몇 시간 있다가 (남편이) 왔더라고요. 또 맞았어요. (흐느껴 울며) 그리고 나서는 합의서 빨리 적으라고, 그러면서 안 적으면 가만히 안 놔두겠다고. 그걸 적어주고 그 다음 날 바로 도망쳤어요. (다시 큰 소리로 흐느껴 울며) 애들은 집에 있었지만 더 이상 내가 개처럼 맞는 것도 싫었고, 애들 앞에서 엄마가 맞고 성폭행 당하고 울며 온갖 욕설을 다 당하는 것도 너무 싫었고, 내가 내 인생을… 나의 스무 살, 20대 기억은 하나도 없어요. 진짜 지금도 애들한테는 너

무 미안하지만 (어깨를 들썩이며 흐느껴 울며) 나 무진장 살고 싶었기에 무조건 그냥 또 도망쳤어요.

수진은 이혼하고 싶었다. 남편은 동의해 주지 않았다. 남편은 도박 비용으로 들어간 카드빚을 떠안겠다고 했을 때에야 이혼에 합의해 주었다. 남편이 진 빚 5천만 원은 보지도 만져 보지도 못했지만 자신이 갚기로 했다. 그렇게 해서라도 이혼하고 싶었다.

법원에서 이혼이 결정됐는데 그 사람은 나를 모텔로 데려갔어요. (말을 잇지 못할 정도로 흐느껴 울며) 그리고 다시 성폭행 했어요. 하기 싫다는데도. 그리고 나한테 돈 이만 원인가를 던져 주면서 가라고.

이혼하고 나서 길거리를 방황하고 있는데 전봇대에 붙은 '숙식제공'이라는 종이가 눈에 띄었다. 갈 곳이 없었던 수진은 성매매 업소에 전화하였다. 방값 백만 원을 선불금으로 안고 성매매 현장으로 다시 들어가게 되었다.

숙식제공, 뭐 이렇게 저렇게 하고 선불금 뭐 그래서 전화를 했죠. 또 그랬더니 나한테 돈이 얼마 필요하냐고. 방값이 필요했으니까 잘 데가 필요했으니까. 그래서 얼마 해 주는데요? 그랬더니 원하는 대로 다 해 준대요. 그래서 제가 뭘 하면 되는데요? 이렇게 해서 출근하고 그 시간 되면 출근하고 와서 하면 된다고. 그렇게 너무 쉽게 그전에도 내가 갈 곳 없어서 갔을 때는 그랬는데 쪼금 이제 방식이 달라진 거죠. 내가 출퇴근을 해야 된다는거. 그렇게 해서 또다시 유흥업소를 다니게 되었죠.

희망사항

수진은 선불금 백만 원을 빨리 갚고 돈을 벌어서 아이들과 함께 살 수 있을 것이라고 생각하였다. 하지만 돈은 벌 수 없었다. 선불금 백만 원은 눈 깜짝 할 새 5백만 원이 되고 천만 원이 되었다. 선불금과 함께 빚이 눈덩이처럼 늘어났다. 빚을 지게 되는 것은 갖가지 이유로 물리는 벌금 때문이었다. 일을 해도 빚만 늘어나는 생활에 지쳐가고 있던 어느 날, 우연히 성매매방지법을 홍보하는 광고를 보게 되었다. 그리고 전화번호를 휴대전화에 저장해 두었다. 수진의 탈성매매 노력은 그 순간부터 시작되었다.

처음에는 선불금 물고 백만 원 정도였나? 나는 그게 금방 갚아서 빨리 자리 잡아서 그렇게 되면 우리 애들이랑 같이 살 줄 알았어요. 근데 쪼금이라도 뭐 눈이 많이 와가지고 길이 조금 막힌다거나 아니면 교통체증이 좀 심한 날 있잖아요. 좀 늦게 되면, 주인이 뭐 지각비라고 해서 올려놓고, 우산을 못 챙겨서 비를 쫄딱 맞고 출근하게 될 경우 제대로 복장 안 갖추고 머리 안 했다고 해서 벌금 물리고, 시간이 가면 갈수록 벌기는 버는 것 같은데 계속 뭔가

가 늘어나는 거예요. 그러다 보니까는 백만 원이 오백 돼 버리고, 오백이 천 돼 버리고, 천이 이천이 돼 버리고. 이거는 내가 지금 신용불량으로 빚도 갚아야 되는데. 갚을 겨를도 없이 계속 불기만 하지 줄어들 생각을 안 하는 거예요. 그래서 거기 업소 일하는 애들하고 시외도 나가 보고 남원도 가 보고 진주도 가 보고 삼천포도 가 보고 그 다음에 강진까지 가게 됐어요. 속옷장사 하는 이모가 가게를 소개시켜 주셔서 강진까지 가게 됐는데.

…내가 지금 여기서 뭐하고 있는 건지. 차라리 그냥 다른 데 옮겨가지고 다른 데 가서 좀 고생하더라도, 약간 섬 쪽으로 들어가게 되면 손님들 많고 하니까는 빨리 이 빚을 까고 나도 따르게 살아야 되겠다. 나이는 점점 먹어 가는데 내가 왜 이렇게 살아야 되는지, 글고 내가 특별히 배운 것도 없고, 누가 나를 이렇게 보살펴 준 것도 없고, 이제 더 이상 여기서는 안 되겠다 싶어가지고 아줌마한테 그만두겠다고 말을 했어요. 그랬더니 주인아줌마가 계산을 하기 시작하는데, 거기 오는 주인 아는 단골손님들 술값까지 인제 나한테 계산을 물리기 시작하는 거예요. 이거는 내가 쓴 것도 아니고 왜 이 손님 술값까지 내가 계산해야 되냐고. 나는 그럴 이유 없다고 생각한다고. 그땐 진짜 끝까지 참을 대로 참으니까 악이 딱 받치더라구요. 그래서 사장님하고 계속 말다툼을 했어요.

…나는 인제 더 이상 싫다고. 나는 내 빚 늘어가는 거 진짜 싫다고. 그만하고 싶다고. 내가 언제까지 나 늙어 죽을 때까지 이러다가 여기에 있을 것 같아서 나 그만하겠다고. 근데 그때 제가 뉴스를 봤는데, 그 성매매 대표전화 있잖아요? 전국적으로 뉴스에

성매매방지법이 시행되면서 신고하라고 그게 계속 뉴스에 나오는 거예요. 그런데 딴 거는 눈에 안 들어오고 그 번호만 눈에 딱 들어오는 거예요. 그래서 핸드폰에다가 일단은 그걸 저장해놨어요.

수진이 업소에서 도망치자 업주는 폭력배를 보내서 찾아냈다. 수진과 함께 탈출한 동료에게 접근해서 수진을 잡아서 데리고 갈 수 있게 도와주면 빚을 탕감해 주겠다고 회유하였다. 동료는 수진의 거처를 알려 주고 빚을 탕감 받았다. 그리고 다시 업소로 돌아갔다. 그러나 수진은 "다시는 그 일을 하지 않을 것"이라는 다짐을 더 굳게 하였다.

나 이제 절대 그 일 안 할 거야. 그러고 나 이제 그러고 싶은 마음도 없어. 나 인제 이걸 마지막으로 절대로 안 할 거야. …나 이제 안 할 거야.

재혼, 또다시 이혼

수진이 탈출해서 경찰에 신고하고 성매매 피해자 지원 시설(이하 시설)에서 인권지원을 받는 과정에서 가장 큰 힘이 되어 준 사람은 두 번째 남편이었다. 업주들이 찾아와서 협박할 때도 옆에서 지켜주었다. 수진의 빚도 자신이 갚아 주겠다고 나섰다가 차까지 다 뺏겼다. 친아버지도 자신을 버렸는데 끝까지 곁에서 자신을 지켜 주겠다고 나서서 갖은 협박과 물질적 손해를 감수해 준 두 번째 남편이 탈성매매 결심을 지켜

내는 데 큰 힘이 되어 주었다.

수진이 빚 정리를 완전히 끝내고 업주와의 관계를 정리하기까지 시설의 상담원들이 많은 도움을 주었다. 업주들의 협박으로부터 보호해 주었고, 성매매는 불법이므로 선불금과 빚은 갚지 않아도 된다는 판결을 받기 위한 법적인 절차를 안내해 주었다. 그 결과 업주와의 법정 싸움에서 이길 수 있었다.

> 그러고 있다가 민수가 생겼어요. 그리고 음…, 민수가 생기고 그때도 아직 사건이 다 마무리되지 않았거든요. 근데 아이가 생기니까 이번에는 좀 다르게 살고 싶었어요. 진짜 제대로 한 번 살고 싶었어요.

수진은 "제대로 잘 살기" 위해서 임신 4개월쯤부터 시가에서 생활하게 되었다. 시가는 시아버지의 가정폭력으로 병들어 있었다. 시아버지는 술만 마시면 시어머니를 때렸다. 시댁 가족들은 시아버지의 폭력을 말릴 생각을 하지 못하고 있었다. 수십 년간 되풀이 되어온 폭력에 온 가족이 길들여진 것이다. 수진은 시아버지의 폭력을 지켜보다 못해 경찰에 신고했다. 가족들의 비난이 거셌다. 표면적으로는 나이든 시아버지를 신고한 반인륜적인 행동에 대한 비난이었다. 그러나 내면적으로는 어머니가 폭력을 견딤으로써 평화가 담보된 것이었는데 그 기대가 깨진 것에 대한 두려움과 불만이었다.

> 내가 미우면 밉다고 이야기해도 된다고, 싫으면 싫다고 이야기

해도 된다고. 그렇지만 나는 누군가가 그 힘을 이용해서 사람을 제압하고 때리는 거는, 그런 행위는 이제 진짜 싫다. 더 이상은 못 보겠다.

수진은 경찰, 법원, 가족들 모두 신고를 취소하고 합의하라고 종용했지만 끝까지 합의하지 않고 버텼다. 폭력에 대한 합당한 처벌을 하든지, 가정폭력예방교육이라도 시켜 달라고 했다. 그것도 어렵다면 다시는 때리지 않겠다는 각서라도 받아야겠다고 했지만 "가족"이기 때문에 아무것도 할 수 없다는 말뿐이었다.

남편은 아버지의 폭력과 죽여 버리겠다는 협박 속에서 자랐다. 아버지가 폭력을 휘두르거나 때로 약을 타서 먹였는데 그 약을 먹고 일주일 만에 깨어난 적도 있었다. 남편은 회사에 취직하면 3개월을 버티지 못하고 일을 그만두었다. 무슨 일이든 진지하게 하지 못하는 성격이었다. "1년에 3개월 일하고 나머지는 쉬는" 남편은 공부하고 싶어 하고 운전면허증 따고 싶어 하며 어떤 일이든지 열심히 하는 수진을 잘 이해하지 못했다. 남편은 "재밌냐고, 일하는 게 재밌냐"고 자주 물었다.

한 곳에 정착하지 못하고 한 가지 일에 집중하지 못하던 남편이 주유소에 취직을 해서 열심히 다녔다. 주유소에서 함께 일하던 여자와 마음이 맞았던 것이다. 남편의 외도로 수진은 또다시 이혼을 하게 된다.

둘 다 가정이 있으면, 여기서 그만하라고. 당신이 여기서 그만하면 나 모른 척하고 넘어갈 수 있겠다고. 그리고 나는 두 번 다시 가정 깨기 싫은 사람이라고. 나는 이 가정만큼은 무슨 일 있더라도 지키고 싶다고. 그러니까 이제 그만하라고. 좋게 이야기를 했어요.

외도 문제로 갈등이 생기자 남편은 난폭해졌다. 수진은 또다시 가정을 깨고 싶지 않다는 생각과 이혼녀라는 사회적 시선, 무엇보다 민수를 잘 키우고 싶다는 욕망에 이혼만은 하지 않으려고 했다. 하지만 폭력에 대한 공포감은 그런 결심을 무산시켜 버렸다.

죽여 버리겠다고. 그 전화기로 들려오는 공포감의 목소리가, 그게 내 온몸에 전율이 쫙 오기 시작하는데…, 바로 민수 아빠 친구한테 전화했어요. 지금 집으로 당장 오라고 오실 수 없겠냐고, 아마 뭔가가 다른 일이 벌어질 것 같다고.

진짜 가고 싶지 않은 데가 경찰서고 법원이었는데, 내가 내 발로 여기를 또 와서 내가 내 발로 여기서 또 뭔가를 해야 된다는 거(어깨를 들썩이며 울먹이고). 오고 싶지 않은 곳 중에 한 군데였고, 내가 과연 마지막까지 지킬 수 있는 게 어떤 건지 도대체 저 위에 계신 분은 내가 어디까지 경험하고, 어디까지 망가져야지 만족을 하시려고(흐느껴 울며) 남들은 태어나서 한 번도 감당 못할 일들을, 나는 왜 여러 번 감당하게 만드는지 그때는 미쳐버릴 것 같았어요. 근데 안(시설을 말함)에서 일은 하고 있으니까 애들한테는 그걸 표현을 못 하겠어요(그 당시 시설에서 자활지원 업무를 담당하고 있었음).

두 번째 결혼이 파경에 이르는 과정을 담담하게 치러 낸 수진은 "하도 파도에 많이 부딪치다 보면, 왜 매도 많이 맞다 보면 맷집이 생기잖아요. 인제는 웬만한 거에는 끄떡도 않을" 힘이 생겼다.

또 하나의 나

수진은 탈성매매 과정에서 지원을 받았던 시설에서 인턴으로 사회생활을 시작하였다. 수진은 시설에 입소해 있는 성매매 여성들의 심리상태를 누구보다도 잘 이해하고 있었다. 특히 자신이 경험하지 못하고 지나온 20대에 대한 연민의 감정은 시설 입소자들과 정서적인 유대를 가능하게 하였다. 시설 입소자들은 동료상담원보다 수진과 더 내밀한 이야기를 많이 하고 싶어 했다. 수진은 시설 입소자들과 이야기를 할 때 반드시 자신의 속 이야기를 먼저 꺼냈다. 수진이 먼저 상처에 대한 경험을 이야기하면 입소자들은 자연스럽게 자신의 고민과 상처를 이야기했다.

> 이 안에 있는 걸 끄집어내기가 그게 두려운 거예요. 목까지 차는데도 목까지 차서 말을 토해 내고 싶은데도 상담하시는 선생님들은 나처럼 그렇게 안 살아 봤잖아요. 나처럼 부모한테 버림 안 당해 보고, 나처럼 성추행 안 당해 보고 성폭행 안 당해 보고, 나처럼 이렇게 시달리면서 안 살아 보고. 굶주려도 안 해 보고, 근데 저 사람들이 나를 이해할 수 있을까? 그런 편견이 있으니까 말을 못 하는 거죠. 그리고 말을 해도 다 말을 안 해요. 항상 뒤에 감춰요. 자기의 본연의 마음은. 왜냐면 안에 있는 입소자들끼리도 속

내는 절대 말 안 하거든요. 설마 니도 나 같은 걸 당했을 리가 없다. 서로 의심밖에 안 드는 거예요. 이미 여러 번 당했기 때문에 상처만 많이 받았지 누구한테 이렇게 따뜻한 거를 받아본 적이 없기 때문에…

그러다 보니까 저한테 와가지고 이야기를 하는 거예요. 이야기 하나를 받아줬는데 그 아이한테는 이제 그게 되게 편안했는가 봐요. 엄마도 버렸고 아빠도 버렸고. 심지어 친아빠한테까지 삼 년 동안 성폭행 당했는데 아무한테도 말 못하고 혼자 끙끙대고 살았는데, 이야기를 하나 둘 끄집어내기 시작하는 거예요. 그랬어, 그러면서 나도 이렇게 내 이야기를 끄집어내는 거예요. 나도 내가 어렸을 때 군대에서 휴가 나온 삼촌한테 이렇게 이런 경우도 있었다고, 나도 그냥 편하게 내 꺼를 먼저 다 이야기하고 그렇게 되면 아쌤도 그랬냐고 그러면서 그 아이도 자기 있는 거 끄집어내고. 내가 하나 끄집어내면 걔도 하나 있는 거 끄집어내고 또 다른 거 이야기 하다가 또 다른 거 끄집어내고.

사회적 낙인

수진은 입소자들과 함께 생활하면서 잠시 잊고 지내기도 하지만, 다른 많은 탈성매매 여성들처럼 사회적 낙인에서 자유롭지 못하다. 또한 성매매 후유증으로 심신이 괴로운 날들이 많다. 수진은 시설 입소자들도 그와 같은 이유로 위축되고 자신감 없어하며 괴로워한다는 사실을 알고 있었다. 그때마다 수진은 그들에게 말을 걸어 주고 상처를 어루만져 준다.

> 그리고 밖에 세상 사람들이 나한테 물어봤을 때 내가 어떤 말을 해야 할까. 내가 이런 말 해가지고 괜히 나 빠순이었다는 거 티 나는 것 아닐까? 그러다 보니까 말을 안 하게 돼요. 학원엘 가게 돼도 눈치보게 되고, 그리고 적응이 안 되는 거예요. 남들은 그냥 편하게 한 거였는데 걔는 그거에 상처가 돼서 돌아와 가지고서는 학원에 안 가겠다고 드러누워 버리고. 그리고 시간이 지나면 지날수록 찾고 싶었던 그 애정결핍이라고 해야 되나요. 그걸 충족하고 싶은 욕구가 이제 올라오기 시작하거든요. 그럼 그럴 때 딱 나도 느끼거든요. 내가 정이 그리웠듯이 너도 참 많이 그리웠는가 보구나.

수진은 2014년부터 시설의 상근활동가로 일하게 되었다. 수진은 부모도 버린 자신을 인간으로 존중해 주는 시설에서 상근활동가로 월급 받으며 일할 수 있다는 사실에 무척 감사했다. 하지만, 폭력에 시달렸고 부모에게서 보호받지 못한 채 성장기를 보낸 상처는 시시때때로 수진을 괴롭히고 있다. 오랜 기간 당한 폭력과 성폭력, 그리고 성매매로 인한 신체적인 고통은 나이 들면서 더욱 견딜 수 없는 통증이 되어 나타나고 있다.

시설 상담원으로 일하면서 어려운 점은 동료 상담원들을 이해시켜야 한다는 것이다. 성매매 현장에서 탈출한 여성들은 수진과 동일한 경로를 거쳐서 성매매를 하게 된 경우가 많았다. 부모의 지지나 보호를 받지 못한 채 방치되어 살아가다가 폭행을 당하고 성매매까지 하게 된 경우가 대부분이었다. 그들의 사고방식과 행동은 일반적이지 않다. 평범한 사람의 눈에는 굉장히 폭력적으로 보일 수 있는 과장된 행동으로 자신을 표현하는 경우가 많다. 동료 상담원들은 성매매 피해여성들의 이런 행동을 이해하지 못했다.

> 제가 다른 선생님을 이해시켜야 된다는 거. 왜 내가 입소자의 입장이나 그런 것들을 설득시켜야 되고, 왜 내가 이해시켜야 되는지. 같이 이해를 해야 되는데. 내가 중간에서 왜 해석을 하고 왜 같이 일을 시켜야 되는 건지. 어쩔 때는요. 그 질문 자체가 내가 같은 성매매 여성이라서, 그 여성으로서 내가 발탁이 돼서, 이 자리에 있어서, 그러니까 내가 훨씬 더 많이 듣는구나, 나한테 애들 입장에 대해서 입장 표명을 해라. 이 소린가? 고렇게도 해석이 되거든요. 내가 이거를 어떻게 내가 그니까… 저는 부정의 기분보다는, 기분이 나쁘기보다는 아, 내가 이 이분들을 이해시켜 줘야 되는구나 하고 생각이 먼저 드는 거예요. (내가 성매매 여성이어서 내가 해야 되는구나) 그렇게 생각해요.

미래전망

수진은 자신의 삶을 “남들은 한 번도 안 갔을 경우를 나는 여러 번 너무 많이 갔다.”고 표현했다. 자신의 과거는 “두 번 겪고 싶지 않은 어떤 고통"이라고도 했다. 자신이 원해서 그런 삶을 살아온 것은 아니지만 지나온 과거를 이렇게 말할 수 있는 "지금"이 좋다고도 했다. 그리고 그 아픔마저도 "내가 또 다른 세상에 도전할 수 있는 기회를 준 것 같고, 호기심을 자극하는 그런 계기가 되었으며 굳이 상처라고 생각하지 않는다"고 밝게 이야기하였다. 수진은 자신의 지나온 삶을 현재 활동하고 있는 시설에서 탈성매매 여성들과 공감대를 형성하고 그들의 마음을 다독이는 데 활용하고 싶다고 하였다.

수진은 탈성매매 후 자립 과정이 얼마나 어려운지 잘 알고 있었다. 성매매 현장에서 탈성매매 하겠다고 결심해서 바로 탈성매매 할 수 있는 것이 아니다. 탈성매매를 하겠다고 결심했다고 해서 누구나 시설에 들어갈 수 있는 것도 아니다. 시설 입소를 위해서는 자리가 날 때까지 기다려야 한다. 그 과정에서 먹고 사는 문제가 해결되지 않으면 탈성매매 하겠다는 의지와 상관없이 "노래방 도우미로 뛰는" 수밖에 없다. "양심에 찔리기는 하지만 이차만 안 나가면 되지"하는 심정으로 아르바이트를 하게 된다. 시설에 입소했다고 해서 상황이 달라지는 것은 아니다. 시설에서는 세 끼 식사와 잠자리 제공 이외에 생활에 필요한 돈 한 푼 안 나오는 상황이라서 자립이 결코 쉬운 일이 아니다. 그러나 자립보다 사회적 낙인의 극복이 더 큰 과제라고 할 수 있다. 탈성매매 과정에서 수진이 가장 두려웠던 것 가운데 하나는 성매매 현장에서 만났던 사람들을 만나거나 그 일을 했던 사실을 알고 있는 사람을 만나게 되는 것이었다.

왜냐면, 음, 저도 그래요. 밖엘 나갔는데 나도 그 사람 알고 그 사람도 날 알아요. 근데 그 사람이 나를 모른 척 해줬으면 좋겠어요. 근데 그 사람이 나를 아는 척을 하잖아요. 내 주위에 나 혼자 가는데도 나를 아는 척 하잖아요. 그러면 내가 엄청 힘들어요. 굉장히 민망하고 그 무언가는 모르겠지만 심리적으로 힘든 게 닥쳐와요. 그리고 간혹 가다가 대중교통 이용한다든지 시내를 간다든지 어디 밥 먹으러 간다든지, 나한테 진상 짓을 했던 사람들과 비슷하게 닮은 사람들이 있잖아요. 비슷하게 닮은 업주들. 그 사람은 아니지만 비슷하게 닮았잖아요. 저, 거기서 길도 못 가고 그대로 멈춰서 얼어붙은 상태로 가만히 있어요. 그리고 울어 버려요. 혼자 벌벌 떨면서. 그러면 지나가는 사람들은 날 이상하게 느끼잖아요. 그런 경우가 여러 번 있었어요. 이제 생각을 바꾸려고 하죠. 나도 사람인데 왜 자꾸 이거에 내가 움찔거리고 그럴까. 그런데 지금도 그래요. 지금은 그 자리에 멈춰 서서 있지는 않지만 여기 이 가슴은요 엄청 콩닥거리고 엄청 아파요.

수진은 다시는 성매매를 하지 않을 것이고, 성매매를 할 수밖에 없었던 자신에 대해서 이해하지만 아직도 아프게 느껴지는 시선이 있다. 그 시선을 견뎌 낸 경험은 시설에서 생활하는 탈성매매 여성을 지원할 때 실질적인 도움을 주는 힘으로 작용했다.

비슷한 사람을 보게 되면. …굳이 말하지 않아도 내가 보고서 알아서 그러니까 어쩔 때는……, 말을 못 하잖아요. 그 두려움이라는 거를. 내가 옆에서 가만히 같이 손 딱 잡아 주면서 괜찮아, 나 옆에 있잖아, 웃으면서, 내가 씩 웃으면서 지가 시선을 멈칫하고 있는 멈춰 버린 그 시선이 있거든요. 그럼 내가 딱 가려 줘요. 보지 못하게.

행여 우리가 길 가다가 만약에 너랑 나랑 부딪쳤을 (부딪칠 수도) 거야. 근데 내가 너를 아는 척 안 할 수도 있어. 만약에 그렇게 해서 오해는 하지 말아 줘. 나는 너를 보고 반가워서 아는 척을 하고 싶은데, 니가 나를 불편해 할 수도 있단 말이야? 너는 그 기억을 잊어버리고 싶고 그렇기 때문에 만약에 니가 그런 생각 없이 나를 아는 척을, 니가 먼저 나를 아는 척을 해 줄래? 그럼 내가 반갑게 맞아 줄게. 내가 먼저 아는 척하면 니가 불편해 할까 봐 그거는 내가 조심할게. 인사하고 싶으면, 말하고 싶으면 니가 먼저 아는 척해 주라.

사회적 낙인에 대한 두려움을 극복하기 위해서는 많은 변화가 뒤따라야 한다. 개인적인 차원의 노력과 사회·문화적 환경의 변화가 필요하다. 그 변화는 일방적이 아니라 상호적이어야 한다. 성매매 공간에서 있었던 일들을 즐겁고 행복한 추억으로 기억하는 사람은 없다. 비록 같은 상처를 공유한 사이라고 할지라도, 사회적 시선에 대한 배려가 필요하다. 사회적 낙인은 수진 스스로가 이겨내야 할 무거운 과제이다.

언니는 진짜 어떻게 보면 남들 같으면 흠인데 언니는 전혀. 그걸 드러내며… 내가 거짓말하면 뭐해? 난중에 언젠가는 다 알게 될 사실인데. 난중에 괜히 알게 돼서 쪽팔리는 것보다는, 순간 위기모면을 위해서 평생 쪽팔린 것보다는, 지금 쪽팔리고 평생 편하게 그냥 그렇게 살란다. 그게 내 스타일이고 나는 그게 좋아. 그리고 나는 전혀 부끄럽지 않다고 생각해.

시설 입소자들은 수진의 당당한 모습에서 힘을 얻고 탈성매매 의지를 다져가고 있다. 수진은 모든 문제 해결의 열쇠로 "배움"을 들었다. 그래서 시설 입소자들의 아픔을 더 잘 이해하고 더 좋은 상담을 해주기 위해서 상담심리학을 공부했다. 그 공부의 과정은 경제적, 육체적, 심리적으로 쉬운 일이 아니었지만 포기하지 않았다. 그리고 시설 입소자들에게 그 모습은 롤 모델이 되고 있다.

저는, 음, 어떻게 보면 나의 아픔이 결코 좋은 건 아니라고 생각하거든요. 두 번은 겪고 싶지 않은 어떤 고통이거든요. 근데 나에게 이런 아픔이 오히려 나한테는 지금 이 시점에서는 좋아요. 그리고 그 아픔마저도 오히려 내가 또 다른 세상에 도전할 수 있는 기회를 준 것 같고.

수진은 "나를 뒤돌아볼 줄도 알고, 자식 키우는 사람으로서 바르게 이렇게 살 거"라고 한다. 수진의 삶에서 성매매는 삶의 진액을 빨아들이는 블랙홀이었지만 그 불구덩이에서 뽑어져 나온 열기를 삶의 활력으로 전환시킨 것은 수진 자신이었다.

그래도 살아야 하기 때문에[1]

김차균*

1

개포동 다리 밑에 우리의 보금자리를 마련하려고 양철 도단과 목재를 준비하여 울타리를 대강 마련하였다. 넝마공동체 제2작업장을 세울 마음의 준비는 해 온 터이지만 어려운 일들이 닥쳐오기 시작했다. 나는 이 일을 하면서 어려움이 따르리라고 생각하고 있었고, 그만큼 비장한 각오를 이미 하고 있던 터라 그리 당황하지는 않았다. 쉼 없이 사라호 태풍은 몰아칠 것이다. 그러나 두려움은 없다. 자상한 형님, 동료 그리고 후배들이 있기에 마음은 더욱 든든하다. 제1작업장에도 20명이나

* 넝마공동체 제2작업장 대표.

1 이 글은 『넝마』지 2~5호(1987~1991)에 실린 글을 재정리한 것이다.

되는 넝마공동체란 한 울타리 안에 식구들이 든든히 받쳐 주고 있으니까. '차라리 올 것이라면 지금 당장이라도 닥쳐오너라 나는 절대 물러서지 않겠다.'

동사무소 직원이 책임자를 만나겠다고 작업장 시작한 지 이틀 만에 왔다 갔다고 동료들이 일러 주었다. 다음날 담당직원을 만나러 찾아갔다. "무조건 철거하라."고 했다. 사정을 해 보았으나 허사였다. 홧김에 "철거를 시키든지 말든지 너희 좆 꼴리는 대로 해." 하며 큰 소리를 쳤다. 점잖은 분이 안에서 나오면서 무슨 일이냐고 물었다. 당신은 누구냐고 물었더니 "제가 동장입니다. 무슨 일입니까?" 점잖게 얘기를 건네 왔다. 나는 속으로 "백 놈의 좆이 한 놈의 좆이지 별 볼 일 있나." 하면서 되든 안 되든 밑져야 본전이니까 다시 얘기를 했다. "개포동 다리 밑에 넝마공동체 작업장을 만들려고 합니다. 협조 좀 부탁드립니다." 라고 했다. 동장은 한참을 난감한 표정으로 생각하다가, "우리 관내에 오셨는데 협조해 드리지 못해 죄송합니다."고 말하였다. 동사무소 문을 막 밀고 나오려는데 직원이 따라 나오며 철거를 하라고 다시 얘기하였다. 그리고 구청에 보고하겠다고 했다. 예상대로였다. 나는 이 생각 저 생각 하면서 우리의 보금자리를 향해 걸었다. 한참 걷다 보니 엉뚱한 길로 가고 있었다. 다시 발걸음을 돌려, 나올 때를 기다리고 있는 눈들이 있는 작업장으로 방향을 고쳐 잡았다.

우리 작업장 주위에는 고층아파트로 꽉 차 있다. 그들이 우리를 보면 '몇십 년 전이나 양아치가 다리 밑에 있었지 지금도 있나' 하고 의아해 하겠지만, 우리는 이 땅 위에 엄연히 살아 있다. 우리가 무슨 짐승이나 벌레로 보일지 몰라도 우리도 보다 나은 내일을 위해 열심히 노력하고 있으니까 밝은 내일이 올 것이다. 그런 생각을 하다 보니 우리에겐 지상낙원인 개포동다리 밑에 다달았다. 비록 고물 때문에 지저분하지만 작업장에선 아무런 가식도 위장도 없이 거친 말투지만 허물없이 지내니 마음은 편하다. '먼지가 난다, 미관상 좋지 않다, 교육상 좋지 않다.' 하여 진정이 들어가고 그러면 구청에서 어김없이 나올 테지. 그러나 버티는 데까지는 버티는 것이다. 우리도 영동 비싼 땅에 살 권리는 있다. 불편한 줄 모르고 모자람 없이 지내는 너희 열가(사회인, 부자)들한테 밥을 달래 돈을 달래. 우리도 우리의 노동의 대가로 먹고 살아가는데 오히려 재활용품을 주워 국가 경제 발전에 이바지하고 있는데. 우리도 어엿한 대한민국 국민이다.

다리 밑으로 오면 마치 우리의 집인 양 돈깨나 있는 사람 부러워할 것 없다. 우리도 비싼 영동의 2백여 평의 땅에 살고 있지 않은가. 이 말은 동료들에게 내가 입버릇처럼 하는 말이다. 비가 온들 걱정인가, 눈이 온들 걱정인가. 45미리 박격포가 떨어져도 걱정 없을 튼튼한 다리 지붕과 튼튼한 교각이 우리를 지켜 주고 있지 않은가. 그러나 여기가 계속 작업을 할 수 있는 삶의 터가 될지 안 될지에 신경이 곤두서 있다. 어떠한 시련이 닥쳐도 우리는 살아야 하기 때문에 끊임없이 싸워야 하고 또 이겨야만 한다. 이런저런 생각에 잠이 오지 않는다. 우리 공동체의 빛나는 새파란 눈들이 있기에 책임자로서 든든하다. 책임자로서 실망과 좌절하는 표정을 보이지 않으려고 노력해야겠다. 그것이 책임자의 본분 아닌가.

새벽 2시, 잠이 오지 않지만 마음의 평정이 온다. 전에 같으면 구청이나 경찰서에서 사람이 오면 떨렸지만 이젠 만성이 되었다. 과연 누가 우리를 이렇게 만들었는가. 누구의 책임인가. 대한민국 전 국민에게 있다고 생각한다. 어떤 사람은 지까짓 놈이 무얼 안다고 지껄이느냐고 야단칠지 몰라도. 쓰레기처럼 부잣집 양반네들이 사시는 쓰레기통에서 나오는 고물을 주워 먹고 사는 우리가 살아있는 쥐새끼나 별 다를 것 있겠습니까. 하지만 우리도 살아 숨 쉬는 생명체일 뿐만 아니라 인간이기에 감히 말씀드리는 것입니다.

오늘은 모든 것을 잊고 내일을 위해 일찍 자자. 날이 밝아오면 어떤 고귀한 분(?)이 찾아와 무슨 날파리 같은 말씀을 하실런지 염려된다.

아침에 일어나 수돗물도 아닌 지하수 한 사발 들이켜고 긴 호흡과 함께 하루를 시작한다. 밥 한술을 된장국에 말아먹고 다리 밑 중심가에 앉는다. 그러면 우리 일과는 시작된다. 우리 형제들은 망태기와 집게를 챙기고 작업 준비에 바빠진다. 그때가 보통 7시나 8시쯤 된다. 새벽 2시나 3시쯤에 나가면 고물이야 많아 좋지만 경찰들의 뜨거운 시선과 방범들의 검문을 받아야 하기에 아예 고물을 조금 줍더라도 날이 밝아야만 나가기로 했다. 우리의 일터는 따로 정해져 있지는 않다. 리어카나 경운기를 끌고 이 골목 저 골목을 다리가 아프고 발바닥에 물집이 생기도록 헤매고 다녀야 된다. 한 사람당 5천 원에서 1만 원 정도 수입은 된다.

모두 일을 나가고 혼자서 작업장을 지키고 있었다. 도둑맞을 물건이 있어서 지키는 것이 아니라 오늘은 또 누가 와서 갈굴지 몰라서다. 소주 한 병을 따서 한두어 잔쯤 마시고 있는데 친구들이 격려차 찾아왔다. 귀에 익숙한 거친 말로 반가와 하면서 한참 얘기를 하다 보니 소주 2병이 벌써 다 비어가고 있었다.

2

용선이란 친구가 찾아 왔다. 용선이가 얼마나 반가운지. “어서 와라. 소주 한잔 하자. 반갑다.” 용선이는 새삼스러운 나의 행동에 어리둥절하면서, “짜식 무슨 소리야. 그래 한잔하자.” 그리고 우리는 주거니 받거니 하는데 문이 열리면서 누가 들어오는 것이 아닌가. 바로 무하마드 알리였다. 알리라고 하면 세계챔피언이었던 알리를 얘기하는 것이 아니라 용선이가 지어준 천복이의 별명이다. 천복이는 반갑게 맞이하는 나와 용선을 보고 “이 호랑말코 같은 짜식들, 저희 조상이 살아온 양 반갑게 헌다야. 이야 무슨 좋은 일 있나.” 순수토종 말투가 어김없이 터져 나오는 게 아닌가. 언제 들어도 구수하고 텁텁한 천복이 특유의 말씨인 것이다. 그러는 천복이에게 기스(술) 한 잔을 권하는데 “어야 똥강아지 같은 아그들아. 그래 나를 깡스리(안주 없는 술) 한 잔 주려고 그렇게 반갑게 했어야.” 용선은 그러는 천복에게 “양 선생님.” 한다. 제 삼자가 들으면 무슨 인격을 갖춘 학교 선생님으로 착각하고 계시는 분도 있겠지만, 그런 인격을 갖춘 사람이 아니고 옛날이나 지금이나 인격을 갖춘 열가들이 우리를 보고 “양아치” 온다고 흔히들 그렇게 불렀다. 그래서 그 첫자를 따서 양 선생이라고 하는 것이다. 열가들이 볼 때 양아치는 세상에 필요 없는 것 같지만 나름대로 인간답게 살려고 열심히 노력하고 있으니 나쁜 시각에서만 보지 말고 똑같은 사람으로 우리를 보아 주었으면 좋겠다.

“양 선생님.” 우리 세계에서나마 우리에게라도 존칭어를 쓰고 싶은 마음에서 양 선생님이라고 부른다.

천복은 용선이가 양 선생님하고 부르자 “암 그래야지” 하면서 기스를 받아들더니 말한다. “왕건이(고기)는 다 어디 가고 살아서 밭으로 돌아갈 쪼지기(김치)만 있단 말이냐.” 그러는 천복에게 용선은 “기스 재는(먹는) 걸로만도 감지덕지하게 생각해야지.” 하기야 깡기스 먹고 깨진(죽은) 동료를 너무나 많이 보아 왔기 때문에, 천복의 말뜻을 너무 잘 알기 때문에, 용선은 더 이상 천복에게 말문을 열지 않는다. 하기야 하루 종일 리어카를 끌고 이 골목 저 골목 헤매면서 애기통(쓰레기통)을 설치다(고물을 줍다) 보면 오후에는 목소리에 먼지가 들어 있어 기침을 하면 시커먼 가래가 한 무더기씩 나오곤 한다. 그렇기 때문에 왕건이를 먹어 먼지를 씻어 내려야 한다.

그러나 형편이 안 되니. 지금까지 살아오면서 동료들이 깨지는 걸 많이도 보았다. 살아간다는 게 아무런 의미가 없다는 생각도 가끔씩 든다. 가장 다정했던 동료가 약 한 번 못 쓰고 멀리 떠날 땐, 매일 한 솥에 밥 먹고 함께하던 친구를 수 없이 잃을 때, 그 아픈 마음을 어찌 말로 다 할까. 살려 달라고 애타게 애원하는 동료를 옆에서 지켜보기만 하는 자신을 떠올릴 때 함께 죽을까도 생각했었다.

오냐. 내가 너희를 대신해서라도 너희들의 몫까지 오기로 살고 우리도 인간이라는 것을 더욱 강하게 부르짖겠다. 우리는 ‘쓰라림과 좌절, 자포자기 속에 죽었던 잔디가 봄이 오면 다시 싹이 나오듯이 더욱 강해지고 단단한 차돌처럼 뭉쳐야지.’ 하고 생각하게 된다.

우리가 주거니 받거니 하는데 용선이가 말한다. 괴롭고 슬픈 이야기는 그만했으면 좋겠다고. 용선의 눈가에는 어느새 이슬이 맺힌다. 천복은 그걸 놓칠세라, “용선아, 술 한 사발 다오.” 한다. 용선은 “ ‘드세요.

드세요. 양 선생님.' 할 때는 안 철덕이더니만(먹더니만) 먹지 마라 먹지 마라 하니까 처먹으려구 하는구나" 하며 웃음을 짓고는, "그래 천복아." 하면서 기스 한 사발을 권한다. 벌꺽벌꺽 마시더니만 천복은 무얼 그렇게 생각하는지 우수에 잠긴다. 용선은 천복에게 "알리답지 않구나, 역시 알리도 인간이구나." 하며 쓴 웃음을 짓는다. 어느새 해는 지고 모닥불 가에는 소주병이 한 병 두 병 늘어가고 있었다.

3

항상 낙천적이며 비록 육체적으로야 가난했지만, 우리 한국에서 내노라 하는 재벌이라고 떠들어 대는 정주영이나 김우중이가 부럽지 않을 정도로 마음만은 풍요로운 천복이가 아닌가.

우리는 어떠한 어려운 일이 있으면 서로 의논하고 개중에 말 못할 사연이 있으면 동료나 우리 윤씨 형님과 상의해서 풀어 나가고 협의한다.

천복이는 동료들을 조금이나마 편하게 하기 위하여 유머도 써가면서 웃기면서 지낸다. 그런데 자신이 스스로 인격을 갖춘 사람이라는 것을 늘 한산 하면 입버릇처럼 이야기하곤 하였다. 그런 천복이 오늘따라 그런 모습을 찾아볼 수 없는 것이 아닌가.

그런데 용선이 화제를 돌려보려고, "야! 개뼉다귀 같은 자식아! 형님 목마르니 초(술) 한 사발 정중하게 두 손으로 따라 보아라."고 하자, 천복이는 그제서야 마치 긴 겨울잠에서 깨어난 개구리처럼 "아~" 하면서 용선이에게 초 한 사발을 건네는 것이 아닌가. 천복이는 용선이에게 "먹고 죽은 귀신은 빛깔도 좋다는데." 하면서 초 한 사발을 가득 채운 다음, "용선아 너 서울역에서 잘 나갔던 이야기 좀 해 보아라." 하자, 용선이는 새삼스럽다는 듯이 눈을 지그시 감으면서 특유의 험악한 인상을 쓴다. 용선이는 특유의 미소만 머금고 있을 뿐 아무 대꾸도 하지 않는다. 잠시 후 용선이는 말한다. "천복아 다 지나간 이야기를 새삼스럽게 하라고 하니 우리끼리니까 하마."

용선이는 서울역 근처 양동에서 양말공장을 경영했던 사장이었다. 그러나 경험부족으로 망하고는 양동에 머무르게 되었던 것인데, 사업에 실패하고 초(술)로 세상을 살면서 의식주를 해결해야 하는 어려운 처지에 놓이게 되었다. 무엇인가 해야만 모라이(식사)도 하고 부시기(담배)도 피울 수 있을 터인지라, 용선이는 생각 끝에 당장 무얼 해야만 되겠는데 가진 돈이 있나. 그러나 용선이에게는 비장의 무기가 두 개나 있는 것 아닌가. 그의 우람한 체격과 험악한 상다구(인상)가 용선이의 돈보다도 유익한 재산인 것이다.

생각다 못한 용선이는 깨방(구멍가게)에 가서 마분지를 한 오금 사 가지고 쇠뭉치를 신문지에 예쁘게 포장하여 잠바 안주머니에 볼록하게 집어넣고 무작정 버스에 타고는 비비대면서 안으로 들어갔다. 낚시밥이 있어야 고기를 잡듯이 용선이는 미끼를 마분지로 만들었던 것이다. 그러나 하루가 지나도 낚시에 고기는 걸려들기는 커녕 배만 고파왔다. 버스비도 얼마 남지 않아 걱정이 태산 같은데, '오늘 공치면 내일은 되겠지' 하는 식으로 저녁 때가 다 되어서 양동으로 발길을 돌린다.

양동에 와 봐야 누구 하나 용선이를 반기는 사람이 없는데, 그래도 용선이가 한때나마 공장을 했던 사장이었다는 것을 주위에서 알고 있어서 그때 알았던 안면으로 꿀림자리(하숙집)에서 다음에 오카네(돈) 갚아 준다는 식으로 하루 지내고 내일이면 그 방에서 나가야만 하는 기구한 운명에 처하게 되었다. 그래서 용선이는 순대(배)도 고프고 해서 조그마한 대포집에 들어가 탁주 한 사발을 시원하게 마시고 아주머니에게 한 사발을 더 달라고 내민다. 그런 용선이가 안 되었는지 아주머니는 "빈속인데 무슨 탁주만 드실려고 하세요." 한다. 용선이는 "돈 없는데 밥까지 외상할 수 없지요." 하자, 순덕 어멈은 "돈 받지 않을 터이니 내가 국밥 한 그릇 말아 줄 테니 잡수시고 기운 내세요." 한다.

"덩치가 인왕산 호랑이도 잡수실 수 있는 아저씨가 무슨 일 좀 안 되신다고 그렇게 술을 잡수시고 그러세요." 그렇게 말하는 순덕 어멈을 용선이는 슬쩍 한번 쳐다본다. 배고파 있을 때 배고픔을 알아주는 순덕 어멈이 그리 고맙고 사랑스러울 수가 없는 것이 아닌가. 용선이는 순덕 어멈이 말아준 국밥 한 그릇을 마파람에 게눈 감추듯이 빨리 비우고는 마음속으로 다짐한다. '이 은혜에 꼭 보답하리라' 하고는 하숙집으로 발길을 재촉한다. 그러나 하숙집에 와서 누워도 잠은 쉬 오지 않는다. 아무래도 내일이 걱정되는 것이다. 이 궁리 저 궁리 해보아도 별 신통한 생각은 좀처럼 머리에 떠오르지 않아 마음이 편안치 않다. 그렇다고 서울에 친구가 있는 것도 아니고 가까운 친척이 있는 것도 아니다. 천리타향 객지에서 커다란 덩치에 굶어 죽었다면 누가 보아도 조금 모자라다고 생각하는 것은 너무나 뻔하다. 용선이는 내일을 걱정하면서 안절부절 못하나, 나름대로 스스로를 위로하면서 깊은 잠에 빠진다.

다음 날도 용선이는 어김없이 버스를 타고 시내를 배회하는데, 생각대로 월척은커녕 피라미도 걸리지 않아 '그래도 아직은 이른 시간이기에 그렇겠지.' 하고는 시내 쪽으로 발길을 옮긴다. 용선이는 마치 시골에서 서울에 처음 올라온 촌놈같이 이것저것 구경도 하며 시내를 배회하면서 시간을 보낸다. '오늘은 기필코 성공하고 말 것이야.' 라는 생각을 떨쳐 버릴 수 없는 것이 지금의 용선이의 솔직한 심정이다. 허기를 달래려고 국숫집을 찾아들어가 국수 한 그릇을 시키고 무엇인가 생각하고 있는데 어느 사이에 국수가 나온다. 용선이는 큰 덩치답게 국수를 게눈 감추듯이 해치워 버리고는 마지막 한 개비 남은 담배연기에 시름을 달래면서 마치 얼이라도 빠진 사람처럼 멍청하게 창밖을 내다보고 있는데, 지게꾼들이 국수 한 사발을 먹기 위해 들어서고 있는 것이다. 용선이는 갈 곳은 없어도 손님 때문에 당장에 일어서야 하는 형편이다. 국수도 한 그릇 먹었겠다 용선이는 천천히 장충단 공원 쪽을 향해 걷는다.

공원에 나가서 저녁 퇴근 시간에 일 보는 버스 소매치기들을 노리고 있는 것이다. 그러나 이미 호주머니에도 몇푼 안 되는 동전 소리만 들릴 뿐 암담하고 막연한 처지에 놓여 하늘만 쳐다보는 한심한 일밖에 할 수 없는 상황이다. 이런저런 생각을 하면서 걷다 보니 당장 담배 피우는 걸 해결해야 했기에 땅만 쳐다보면서 걷는다. 꽁초 몇 개를 주워 입으로 불어서 주머니에 집어넣는다.

한동안 피울 수 있는 양이다. 벤치에 앉아서 담배 한 대 피워 물고는 슬며시 누워서 긴 호흡과 함께 담배 연기를 허공에 날려 보내고 자신의 처지를 비관한다. 한동안 눈을 감고 있던 용선이는 어젯밤 이런저런 생각에 밤잠을 설친 게 피곤한지 자기도 모르는 사이 잠이 들었다. 얼마를 잤는지 어두워지고 있는 것이 아닌가. 허둥지둥 주위를 살피면서 옆 사람에게 묻는다. "선생님 지금 몇 시 입니까?", "예, 지금 6시 40분이네요." 그 말이 떨어지자 바쁘게 고맙다는 말을 할 사이도 없이 뛰기 시작한다. 지금이 한참 일 보는 시간이기에 그 시간을 놓치지 않으려고, 그래야 의식주가 해결되기에 열심히 뛰어 닥치는 대로 버스에 올라탔다. 그러고는 가는 버스에 비비적거리며 안으로 들어가 좌우를 살폈다.

잠바 안주머니에는 마분지로 만든 가짜돈 세 뭉치가 볼록하게 들어 있었다. 이것이 미끼인 것이다. 용선이는 처음에는 버스가 어느 방향으로 가는지 몰랐는데 나중에 서울역을 지나 마포 쪽으로 가는 버스란 것을 알았다. 얼마나 지났을까. 전신에 신경을 곤두세우고 있는데 입질을 하지 않는가. '올 것이 왔구나', 생각하고 마음속으로 쾌재를 부르며, 속주머니로 들어오는 것을 안전선에서 잡으려고 시치미 뚝 떼고 있었다. 촌놈인 줄 알고 마음 놓고 들어오는 걸 용선이는 우악스런 손으로 움켜쥐었다. 이 황금 같은 시간을 얼마나 그리워했던가. 그리고는 상대가 빠져나려고 하면 더욱 거세게 조여 댔다. 그러면서도 용선이는 째잡이(소매치기) 잡았다는 이야기는 하지 않는다. 빠져나갈 수가 없다는 것을 판단한 소매치기는 자포자기 하는 식으로 "형님 제가 몰라봬서 죄송합니다."라고 속삭이듯이 용선이에게 말한다. 용선이는 대꾸한다. "아무 소리 말고 다음 정거장에서 내려." 하자, "네, 알았습니다." 한다.

정류장에 도착하기가 무섭게 용선이는 손목을 꼭 쥐고 내렸다. 용선이도 말은 들어서 일당이 한두 명이 아니라는 것도 잘 알고 있고 각오는 했는데 이 마당에 무엇이 무서울 게 있는가. 내리기가 무섭게 한 차례 태풍이 휘몰아치듯이 용선이는 소매치기를 길바닥에 내동댕이친다. "네가 아무리 깡다귀가 좋아도 안 돼." 라는 말과 동시에 "형님 잘못했으니 우리 말로 합시다." 한다. 용선이는 우선 상대의 사기를 꺾었기 때문에 2차 관문은 통과한 셈이었다. 그러나 어떠한 식으로 협상을 할지 또 상대가 어떤 형태로 나올지 모르는데 어떤 말부터 해야 될지 생각할 때, 이쁘장하게 생긴 놈이 오더니 "형님 길거리에서 이러지 마시고 조용한 술집에 가서 이야기 좀 합시다." 한다. "그래 그럼 어데로 가자는 것이냐?" 하니 "형님은 저희만 따라 오시면 됩니다." 한다. 따라간 곳은 청량리였다.

그때만 해도 역전 쪽으로 무허가 판자촌이 난무했다. 따라가면서도 마음속으로 은근히 걱정이 되었지만 내심 태연한 척하며, "너희 오늘 운이 좋았다. 내 친구가 여기 있었으면 너희는 오늘 볼장 다 본 거야." 하며 공갈도 치고, "너희들 오늘 일진은 좋은 편이야, 너희 왕초가 누구야?" 하자, 처음에 용선의 속주머니에 손을 넣었던 아이가 말한다. "아니요, 우리 나름대로 일(소매치기)을 해서 똑같이 분배하지요." 한다. 상대가 날파리(자기네들 마음대로 다니며 일을 하는 것)라는 것을 알자 용선이는 안심하면서 그 애들의 술대접을 잘 받았다. 예쁜 냄비(여자 손님, 성판매자)와 한 방에 잘 수 있고 돈도 들어오고 항상 자기와 함께할 꼬마들이 넷이나 생긴 것이다.

그날은 더없이 좋은 날이 되었고 이후 용선이의 의식주는 자동적으로 해결되었다. 그 애들은 형님이 있으니 든든한 마음으로 일을 하였다. "우리가 일하다 달리면(잡혀가면) 뒤에서 힘이나 써주고 학교(교도소)에 가면 영치금이나 좀 넣어 주세요." 한다. 이렇게 만난 애들이 똘배, 발랑, 홍천, 똘똘이였다. 처음에 용선이의 안창(안주머니)에 손을 넣었던 똘배는 이야기한다. "형님 저도 쓰리하는 데는 두 번째라면 서러운 놈인데 그날은 제가 별로 일하고 싶지 않았는데, 주머니 사정도 빈약하고 또 제가 나가지 않으면 일이 제대로 되지 않기 때문에 나간 것이 화근이 되었습니다." 하면서 용선이를 향해 멋적은 웃음을 지으며 말한다. "그런데 형님 그날 제 손목을 잡았을 때 제가 빠져나려고 하니까 점점 조여 오는데 무슨 팔목 힘이 그리 강합니까." 하자, 용선이는 "나도 한 때는 쌀 한 가마 정도는 가볍게 들어올렸다."고 하니까, "우리는 형님만 믿고 형님 말에 순종할 터이니 저희들을 잘 보살펴 주세요." 하였다.

이 네 사람은 각기 역할이 있었다. 똘배는 안창(안주머니) 명수였고, 발랑은 예쁘장하게 생긴 그대로 바람을 잡는데 두 번째라면 서러울 정도로 일을 잘해서 용선이의 사랑을 가장 많이 받았다. 반면에 홍천은 상대의 시야를 혼란시키면서 잘 생긴 용모 때문에 꽃띠(한창 젊은 여자의 나이) 학생들의 선망의 대상이 되기도 했고, 똘똘이는 사고가 나면 오히려 상대를 당황하게 만들면서 상대가 소리치면 상대를 때리는 일로 유명했던 아이다. 그때 용선이는 돈에 구애받지 않는 생활을 하였다.

용선이는 춘희라는 양동에 있는 여자를 알게 되어 한동안 사랑에 빠지기도 했고, 한때는 마음을 잡았다가 어느 날 갑자기 춘희가 느러지는(가 버리는) 바람에 또다시 방황하면서 지내게 되었다.

오늘에 이르러서는 비록 쓰레기를 주워 먹을지언정 참되고 인간답게 살려고 무척이나 노력하는 친구 중의 한 사람이다. "하기야 내가 인간답게 살지 않으면 무얼 어찌 하겠습니까?" 한다. 이제 세월은 가고 나이도 50을 눈앞에 두고 있지 않은가. 그래서 용선이는 누구보다도 노력하고 과거는 한숨에 잊어버리고 누구보다 부지런한 친구다. 내일이면 동료들과 리어카나 경운기를 몰고 거리에 나가 뒤늦게 얻은 처와 자식을 위해 눈이 오나 비가 오나 열심히 뛰지 않으면 생계에 위협이 들 지경이다.

그래서 용선이는 새벽 2시면 잠에서 깨어난다. 그리고 담배 한 대 입에 물고 오는 졸음 피하면서 화장실로 향한다. 화장실에서도 '오늘은 어디 가서 파지 한 장이라도 더 주워 와야 처와 자식을 살리지.' 라고 생각한다. 지금까지 함께 살면서 옷 하나 제대로 사 주지 못했건만 말없이 묵묵히 따라 주는 처가 어떤 때는 한없이 가엽고 측은한 생각이 든다. '오늘은 어제보다 좀 더 많은 양을 주워 와야 할 텐데.' 하면서 용선이는 바빠진다.

경운기에 뜨거운 물을 부어야 하고 같이 일하는 영수도 깨워야 한다. 네 시가 되면 출발하는데 겨울에는 몹시 춥고 살을 에는 아픔을 참아야 한다. 경운기는 자동차와는 달리 칸막이가 있는 것도 아니고 달리면서 불어오는 바람을 피부로 막아야 하기 때문이다. 일터에서 무거운 망태기(추렁)를 등에 메고 하루 종일 이 거리 저 거리를 다니면서 고물을 수집하여 경운기가 세워진 위치로 달려간다. 어떤 때는 영수가 먼저 와서 기다리는 수가 있고 어떤 때는 용선이가 먼저 와서 기다리는 수가 있다. 서로 의논하여 다음 목적지를 정해야 하기 때문이다. 용선이가 벌이(작업)하고 경운기 있는 곳에 오면 영수가 "형님 추우시지요."하며 반긴다. 용선이는 담배 한 개피를 권한다. 그리고는 영수에게 경운기를 몰자고 한다.

영수는 긴 호흡과 함께 경운기를 운전하기 시작한다.

4

하루에도 수십 리 아니 수백 리 길을 달리지 않으면 의식주가 해결되지 않기 때문에, 정처 없이 이곳저곳을 하루해가 지는 줄도 모르고 헤매고 다닌다. 그렇게 헤매다 해가 서산에 뉘엿뉘엿 질 때 우리는 개포동 영동 5교 다리 밑으로 온다. 하루 일을 마치고 돌아올 때는 몸은 지쳤지만 정말 신이 나고 영원한 보금자리, 나의 동료들이 기다리고 있을 따뜻한 안식처를 떠올리며 쉬지 않고 달려온다. 자식에게는 무엇보다도 부모의 따뜻한 사랑이 있듯이, 우리에게는 유일한 5교와 동료들의 사랑이 듬뿍 담겨 있고 어떠한 위장도 가식도 없는 우리 안의 세계가 있다. 그런저런 생각을 하며 멀리서나마 5교를 바라본다. 마치 옛날에 먹고 살 게 없어 괴나리봇짐 싸고 검정 고무신 신고 광목 바지저고리 입고 산간벽지나 섬마을에서 고향 부모님들의 눈물 바람과 어린 마음에 이제 영영 부모님들을 볼 수 없을 것처럼 처절하게 흐느끼며 울며불며 서울로 상경했을 때처럼, 5교는 마치 우리를 위해서 서 있는 느낌마저 드는 정든 곳이다. 그러다 보면 5교에 다다른다.

대문을 열고 들어가면 마치 집 나간 손주라도 돌아온 듯이 모든 동료들이 일해 온 물건들을 서로 챙겨 주며 따뜻한 난로가로 인도한다. '이것이 동료애가 아닌가.' 생각하며 뭉클한 가슴에 손을 한번 얹어 보고 하루의 피곤함도 잊는다.

용선이 "오늘은 형제들을 위해서 내가 막걸리를 좀 살 테니 아우들 오늘 한잔하자."고 말하니, 복동이가 "형님 대단히 죄송하지만 오늘만은 좀 사양하십시오. 다름 아닌 제가 횡재를 해서 이미 막걸리와 왕건이(고기)까지 준비해 왔습니다."고 으시대며 말하는 게 아닌가. 그리고 이어서 "형님은 후보 선수로 보류됨을 알려드립니다."고 말한다. 그러고 술잔을 탁자에 놓고 한 잔씩 따르자, 우리는 너 나 할 것 없이 막걸리 한 사발씩을 쭈욱 들이켜면서 하루의 피곤함과 시름을 강물에 눈 녹듯 잊어버리고 오늘보다 나은 내일을 기약하며 술잔을 돌린다. 복동이가 친구 종수에게 한 잔 받으라며 술을 권한다. 그런데 옆에 있던 막내 영수가 "복동이, 너는 집에 형님도 안 키우냐."고 말하자, 우리는 5교다리가 떠나가도록 배가 아프도록 웃고 말았다.

다름 아닌 복동이가 가장 사랑하는 우리 동료 중에 막내인 영수가 복동이에게 전에 하지 않던 일을 하였다. 우리는 영수가 웃기려고 하는 소리인 줄 알고 있었고 또한 복동이도 영수가 웃기려고 하는 소리인 줄을 이미 알고 있었다. 그때였다. 복동이 그걸 놓칠세라 "아, 형님. 제가 너무나 몰라서 영수 형님께 그만 실례를 했는데 형님 그 좋았던 마음 다 어디다 두시고 이렇게 꾸중만 하십니까?" 그때 영수는 "때늦은 감은 있으나 복동이 지금이라도 깨달았으니 막걸리 한 잔 쭉 따르거라." 한다. 복동은 "네." 하며 두 손으로 술을 권한다.

한 잔 쭉 마시고난 영수는 "복동 형님 죄송합니다. 제가 오늘 밥벌이 나가서 검은 도둑놈(방범)하고 싸움만 하고 돈벌이도 못해 와서 기분이 확 잡쳤는데 형님이 횡재를 좀 했다 해서 몹쓸 농담 좀 했습니다. 용서하세요."하고 애교스럽게 말했다. "영수야 우리 사이에 죽을 죄 지은 것도 아닌데 용서는 무슨 용서야. 이렇게라도 기분전환할 수 있는 걸로 우리 형제들은 만족한다. 기분 풀어라."

성진이 복동이에게 묻는다. 무슨 횡재를 했느냐고. 그러자 복동은 "성진 형, 저도 한 사발 마셔야지. 이 귀중한 얘기가 제대로 나오지 않겠어요." 복동은 한 사발을 꿀꺽꿀꺽 단숨에 들이키고는 입가에 미소를 머금고 있는데, "양념은 그만하고 읽어 보아라(얘기해 보아라)"고 한마디 독촉을 하자 말문을 연다. 그러나 얘기는 간단했다. 길 잃은 애를 찾아주어 사례비 약간과 그 집의 고물을 한 리어카 실어 왔는데 돈이 좀 되었다는 것이다. 책임자로서 마음 뿌듯하고 좀더 넝마공동체의 발전과 희망에 찬 날이 되도록 노력해야 되겠다는 생각을 하였다.

여기서 영수 얘기를 좀 해야겠다. 영수는 지금은 마음을 잡고 성실하고 착하게 살기 위해 노력하고 있으며 지난 과거사는 생각하지 않으려고 마음속으로 발버둥치는 사람이기도 하다. 영수는 우리 동료 중에는 막내이지만 옛날에 나름대로 자기네 또래 중에는 리더였다. 부모형제를 어렸을 때 여의고 지금은 천하에 의지할 곳이라고는 동료들밖에 없는 가련한 영수이지만, 어느 곳을 보아도 그늘진 곳이라고는 없는 영수였다.

그러나 오늘은 왠지 전에 기분같지 않고 뭔가 안 좋은 것 같았다. 그래서 불러 "네 기분이 전에 같지 않은 것 같은데 너 지금 딴생각하고 있지?" 하고 물으니 말이 없다. 그래서 재차 "네가 얘기하지 않으면 너와 나는 진실은 마음 한 구석에 감추어두고 가식만 가지고 형님, 아우 했을 뿐이야"라고 하니, 그때야 영수는 "형님" 하며 머리를 내 가슴에 묻고 흐느끼며 한없이 우는 것이 아닌가. 영수는 날 쳐다보며 오늘 할 얘기가 있는데 소주 한 잔 사달라고 한다.

그러는 영수를 데리고 포장마차로 가서 다정하게 들어섰다. 우리는 우선 꼼장어와 해삼을 조금 시키고 술 한 병을 먼저 달라고 했더니, 포장마차 아줌마가 "성미도 급하시네요. 안주와 함께 드셔야지요. 독한 술을 안주 없이 자실려고 해요." 하고 말한다. 아주머니를 쳐다보니 50대 건장한 체격에 수더분하고 인자하게까지 느껴졌다. 가난하게 살지만 어딘지 모르게 정감이 갔다.

아무튼 안주가 나와서 소주를 영수에게 먼저 한 잔 권했다. 영수는 와락 하는 말이 "형, 저보고 먼저 황천길 가라고 하시우." 그러는 영수를 보고 미소를 머금은 채 말문을 열지 못했다. 나는 영수의 마음이 이제 조금 누그러져 있음을 알게 되었다. 언제 흐느꼈는지 도무지 이해하기 어려울 정도로 우리는 누가 먼저랄 것도 없이 소주 한 잔씩을 마시고 나서, "형이 너의 심중에 있는 말을 하니까 너무 슬퍼서 울었지." 하니까, 영수는 말문을 열지 못하고 입만 벌리고 있는 것이 아닌가. "말해 보아라" 하자, "사실은 조금 전에 형이 알아차리고 형하고 얘기 좀 하자 했을 때는 형님이 저의 마음을 이렇게 꿰뚫어 보실 줄은 생각도 못했습니다."

사실 영수는 옛날에 간직이(은수저나 은젓가락 같은 은으로 된 것)를 전문적으로 훔치는 간진짭(간직이 도둑)이었다. 부잣집만 골라 다니면서 말이다. 간단하면서도 부피가 작고 안창(안주머니)에 넣어 봤자 표 나지 않는 물건이면서도 그때만 해도 값이 제법 나갔다. 그것도 새벽이나 한밤중에 높이뛰기(담 넘어) 도둑질하는 것도 아니고 걸달 때(밥 얻으러 다닐 때) 아침, 오후, 저녁 시간에 "밥 좀 주세요." 하면서 대문을 무작정 열어본다. 그래서 문이 열리면 안을 살피면서 인기척이 있으면 "밥 좀 주세요."하고 없으면 부엌문을 열고 들어가 순식간에 간직이를 안창에 넣는 것이다.

그때만 해도 세월이 세월이니 만큼 까바리(밥 얻으러 다니는 깡통) 들고 밥 얻으러 다니는 불쌍한 우리 형제들이 이 골목 저 골목 쏘다녔다. 그러면 "임마, 너는 어디에서 왔어. 너의 왕초가 누구냐." 그러면 "나는 어디 어디에 있는데 왕초가 누구누구야." 하면 대충은 알았다. 밥 얻는 것도 구역이 있으니까. 내가 이런 말을 하면 웃을 사람도 있겠지. 얻어먹는 주제에 구역은 무슨 구역이냐고. 그러나 그때는 엄연히 구역이 있었고 구역을 침범하면 코끼리 까바리(까바리가 두 개인데 밥을 얻는 큰 까바리)를 빼앗기고 실컷 두들겨 맞았다. 매를 맞고 들어오면 왕초는 왕초대로 "누가 거기까지 가라고 그랬느냐."고 광대(번쩍 들어서 깡통 위에 던지는 것)를 놓았다. 그러면 며칠씩 허리를 못 쓰는 일도 있었다.

우리는 때가 되면 죽으나 사나 걸밥을 달아 와야 하니까 어쩔 수 없이 남의 구역까지 침범하여 걸을 달아 와야 했다. 걸을 많이 달아 오지 못하면 왕초에게 혼나기 때문에 기를 쓰고 무슨 수를 쓰더라도 밥을 얻어 와야만 하는 것이다. 그래서 밥이 없다고 하면 그대로 들어갈 수는 없으니까 기대어 매달린다. 열가(부잣집)들은 "밥이 없으니 이 다음에 와라." 하면 그만이지만 다음은 다음에 생각해야지 당장 곤장을 맞아 죽을 판인데, 그래서 악착같이 밥을 줄 때까지 버텼다.

영수는 밥 얻기는 힘들고 그래서 생각한 것이 간직이를 훔쳐서 애비(장물애비)에게 팔아가지고 밥은 약간만 얻고 밥을 사가지고 거기다가

짬뽕을 해가지고 한 까바리 채워 가지고 갔다. 처음에는 왕초가 긴가민가했는데 그만 들통이 난 것이다. 그래서 영수는 왕초에게 죽지 않을 만큼 맞고 모든 것을 실토하기에 이르렀다. "오까네(돈)는 어디에서 나서 모라이(밥)를 사 왔지?" 영수는 두 번 초죽음을 당하기 싫어서 사실대로 말하고 말았다. 영수 얘기를 듣고 난 왕초는 "짜식, 그런 기술이 있으면 빨리 얘기할 것이지, 그럼 누이 좋고 매부 좋은 일 아니야." 하며, "오늘부터는 걸 다는 것은 영호에게 맡기고 3일간 푹 쉬는 거야. 그리고 너는 전공을 살려서 전문적으로 높이뛰기로 나가는 거야." 하고 말했다.

그래서 영수는 밥 얻는 지긋지긋한 일은 은퇴하고 그 길로 매진하게 되었다. 그런데 지금 와서 인간답게 살려고 하는데, 현장에 가서 고철한 토막 집어넣으니 도둑놈 어쩌구 하며 경찰에 신고한다는 둥 싸움만 하고 돌아오니, 옛날 생각이 난 것이다. 서글픈 생각에 학교(교도소) 갈 때 가더라도 다시 옛날로 돌아가고 싶어 하는 것을 내가 알아차리고 조용히 불러 타이른 것이다. "다시는 돌아갈 수 없는 먼 길이 되어야 겠니. 지금까지 건실하게 살아온 것이 아무런 의미도 없어지잖니. 형도 이렇게 살지 않니. 참고 굳건히 노력하면 우리도 언젠가 지나간 옛날 얘기하면서 대폿잔 기울이며 술 한잔할 날이 올거야. 용기와 희망을 잃지 말고 열심히 노력하자."는 말로 달래고, 포장마차에서 일어나 어깨동무를 하고 다리 밑으로 걸어갔다.

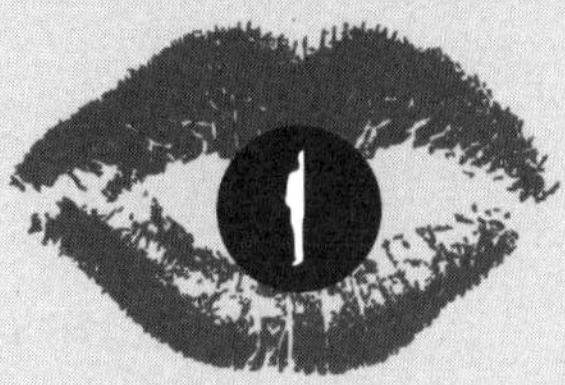

감금

병역거부자

영창근무자/수용자

중간 크기의 세계를 소망하며 • 최영훈

영창의 안과 밖 • 무명병사들

중간 크기의 세계를 소망하며

최영훈*

"뭐, 너무 걱정하지 마슈. 죄지은 것도 아닌데 뭐."

방금 선고된 서슬 퍼런 1년 6개월의 징역형을 간단히 번복(?)해 버린 사람은 다름 아닌 교정 공무원. 그는 수갑을 찬 채 정신없어 하는 나를 밧줄로 칭칭 감고 있었고, 곧 다른 사람들과 줄줄이 소시지 모양으로 엮어서 데리고 갈 요량이었다. 겨울의 찬바람이 아직도 매섭던 그날 아침만 해도, 난 아내에게 갔다 오겠노라고, 선고 받고 돌아와서 같이 저녁이나 먹으러 가자고, 호기롭게 이야기했었다. 하지만, 바로 그날은 아내와의 이별이 시작되는 날이 되고 말았다.

* 1979년 대구에서 태어나 서울대학교 공과대학 응용화학부에서 화학공학 학사, KAIST 생명화학공학과에서 화학공학 석사와 박사 학위를 취득. 2012년에 병역 거부로 대전지방법원에서 1년 6개월 형을 선고 받고 복역 후 출소. 현재 프리랜서 번역가로 각종 과학기술 논문과 특허를 번역하는 일을 하고 있음.

아무도 태어날 때부터 양심적 병역 거부자인 것은 아니다. 나는 대한민국에서 가장 보수적인 대도시에서 태어났고, 나의 아버지는 국가를 위해 불 속으로 뛰어드는 소방 공무원이었다. 말 잘 듣는 둘째 아들이자 명문대 입학이라는 가문의 영광까지 가져온 사랑 받는 아들이었지만, 딱 한 가지, 군대를 가지 않을 것이라는 것이 늘 아버지의 마음에 걸렸다. 아버지는 방법이 있으면 기다려 보라고 하셨다.

그러던 중 1990년대 말 나와 나의 친구들은 양심적 병역 거부라는 용어와 대체복무제라는 말을 듣기 시작했다. 자신의 양심에 따라 군대를 가지 않겠다는 결심을 한 사람들이 병역의 의무를 다른 방식으로 수행할 수 있게 해 주는 것이 필요하다는 언론 보도가 나오기 시작했다. 국회의원들은 대체복무제 법안들을 발의했고, 판사들은 대체수단 없이 처벌만 하는 병역법 조항이 위헌이라고 했다. 대만에서 대체복무제가 성공적으로 실시되고 있다는 뉴스가 들렸다. 여론 조사가 시행되고, TV 토론이 이루어졌고, 아들 삼대가 감옥에 갔다 온 증인의 사례가 방송에 나오고, 양심적 병역 거부에 대한 대학논술문제가 등장하고, 유엔 인권위원회의 대체복무제 도입 권고가 나오고, 가뭄에 콩 나듯 무죄 판결이 나기도 하더니, 급기야 국방부가 사회복무제를 도입하겠다고 발표했다. 기대감이 커졌다. 당당하게 병역의무를 다할 수 있게 될 날을 기다렸다. 어디 섬 마을 병원이나 요양원 가서 삼사 년 일하라 해도 좋을 것 같았다. 소록도에 연륙교가 있는지도 검색을 해보았다. 기다렸다. 기다리던 중 카이스트에서 석사 학위를 따고 박사 과정으로 진학했고, 기다리던 중 영장을 받았고, 기다리던 중 전문연구요원이 되었고, 기다리던 중 3년의 병역의무 기간을 다 채웠다. 문제는 4주간의 집총 군사 훈련. 그것만 하면 내 병역의무는 끝나는 것이었다. 맘 착한 선배는 말했다. "야, 눈 딱 감고 한 달만 뛰고 와라. 너네 하느님도 그 정도는 봐주시지 않겠냐?"

하지만, 기다림은 허탈함으로 돌아왔다. 새 정부는 사회복무제도를 가볍게 뒤집어 버렸다. 대법원은 이전 판례를 고수했고, 헌법재판소도 공을 국회로 넘겨 버렸다. 어쩔 수 없었다. 다시 기다려야 했다. 다시 판사들이 위헌심판제청을 내기 시작했고, 다시 토론이 이루어지고, 다시 유엔의 권고가 왔다. 나는 기소되었고, 헌법재판소의 결정까지 재판이 연기되었고, 결혼을 했고, 박사 학위를 땄다. 헌법재판소가 이례적으로 공개 변론을 하기도 했지만, 결국 다시 합헌 결정을 내렸다. 재판이 재개되었다. 나와 같은 입장에 있으면서 백방으로 뛰어다니며 무료 변론을 해 주던 변호사의 고마운 도움을 받아 공판에 나가고, 거의 논문만큼 긴 항소 이유서와 탄원서를 썼지만, 그 모든 기다림이 항소심에서의 법정구속으로 끝났다. 당당하게 사회에 대한 의무를 다하고자 하는 당연하고 소박한 희망은 물거품이 되었고, 이념과 사상과 국적의 경계를 넘어 사람 본연의 양심을 지키려 하는 작은 결심은 그 대가를 치러야 했다. 줄줄이 소시지마냥 엮여 가면서 맛본 것은 쓰라린 좌절감이었다.

첫 면회의 순간을 아직도 잊지 못한다. "갔다 온다며?" 서울에서 내려온 아내가 웃프게 말했다. 나도 웃으면서 슬프게 말했다. "그러게… 그게 맘대로 안 되네." 이미 여러 번 상상했던 순간이었다. 그래도 눈물을 참기가 어려웠다. 10분의 짧은 만남 이후에도 마음을 추스르기가 쉽지 않았다. 저 문밖으로 나간 아내는 또 얼마나 많은 눈물을 흘리고 있을 것이며, 또 앞으로 얼마나 많은 눈물을 흘릴 것인가. 가슴 한복판이 뻥 뚫린 느낌. 집총 거부한 죄로 총 맞은 걸까. 어느 날 아내가 말했다. "여보처럼 나도 내 인생에서 일 년이 지워지는 거 같아. 여보가 없어서 그런가 봐." 날씨가 좋은 어느 봄날에는 유행가 가사가 머릿속에 계속 맴돌았다. '이렇게 좋은 날에, 이렇게 좋은 날에, 그대와 둘이면, 얼마나 좋을까.' 혼자 있을 아내에 대한 염려. 군 문제도 해결되지 않은 나를 만나 결혼해 준 아내에 대한 고마움과 미안함. 그런 아내에게 해 줄 수 있는 것이라고는 편지 쓰는 것 말고 아무것도 없는 현실에 대한 안타까움과 한없이 작아지는 나에 대한 무력감. 이런 복잡한 감정이 아내를 생각할 때마다, 만날 때마다 생겨났다.

2월 16일 목요일 일기

황대권의 『야생초 편지』에 보니, 교도소 안에는 극미의 세계와 극대의 세계만 존재한다는 말이 있다. 수용자들이 교도소 안 혹은 감방 안의 세계, 즉 손만 뻗으면 모든 물건에 닿을 수 있는 세계에서 작은 것만 보고 살지만, 극대의 세계에 대한 허황된 꿈을 꾸면서 지내기도 한다는 것이다. 구속된 모 국회의원이 수감되는 첫날 '대한민국 국정 운영 계획표'를 세워서 감방 벽에 붙여 놓았다는 이야기는 극미와 극대의 만남을 떠올리게 한다. 감방 속에서 세계 일주 여행 계획을 세우라고 여행 책자를 넣어 주시겠다는 여행사 하는 형의 말씀도 역시 같은 맥락이다. 자유롭게 움직일 수 없는 것에 대한 답답함을 출소 이후에 마음껏 돌아다니고 마음껏 꿈을 펼치겠다는 설렘과 계획으로 보상하려는 것이 아닐까. (중략) 여기는 중간 크기의 세계가 그리운 공간이다. 저녁 무렵의 산책, 휴일의 등산, 친구 집에서의 식사와 정겨운 대화, 아내와 시장 보기… 그런 중간 크기 세계에 대한 갈망이 이곳이 형벌 장소가 되게 하는 것이다. 어차피 세계 일주나 우주여행은 나가서도 못할 일이 아닌가. 그저 평범한 삶을 누리고픈 욕망. 그 욕망을 이루고 싶은 마음이 이곳의 삶을 더욱 절망적이고 지루하게 만든다.

낯선 환경, 낯선 사람들, 낯선 생활 방식, 낯선 규율. 적응하는 것이 쉽지 않았다. 아, 물론 이전에도 한 번 교도소 내부로 온 적이 있었다. 교도소 내부 종교 집회에서 공개 강연을 하기 위해서였다. 그때도 내가 언젠가 이곳에서 저 푸른색 옷을 입고 강연을 듣고 있겠구나 하는 생각을 했었다. 그리고 수감된 외국인에게 성경을 가르치기 위해 매주 한 번씩 면회를 오기도 했고, 이미 수감되어 있는 '증인' 들을 보기 위해 숱하게 교도소를 오기도 했으며, 이곳 생활에 대한 생생한 경험들을 익히 들어 알고 있기는 했다. 하지만 실제 그 입장이 되었을 때의 느낌은 훨씬 더 강하고 더 깊었다. 무죄임을 인정받지 못한 것에 대한 억울함, 아내와 가족과 떨어져 있어야 한다는 상실감, 수감자들과 교도관에게서 받는 위압감, 좁은 생활 반경에서 오는 답답함, 열악한 삶의 조건에 의한 불편함 등 다양하고 복잡한 감정이 뒤섞여 하루하루가 고통스러웠다.

3월 3일 토요일 일기

OOO 어머님. 접견 오셔서 얘기하시다가 눈물을 글썽이신다. 내 자식도 아닌데 왜 이렇게 눈물이 나지? 첫째아들, 둘째아들 보낼 생각에 벌써부터 마음이 아프신가 보다. 수십 년째 대를 이어 계속되는 비극. 언제나 끝날 것인가? 어머니들의 눈물, 아내들의 눈물은 언제 끝날 것인가?

하지만, 그래도 나와 같은 신념을 공유하는 동료들(대부분 열 살 아래 동생들이었지만)이 있었기에, 갇힌 자만이 느낄 수 있는 거대한 압박감과 무력감을 이겨 내기가 조금 수월했다. 그리고 나와 나의 동료들은 언제나 존중을 받았다. 갇히는 사람이든 가두는 사람이든 모두 우리를 존중해 주었다. 사람들에게 우리는 언제나 '착한 애들' 이자 '준공무원' 이었다. 엄격한 규율을 언제나 엄격하게 따르려고 노력했기 때문에, 사람들은 우리를 "유도리(융통성) 없는 에프엠"이라고 불렀다. 그리고 언제나 많은 질문을 던졌다. "왜 군대를 안 가냐?" "미국에도 증인들이 있냐?" "증인들도 국회의원 내서 법 만들면 되는 거 아니냐?" 등의 다소 기본적인 질문에서부터, "나라가 있어야 종교도 있는 거 아니냐?" "북한이 쳐들어오면 어떡할래?" "도둑이 들어와도 안 막고 가만히 있을 거냐?"와 같은 다소 도전적인 질문들, 그리고 여호와의 증인이 믿는 성경 교리, 포교 활동, 조직 구조, 일상생활 등에 대한 호기심 어린 질문까지 질문의 스펙트럼도 다양했다. (그래도, "니가 양심적 병역 거부면 나는 비양심이라 군대 갔다 왔냐?" 혹은 "종북 좌파냐?" 식의 인터넷 댓글 같은 질문을 던지는 사람은 아무도 없었다.) 사람들은 나를 '최박사' 혹은 '최박' 이라고 부르며, 또 다른 질문들을 던졌다. "전공은 뭐니?" "박사논문은 뭐에 관한 거야?" "몇 년이나 공부했어?" "무슨 일 하다 들어왔어?" "나가면 교수님 하는 거야?" "취직은 할 수 있어?" "우리 딸이 중학교 2학년인데, 공부를 어떻게 시켜야 하는 거지?" "내가 내년에 진급 시험인데, 영어 공부하기 좋은 책 하나 추천해 줄 수 있어?" 등등. 이런 질문들에 대답하면서 나는 내 인생도 되돌아보고, 자유의 몸이 되었을 때의 인생을 설계해 보기도 했다. 하나둘 적응해가면서 나는 심적 육체적 고통과 맞바꾼 양심의 떳떳함이 얼마나 소중한 것인지를 느꼈다.

1월 13일 편지

여보, 요즘 늘 머릿속에 맴도는 노래 가사가 있어요. '너도 나처럼 이렇게 아픈지, 너도 나처럼 눈물 나는지, 너도 하루 종일 이렇게 추억에 사는지, 너도 나처럼.' 이별하고 나서 멀리 떨어져 있지만, 서로 비슷한 감정을 가지고 있지 않을까 생각하며 마음 아파하는 내용이네요. 특히 하루 종일 추억에 산다는 말… 맞는 거 같아요. 여보랑 나도 떨어져 있지만 함께했던 시간 속의 추억들이 늘 기억나고 그 추억을 공유함으로 연결되어 있다는 느낌을 갖는 거잖아요. 그 기억이 없다면 한 사람의 존재 자체, 그리고 두 사람의 관계도 의미가 없어지는 거구요. 정말 어떨 땐 대중가요 속의 짧은 가사 한 구절이 어떤 위대한 시보다도 더 깊은 의미를 담으면서 감정과 느낌을 정확하게 전달하는 것 같아요. 그리고 그런 상황에 처한 사람들에게 강한 호소력을 갖는 거 같네요.

국방부 시계만큼 느리게 가는 법무부 시계. 갇힌 자에게 적용되는 시간 흐름의 상대성은 정말 어마어마했다. 1년 365일이 한눈에 보이는 달력을 벽에 붙여 놓고, 가석방을 감안한 출소일을 계산해 두는 것은 기본이고, 중간중간 찾아오는 가족 만남의 날, 가족 만남의 집, 귀휴와 같은 이벤트도 표시해 두고 기다렸다. 신앙의 힘과 굳은 결심으로 날짜에 초연해지기를 바랐으나, 나는 그 정도의 힘은 없었는지, 그 해 달력에 2월 29일이 있는 것을 보고 씁쓸함을 느꼈다. 바쁘게 사는 것 외에는 방도가 없었다. 주어진 개인 시간에는 하루도 빠짐없이 성경을 읽었고, 하루도 빠짐없이 두 장씩 아내에게 편지를 썼다. 영어 공부를 했고, 일기를 썼다. 잡다하게 책도 많이 읽었다. 『죄와 벌』, 『잃어버린 시간을 찾아서』, 『드리나 강의 다리』, 『리스본행 야간열차』, 『몽상과 매혹의 고고학』, 『평행 우주』, 『21세기 음악가를 위한 바로크 음악의 역사적 해석』, 『자본주의 역사강의』, 『민족주의 길들이기』, 『번역학 비판』, 『도시 이론과 프랑스 도시사 연구』 등등. '옥중 일기' 에 독후감 써 놓은 것만 들쳐 봐도 참으로 잡다하기 그지없다. 지금 아니면 내가 도스토예프스키를 또 언제 읽을 것이며, 프루스트는 또 언제 도전해 보겠느냐 하는 긍정적 생각으로 페이지를 넘겼다.

10월 8일 월요일 일기

오늘은 가족 만남의 날 행사. 강당에 모여 있다 부름을 받은 자가 먼저 나간다. 이별을 예정하고 만난다는 것은 얼마나 슬픈 일인가! 만나자마자 네 여인들이 눈물을 흘린다. 그 눈물의 맑기와 온도. 어찌 설명하랴. 양장피, 돼지고기 수육, 생선찜, 멜론, 파인애플, 페레로쉐 초콜릿. 그 온갖 진수성찬도 아내와 맞잡은 손의 따뜻함에 비하면 아무것도 아니었다. 그 손을 놓고 다시 갇히러 간다는 것은 얼마나 또 슬펐을까? 하지만 그보다 더 슬픈 것은 그렇게 오랜만에 만났는데, 생각보다 할 말은 그리 많지 않았다는 것. 그건 아내와 나의 삶이 따로따로라는 것. 공유하고 있는 것이 많지 않다는 것. 서로 다른 기억을 형성하면서 살고 있다는 것이다. 그것이 가장 가슴 아픈 일이다.

시간의 흐름에 민감해지고, 인생의 소중함을 더 느껴가면서, 나만의 버킷리스트(평생 한 번쯤 해보고 싶은 일 혹은 죽기 전에 해야할 일을 적은 목록)도 작성했다. '더운 나라, 따뜻한 나라, 추운 나라에서 1년씩 살아보기', '지리산 종주', '기타 배우기', '손님 대접할 수 있는 면요리 세 가지 배우기', '아내와 함께 유럽 배낭여행', '접영 마스터하기', '식스팩 만들기' 등등. 실현 가능성은 차치하고 일단 마음껏 꿈만 꾼 것이다.

9월 23일 일요일 편지

여보! 오늘은 편지를 쓰려고 하는데, 취침 라디오 방송에서 익숙한 선율이 흘러나오네요. 브람스 교향곡 4번 3악장이에요. 한국 클래식 계에서는 '가을' 하면 브람스인지라, 이 음악을 틀어 주는 것 같아요. 내가 제일 좋아하는 교향곡 중 하나에요. 집에서 일하면서 정말정말 많이 들었던 기억이 나네요. 내 시디는 칼뵘의 연주이지만, 그것보다 카를로스 클라이버의 전설적인 연주를 많이 들었던 것 같아요. 1분 남짓 짧게 틀어 줘서 너무 아쉬웠지만, 그래도 그 음악이 나오는 순간, "브람스다!"하는 말이 입에서 저절로

> 나오네요. 집에 돌아가면 정말 음악을 많이 듣고 싶어요. 집에선 들을 시디가 많아서 소중한 줄 몰랐는데, 여기선 1분만 들어도 정말 좋네요. 그래서 늘 곁에 있을 때 잘하고 소중히 여기란 말이 있나 봐요.

다 적응하면서 살 수 있다. 그거 하나 또 제대로 배웠다. 아내에 대한 그리움과 안타까움으로 애타던 마음도 점차 안정되어 갔다. 거친 사람들과 이야기하는 법도 배우고 함께 평화롭게 지내는 법도 배웠다. 없는 손기술에 이발하는 법도 배워서, 등판에 시뻘건 용 문신 뱀 문신 가득한 '형님' 들에게 깔끔한 '징역컷' 서비스를 제공하기도 했다. '개발' 소리 듣던 족구 실력도 나날이 좋아졌다. 그러면서 시간은 흘러갔다. 동료들을 하나둘 집으로 돌려보내고 신입을 하나둘 받았다. 하루가 가고, 일주일이 가고, 한 달이 가고, 또 계절이 바뀌고, 그러다가 자유의 몸이 되었다.

지금은 그동안 못했던 거 하나씩 해 보고, 그 동안 못 먹었던 거 하나씩 먹어 보고, 그동안 못 만났던 사람 한 사람씩 만나 보면서 산다. 2월에 29일도 없고, 30일도 없고, 31일도 없는 것을 안타까워하면서 산다. 세계일주는 못해도 아내와 여행은 함께 다닌다. '중간 크기 세상'의 일상의 소중함을 매일 매일 되새긴다. 시간이 상상도 못할 만큼 빨리 간다고 느낀다. 가끔씩 법원 재판장의 그 옆방으로 조용히 끌려가는 악몽도 꾸면서 말이다.

후회하냐고? 병역 의무를 단 4주 남겨 놓고 훈련소 입대를 거부한 것을 후회하냐고? 3년간 국가가 정한 의무를 하고 나서, 그 가치를 인정받지 못해서 후회하냐고? 후회하지 않는다. 난 겁쟁이가 아니었으니까. 특권에 눈이 멀어 내 자신을 저버리지 않았으니까. 나는 기피자가 아니라 거부자였고, 그 거부도 '양심적' 이었다. 양심은 '착하고 못됐고' 를 따지는 가치 판단의 문제가 아니다. '어떤 일의 옳고 그름을 판단함에 있어서 그렇게 행동하지 아니하고는 자신의 인격적 존재 가치가 허물어지고 말 것이라는 강력하고 진지한 마음의 소리' 가 헌법재판소가 정의한 '양심' 이다. 그것은 개인의 신념이고, 세계관이고, 인생관인 것이다. 적어도 나는 이 '양심' 의 소리에 귀를 기울였고, 그 소리에 따라 '아니오' 라고 말했고, 내 행동도 '아니오' 임을 증명했다. 그렇게 해서 내 자신의 인격적 존재 가치가 허물어지는 것을 막았다. 나는 내 양심의 소리에 정직하게 대답하기 위해 감옥행을 택했다.

그 양심 인정 못하겠다고? 그건 너의 양심이지, 내 양심은 그렇지 않다고? 당연히 그럴 수 있다. 양심은 사람마다 다른 것이니까. '병역 이행자' 도 '양심적' 일 수 있고, '병역 거부자' 도 '양심적' 일 수 있다. 양심이란 것이 세계의 거의 모든 사회에서 살인과 강간과 절도를 금하는 규범을 정하게 만드는 것이고, 인류 보편의 도덕적 안전장치라 할 수 있겠다. 그러나 어떻게 틀 잡느냐에 따라 달라진다. 고기를 먹으면 자신의 인격적 존재 가치가 허물어지고 말 것이라는 양심도 있는 것 아닌가? 내 양심은 국적 불문하고 인종 불문하여 서로 사랑하라는 그리스도의 가르침으로 틀 잡힌 것이다. 내 양심은 '살인은 해서는 안 되는 것이며 사람을 죽이는 훈련을 받으며 총을 든 내 모습을 상상할 수 없다' 는 것이다. 나와 생각이 다르다고 해도 그 사람의 소중한 생명을 내가 앗아갈 수 없다는 마음, 내가 저 사람을 죽이려는 생각조차 두렵게 만드는 장치인 것이다. 하지만, 세상의 상황은 이런 단순하고 가장 기초적인 도덕률조차 지키기 어렵게 만들어 놓았다. 정치적 분열과 증오의 상황은 군대를 가서 사람을 해치는 훈련을 받는 것이 오히려 잘하는 것이고 '양심적' 인 것으로 받아들여지게 만들었다. 평소에는 사람을 죽이는 것을 상상조차 하지 않는 사람도, 나와 다른 옷을 입고 있는 사람을 죽여야 하는 상황이 되는 것이다. 인간이 만든 법률이 하느님이 주신 양심이라는 규범과 충돌하고 서로 모순 관계에 서 있는 상태다.

2월 19일 탄원서

'양심' 이 공동체 내 다수의 생각과 다를 때 또는 현행법과 다를 때, 그 '양심' 을 지키려는 사람에게는 고난이 따르기 마련입니다. 저는 12년간 화학공학이라는 한 가지 학문을 깊이 연구하여, 국가과학기술 발전에 기여하고, 국내외 학술지에 여러 편의 논문을 출판하고, 국제 학술대회에서 여러 차례 학술 발표를 하였으며, 전문가로서 공동체에 기여할 수 있는 지식과 경험을 쌓았습니다. 하지만, 저의 '양심' 이 현행법과 일치하지 않는 까닭에 교수나 연구원이 될 수 있는 기회를 놓쳤으며, 앞으로는 '병역 기피자' 로 낙인 찍혀 사회적 지탄을 받고, 취업에 불이익을 받을 것입니다. 하지만, 이런 것들은 괜찮습니다. 그런 명예와 경력을 포기하고서라도 '저의 인격적 존재 가치가 무너져 내리는 것' 을 막는 것이 더 중요했기 때문입니다. 그것보다는, 창살과 유리벽을 사이에 둔 채 아내와 눈물로 대화를 나눌 수밖에 없는 현실, 그리고 모범적인 시민으로서 살아온 제가 정정당당하게 사회에 기여하고자 하는 소박한 소망조차 이룰 수 없다는 현실이 더 저의 마음을 아프게 합니다. 부디 저의 탄원을 수용해 주시고, 양심적 병역 거부자들이 교도소에서가 아니라, 우리 사회의 당당한 일원으로서 '국방의 의무'를 완수할 수 있도록 전향적인 판결을 내려 주시기를 간절히 청합니다.

남자답지 못하다고? 사내자식이 좀스럽다고? 힘들고 거친 군사 훈련을 받지 않으려 하고 수류탄 한번 던지지 않으려 하는 것이니 공격성의 측면에서는 그렇게 볼 수도 있겠다. 하지만 나도 이 사회를 위해 기꺼이 내 활력과 시간을 희생할 준비가 되어 있었다. 우리 사회가 납득할 수 있을 만큼 군복무보다 더 긴 기간에 군복무에 버금갈 만큼 힘든 일로 사회에 기여할 수 있게 해준다면 기꺼이 할 것이었고, 실제로 군사 훈련 전까지는 병역의무를 수행했다(병무청은 나의 훈련소 입대 거부를 이유로 전문연구요원직을 박탈하면서도 3년간의 복무를 현역복무 9개월에 상당하는 것으로 인정하여 입대 시 수행할 복무 기간을 줄여주었다). 병역 거부자들은 그래서 대체복무제도를 시행해 달라고 줄기차게 요청해 왔다. 무조건하고 기계적으로 일률적으로 1년 6개월의 중형 선고를 내리는 것이 합리적이지도 않고 법의 정신에도 맞지 않다고 생각하는 판사들은 헌법재판소에 위헌법률심판제청을 끊임없이 제기하고 있다. 내가 1심 공판을 받을 때도 담당 검사는 "상황을 모르는 바 아니지만 현재 법률 해석상 어쩔 수 없으며, 지금으로서는 이것이 최선책이기에 1년 6월을 구형한다."고 했다. 담당 판사는 판결문에서 "헌법재판소의 결정의 세부 내용에 모두 동의하지 않는다. 법을 어서 만들어서 이 문제를 해결해야 하며, 그렇게 못할 거면 처벌을 줄이거나 면제할 수 있는지 검토해야 한다."고 했다. 최근 어떤 판사는 판결문을 낭독하면서 눈물을 흘리기까지 했다고 한다. 너의 양심 나의 양심 서로 다를 수 있지만, 모두의 양심을 지켜 줄 수 있는 방법이 있다면, 그걸 찾는 것이 맞다. 그렇게 해야 한다고 믿는 사람들이 많이 있다. 어느 유명한 글에 나오는 것처럼, '정의로운 법률이 공정하게 운용되는 사회에서라면 양심의 명령이 법률과 상호적대적인 모순관계에 서게 되는 일은 결코 일어날 수 없으리라는 소박한 믿음' 을 나도 잃고 싶지 않다.

여호와의 증인들은 양심적 병역 거부로 수감되는 것을 '중립' 이라고 부른다. 어느 정치 단체를 지지하지도 않고, 논쟁에 휘말리지도 않으려고 한다. 어느 편에 서려고도 하지 않는다. 그래서 여호와의 증인들은 이 세상에서 힘이 없다. 적극적으로 나서서 여호와의 증인 양심적 병역 거부자들을 위한 법을 만들어 주겠다는 유력 정치인도 없고, 입장을 대변해 주는 활동가들도 없다. 여호와의 증인들은 시위도 한번 하지 않고, 국회의원 후보자를 내지도 않는다. 정치적으로 엄정 중립을 지키려 하기 때문이다. 그래서 이 세상에서 '중립' 을 지키며 아슬아슬하게 산다. 마치 평균대 위에서 균형을 유지하기 위해서 애쓰는 것처럼. 평균대에서 어느 한쪽으로 내려오는 순간, 편이 갈리고, 서로를 미워하게 되고, "원수마저 사랑하라."는 그리스도의 명령을 따를 수 없게 되기 때문이다. 영국군 교회 신부가 영국군 군사들에게 "가서 (같은 교회 신자일 가능성이 높은) 독일군 군사들과 잘 싸우고 이기고 돌아오라."고 축복하는 그런 상황에 놓이고 싶지 않기 때문이다. 하지만, '중립' 을 지키느라 내 편이 없으니, 여기저기서 미움을 산다. 교회에서는 이단이라고 하고, 사회에서는 배신자라고 한다. 난 그저 평범한 사람일 뿐인데. 그저 폭력에 대해 조금 더 민감한 양심을 가진 시민일 뿐인데. '중립' 을 지키는 대가는 너무 크다.

내가 출소한 이후에도 상황은 크게 달라진 것이 없다. 병역 거부자들이 수용할 수 있는 대체복무제도를 약속했던 사람들은 약속을 지킬 수 없게 되었다. 다시 여론 조사가 시행되고, 위헌법률심판제청이 이루어지고, 유엔의 권고가 이루어지고 있다. 그 사이 매년 수백 명의 20대 젊은이들이 (나와 같은 30대 몇 명과 함께) 기계적인 유죄 판결을 받고 감옥으로 간다. 훈련소로 아들을 보내는 아버지와 어머니와 똑같이, 양심적 병역 거부자들의 아버지와 어머니도 눈물을 흘린다. 대한민국 땅에서 이미 18,000여 명의 여호와의 증인들이 양심적 병역 거부로 수감되었다. 매월 사오십 명의 여호와의 증인들이 징역형을 선고 받고 있다. 그들도 나처럼, 수갑을 채우고 포승줄을 묶으면서도 "죄 지은 거 아니니 걱정 마라"고 말해 주는 따뜻한 사람들을 만나기 바란다. 그리고 죄 지은 거 아니라는 그 말이 틀린 말이 아니라는 것, 단순히 위로 차원의 듣기 좋은 말에 불과한 것이 아니라는 것을 믿기 바란다.

4월 29일 편지

여보~ 이제 이곳에서 쓰는 마지막 편지를 쓰고 있어요. 오늘 밤이 지나면 이제 여보랑 다시 만나게 되고 우리는 영원히 헤어지지 않을 거예요. 그동안 참 고생 많았죠? 그동안 느꼈을 외로움, 쓸쓸함, 상실감, 슬픔… 모두 우리가 잘 인내해 낸 거예요. 여보가 오늘 보내준 편지에서, 우리가 교제를 시작했던 그때부터 기다려 왔던 바로 그 순간이 온다고 했죠? 정말 그래요. 그 시간이 좀 늦게 오긴 했지만, 그래도 이제는 진짜 오는 거예요. 우리가 그 동안 감내해야 했던 모든 아픔은 이제 우리의 몸과 마음에 자리를 잡아 앞을 바라보고 나아가는 힘으로, 그리고 다른 사람을 보듬고 이해할 수 있는 깊은 내적 성숙함으로 돌아올 거라 믿어요. (중략) 내게 힘든 내색하지 않으려고 일부러 더 바쁘게 일하고 나에게 어려운 많은 것을 말하지 않았다는 것도 알아요. 정말 고마워요 여보. 그런 여보가 있었기에 나는 이 힘든 기간 훨씬 덜 힘들게 보낼 수 있었어요. 여보, 이렇게 나 도와주고 사랑해 준 거 평생 잊지 않고 오래오래 보답할게요.

영창의 안과 밖

무명병사들

1. 근무자[1]

영창근무

나는 훈련소에서 차출되어 헌병이 되어 군대 영창관리, 교통통제, 계호, 행사 등의 근무를 했었다. 부대에 발령받고 영창관리와 관련하여 정신없이 처음 1주간은 근무를 어떻게 서야 하는지, 시간대별로 무엇을 하는지 배웠다. 노트필기를 하면서 배워야 할 정도로 굉장히 양이 많았다.

영창수용자의 하루 일과는 6시 반에 수용자 환복(활동복에서 선두복으로 갈아입음) 후 8시쯤 아침식사, 이후 점심, 4시쯤 야외운동, 이

1 이 근무자의 군복무기간은 2012. 4. 23.~2014. 1. 23.이다.

후 저녁식사 후 샤워 그리고 22시 당직사관 점호였다. 영창에서 가장 중요했던 것은 밥시간이었다. 근무를 배울 때도 밥시간이 가장 복잡했는데, 내가 근무했던 부대에서는 수용인원을 파악한 뒤 근무자가 식당에 식관함을 메고 가서 수용자분의 식사를 영창에 직접 추진하였다. 여기서 중요한 건 수용자가 10명이면 8명분 정도의 양만 퍼오는 것이다. 이유는 정확히 모르겠지만 그냥 수용자니까 좀 덜 먹어야 된다는 식의 교육이 있었던 것 같다.

대충 이 정도의 개괄적인 내용들과 멘트들을 숙지하고 영창근무에 들어간다. 그리고 영창근무의 복장을 보면, 무조건 A급 전투복을 입고 직접 광낸 A급 전투화를 신고 들어가야 한다. 영창근무에서 가장 기본적이고 중요한 것은 근무복장인데, 이는 수용자들에게 책잡히지 않기 위함이다. 만약 누군가를 통제하는 데 그 사람보다 못한 부분이 하나라도 있으면 통제의 신빙성이 떨어질 것이다. 따라서 옷매무새는 근무자가 수용자들을 다룬다는 당위를 제공해 주는 중요한 요소 중 하나였다. 이렇게 기본을 갖추고 조장과 함께 첫 근무를 들어갔는데(영창근무는 2인 1조로 이루어지며, 조장과 조원이 같이 들어가는 것이 기본 원칙이다), 나는 상병과 처음 근무를 섰다. 첫 근무는 20~22시 즉, 점호가 있는 시간으로 점호 전까지는 딱히 일이 없었다.

근무에 들어가기 전 시뮬레이션을 엄청 해 보았기에 난 잘 할 수 있을 줄 알았다. 그런데 직접 처음 영창을 들어가 보니 도저히 기본적인 멘트도 못할 것 같았다. 여기서 멘트란, 일종의 보고 같은 것으로 예를 들어 수용자가 조장근무자에게 도서교환을 요청하면, 조원 근무자가 "도서교환 하겠습니다.", "수용자 ○○○ 21번 도서에서 23번 도서로 도서교환 했습니다." 등으로 수용자가 하는 행동들을 말로 표현하는 것이다. 영창 안의 생활은 밥 먹는 시간을 제외하고는 대부분 앉아서 책을 읽는 것뿐이기에 도서교환 멘트가 가장 일반적이고, 이외에도 "입·퇴창시키겠습니다.", "신체검사하겠습니다(밥, 면회, 샤워, 운동 등의 이유로 밖에 나오거나 다시 영창 안으로 들어갈 때).", "영창 0호실 전수용자 퇴창합니다." 등의 멘트가 있다. 멘트를 하는 이유는 수용자들이 멘트에 맞게 행동하도록 하고, 조원이 이런 멘트를 했을 때 조장이 그 말을 기반으로 영창 안의 수용자들의 모든 행동을 '교도일지'에 기록하기 위해서이다.

첫 근무에서 나는 엄청 떨었다. 사회에 있을 때 누구에게 명령하거나 아랫사람으로 봐야 하는 일은 거의 없었기 때문에 그러한 태도도 적응이 안 됐으며, 쇠창살 안에 갇힌 사람들을 보면 이상한 이질감 같은 게 들었기 때문이다. 게다가 개중에는 문신을 덕지덕지 한 수용자도 있었기 때문에 가장 먼저 드는 감정은 '두려움'이었던 것 같다. 그런 상황에서 처음에는 멘트를 제대로 할 수 없었고, 당연히 나는 그 시간대 근무를 소위 말아먹었고, 근무가 끝나자 선임에게 있는 욕 없는 욕을 다 먹었었다. 그때는 그냥 혼난다는 사실이 짜증나기만 했었는데, 근무자가 영창 안에서 '쪽팔린 행동'을 하는 것이 얼마나 자존심 상하는 일인지 알고 난 뒤로는 나도 근무 못하는 후임에게 똑같이 행동했던 것 같다. 그렇게 영창근무 "폐급"(A급은 관리 잘하는 병사, 폐급은 관리 못하는 병사를 말한다) 소리를 듣고 다시 근무를 서자니 진짜 죽을 맛이었다. 수용자들은 나를 보며 비웃는 것 같았고, 그렇게 생각되자 통제해야 될 상황임에도 아무 말도 안 하니 선임에게 욕먹게 되는 악순환의 반복이었다.

그러다가 맞선임이 내게 팁 하나를 알려줬는데, 그게 바로 수용자들을 그냥 나쁜 사람들로 생각하고, 통제받아야 되는 것이 당연한 존재들, 그러니까 규율에 따르지 않으면 안 되는 사람들로 생각하고 근무를 서 보라는 것이었다. 그런 마음가짐을 가지고 영창에 들어갔는데 미결수용자 한 명이 화장실에 있는 휴지심으로 똥모양을 만들어서 내게 보여 주며 놀리는 상황이 벌어졌다. 영창에서는 수용자가 앉아 있을 때 벽에 기대고 앉아 있는 것도 통제의 대상이 된다. 그런 곳에서 이 정도 수준의 장난을 그것도 근무자한테 했다는 것은 절대 있을 수 없는 일이었다. 조장은 그 장면을 보지 못했기 때문에 그냥 넘어갔고, 나 또한 그 당시에는 너무 당황해서 무시하고 다시 그냥 근무를 서던 중, 너무 화가 났다. 선임이 했던 말도 생각나고 저들은 나에게 저런 행동을 할 권리가 절대 없는데 내가 얕보여서 나를 놀려먹었다고 생각하면 할수록 괘씸했다.

그때부터 나는 수용자를 잘 갈구는, 바꿔 말하면 근무를 잘 서는 근무자가 됐다. 나는 한번 근무를 갈 때마다 적어도 한번 이상 수용자를 어떻게든 책잡으며 영창근무를 했었고, 그게 당연하게 느껴졌을 때쯤 이등병 중 최초로 조장근무를 섰다. 조장은 대개 일병이 꺾이고 날 때쯤(일병 4호봉, 곧 상병이 될 때) 서게 되는데, 부대에 인원이 많지 않다는 이유도 있었지만 그 당시에 나는 영창근무를 잘했기에(수용자들을 잘 괴롭혔기에) 조장으로 영창에 들어가게 되었다. 조장으로 근무하게 됐을 때의 기분은 굉장히 좋았다. 왜냐하면 내가 잘했기 때문에 상위 권한자로 임명된 것이기도 했을 뿐 아니라 들어갔을 때 조원의 경우와는 비교가 안 될 정도의 우월감 같은 것이 들었기 때문이다.

조장은 타원형의 단상 위에 서 있고, 그 아래에서 조원이 영창 앞을 거닐면서 근무하는 식이었다. 또한 영창은 미결수와 15일 이하의 일반 수용자(주로 부조리 관련)의 방으로 나뉘어 있었다.[2]

단상 위에 올라가서 쇠창살 안의 사람을 보는 기분은 어떨 것 같은가? 게다가 내 말 한마디에 사람들이 그대로 따르는 기분은? 말로 표현할 수 없는 우월감이 든다. 과장되게 말하는 것 같지만, 나는 그 공간 안에서 최고라는 기분에 도취되었던 것 같다. 그래서 죽어도 하기 싫었던 영창근무는 오히려 기대하는 시간이 되었다. 더 높은 자리에서 수용자들을 통제할 수 있게 되자 나는 더 예민해졌다. 괜히 나와 눈만 마주쳐도 "수용자 근무자 쳐다보지 않습니다."라고 말하고, TV를 볼 수 있는 주말에 호실 간에 채널에 대한 의견이 안 맞으면 그냥 꺼버렸으며, 모포가 제대로 개여 있는데도 평소 마음에 안 드는 수용자라면 다시 개라고 했다. 내가 가장 못 참고 통제했던 것은 벽에 기대고 앉아 있는 것과 화장실을 보고 없이 이용하는 것이었는데, 그런 행동을 볼 때마다 짜증나서 한마디 하지 않고는 못 배겼다. 당시에 나는 이렇게 해야 영창근무를 제대로 하고 있는 것이라고 생각했다. 돌이켜 생각해 보면 그러한 일들이 싫지 않았기 때문에 아니 오히려 즐거웠기 때문에 했던 것 같다.

하지만 이러한 통제를 곧이곧대로 받아들이는 수용자만 있는 것은 아니다. 일반수용자의 경우 길어봐야 15일 수감되다가 나가면 그만이

---

2 영창의 구조는 수용자2의 내용을 보라.

지만, 미결수의 경우에는 길면 4개월 이상 수감되어야 하는데 그러다 보면 불만이 많이 생기게 된다. 그럴 수밖에 없는 것이 영창 안에서 수용자 간의 대화는 금지되어 있으며 요구사항은 오로지 근무자한테만 말해야 되기 때문이다. 밥의 양부터 시작해서 옆 호실에서 누가 째려봤다는 걸로 고자질 하는 것 등이다. 그럴 때는 교도일지에 적는다고 협박하면 알아서 정리됐었다. 교도일지가 재판에 반영되는지는 잘 모르겠지만 미결수에게는 엄청난 심리적 압박으로 작용했던 것 같다.

그렇게 영창근무를 서다가 어느 시기쯤 영창근무가 질리기 시작했다. 나도 왜 그런지 모르겠지만 영창에 들어가면 허무함 같은 감정이 들었고 근무는 조원에게 그냥 맡기고 안에서 단상 위를 빙빙 돌며 잡생각을 하다가 나오는 것이 막바지 군생활의 대부분이었다.

근무자가 본 수용자들

일반 수용자의 경우는 수용기간이 짧기도 하고(3일에서 15일), 영창에서 물의를 일으키면 군 생활이 더 늘어날 수 있기 때문에 말썽을 피우는 경우는 거의 없다. 일반 수용자는 영창인원의 대부분을 차지하는데 그중 가장 많은 죄명은 폭행 및 가혹행위고 그 뒤로 성군기 문란, 보안법 위배 등이다. 이들의 특징은 크게 저항하지 않고, 굉장히 고분고분하다. 예를 들어 주말에 TV를 보는 것은 수용자가 가질 수 있는 권리인데도 부당하게 근무자가 꺼도 그냥 받아들이거나 근무자가 말한 규칙들을 지키려고 애쓴다. 그런데 표면상 죄가 명확히 나타나 있는 것도 이들이기 때문에 일반수용자들은 근무자들의 좋은 먹잇감이기도 하다. 또 순종적이기 때문에 계속 지적을 받는 악순환이 반복된다.

사실 근무자의 입장에서는 일반 수용자들은 영창 안에 머무는 기간이 짧기 때문에 죄명으로 이들을 판단한다. 근무자마다 다르겠지만 나 같은 경우는 잠깐 수사관 보조로 창원 쪽으로 파견을 간 적이 있었는데, 그곳에서 가혹행위 조사 중 너무 상식 밖의 일들을 많이 봐서 폭행 및 가혹행위로 들어온 수용자들을 더 괴롭히는 편이었다. 하지만 모든 일반수용자가 순종적인 것은 아니다. 가끔은 반항하는 이들도 있는데, 이들이 반항하는 사항은 영창 내 생활이나 교도관에 대한 불만이 아니라 미결수 방 사람들을 벽에 기대는 걸 허락해 주거나 조금 편의를 봐주는 것 등에 대한 불만과 같이 상대적인 불만이었다. 영창에서 웬만한 불만이나 항의 같은 것들은 요령껏 넘어가거나 이유를 대서 수용자들을 설득시켜 상황을 무마할 수 있지만, 상대적인 불만을 토로하는 이들한테는 딱히 논리적인 방법으로 통제할 수 없기 때문에 조금 곤란했었다. 그래도 아무런 제재가 없으면 불만을 계속 토로해서 영창 질서가 안 잡히기 때문에, 다음 근무자에게 인수인계할 때 특정 수용자를 주의해서 관찰하라고 하거나 인수인계할 만큼의 소란을 안 피우지만 귀찮게 하는 수용자의 경우에는 생활관 안에서 근무자들 사이에 소문이 돌기 때문에 그 일반수용자가 있는 기간만큼은 완전히 정석대로 근무를 서되, 그렇게 만든 수용자를 더 괴롭히는 식으로 영창 질서를 잡았다.

일반수용자는 근무자를 보는 기간이 짧기 때문에, 영창 근무를 시작한 지 얼마 되지 않은 근무자가 근무연습하기에는 일반수용자가 좋기도 하다. 왜냐하면 미결수들의 경우에는 길게는 한 근무자가 진급할 때까지 못 나가기도 하고 처음에 풋내기 근무자를 대할 때 근무자가 겁내고 있으면 그 틈을 노려서 만만하게 보는 경우가 있기 때문이다. 또한 거기서 비롯되는 (지적을 했는데 되묻거나 하는) 행동들에 부대에 들어온 지 얼마 안 되는 근무자는 소극적이게 되기도 한다. 하지만 일반수용자의 경우 미결수에 비해서 근무자들을 다 똑같이 무서워해서 이등병 근무자들도 통제나 명령을 하기 쉽기 때문에 처음에는 일반수용자 위주로 건드린다.

일반수용자는 수용기간이 짧기 때문에 근무 동안에 기억에 남는 특정 수용자가 별로 없긴 하지만, 조금 미안했던 경우는 그 수용자의 해당 부대에서 유격훈련을 했는데 헌병이라는 이유로 더 굴리길래 근무자들끼리 단체로 더 괴롭힌 수용자가 한 명 있었다. 그리고 폐급 소리를 듣던 시기에 너무 힘들어 하는 나를 보고 쇠창살 넘어로 "힘내세요."라고 한 수용자가 있었다. 그 당시에는 그게 큰 힘이 돼서 눈물이 날 뻔했다. 하지만 나중에는 내가 수용자에게 위로를 받았다는 사실에 너무 부끄럽고 지우고 싶은 기억 중 하나가 되기도 했다. 이렇듯 일반수용자의 경우에는 별로 근무자와 문제를 일으키고 싶어 하지 않으며 시키지 않아도 규율을 잘 따르는 경향이 있다.

특별히 기억에 남는 수용자들은 특히 미결수들이었다. 제일 먼저 생각나는 미결수 A씨는 이등병의 자살사건에 휘말린 수용자인데, 피해자에게 직접적인 원인제공을 한 것이 아니라 몇 마디 한 것이 수사과정에서 밝혀져 미결수로 들어온 수용자였다. 3~4개월 정도 있었던 것 같고 계급은 병장이었다. A씨는 영창에서 이렇다 할 문제없이 잘 지냈지만 기억나는 이유는 그가 재판을 받을 때 계호를 나갔기 때문이다. A씨는 영창 안에서 한숨을 자주 쉬었고 재판장에서 마지막 변론을 위해서 대부분의 시간을 글을 쓰며 보냈다(볼펜과 종이는 요청하면 주며, 볼펜은 쓰고 나면 반드시 반납해야 한다). 재판할 때 옆에서 수갑을 채웠었는데 수갑 채우는 방법을 잘 몰라서 조금 헤맸다. 그렇게 군법정에 가서 재판을 봤는데, 나는 그때 법정의 엄숙한 분위기에 압도되는 느낌을 받았다. A씨는 오죽할까? 재판이 잘 풀리기를 바라는 마음도 있었다. A씨는 최종 변론을 하고 눈물을 터뜨렸다. 이후 판정은 집행유예로 선고되었고 A씨는 영창을 떠났다. 군법정 판결에서 군판사의 판정은 왠지 모르게 이미 재판 전부터 정해져 있는 형량을 그냥 선고하는 것만 같은 느낌이었다. 원칙상 수용자와 근무자는 영창 안에서 사적인 대화를 절대로 하면 안 되지만 미결수가 3~4개월 영창에 있으면서 아무런 대화를 하지 않기는 어렵다. 근무자의 경우 계급이 높아지면 영창근무가 질리고 심심하기도 해서 일부러 미결수에게 말을 거는 경우도 있다. 하지만 영창 안에 cctv가 도입되고 나서부터는 이런 행위들은 몰래몰래 했던 것 같다. 그렇기 때문에 미결수가 떠나면 왠지 모르게 영창이 허전해지곤 한다.

두 번째 기억나는 미결수 B씨의 경우에는 상근(집에서 군부대에 출퇴근하는 병역인데, 집안 사정이 어렵거나 개인사가 있을 경우 선별될 가능성이 높다)으로 폭력행위 때문에 들어온 경우다(상근 중에 죄명이 폭력인 경우가 많았으며, 문신을 한 경우가 많았다). 죄명 때문에 그렇게 느꼈는지는 모르지만, 폭력 행위로 들어온 수용자들은 고분고분하기보다는 따질 것 따지고 때때로 근무자의 말을 안 듣는 경우가 많았다. B씨는 미결수방에서 제일 활발하게 근무자에게 대드는 수용자였는데, 예를 들어 일부러 쇠창살 가까이에 오는 행위(쇠창살 가까이 오는 것도 금기사항이다)를 하거나 영창근무를 처음 서는 이등병이 들어오면 표정으로 장난치는 행동을 많이 했다. 그리고 밥에 대한 불만이 엄청 많았는데, 영창 안의 식사는 마지막 호실이 상대적으로 적은 양의 밥을 먹게 된다. 이는 처음부터 인원수보다 약간 적게 식사를 추진하기 때문이기도 하지만, 앞의 호실이 많이 먹는 경우에 뒤의 호실은 남은 것으로만 식사를 마무리해야 하기 때문이다. 이런 경우에 B씨는 근무자에게 따지곤 했었는데, 그때마다 나는 인원수대로 가져온 것이고, 취사병이 정해 놓은 양만큼 가져와야 하기 때문에 어쩔 수 없다고 말했다. 그리고 그렇게 말하는 것이 정석이었다. 그렇게 되면 화살은 앞의 호실에게 돌아가게 되는데, 따로 복수를 할 수 없으니 자기가 그 방보다 먼저 먹는 순서가 되면 평소보다 많이 먹는 걸로 화풀이를 했던 것 같다(영창에서는 수용자가 직접 식관함 안에 있는 식사를 풀어서 본인이 먹을 만큼 퍼먹기는 하지만, 음식의 양이 제한적이기 때문에 근무자가 먹는 양을 통제한다. 하지만 잘 배분하는 것이 쉽지 않고, 괜히 시끄러워지는 경우가 많기 때문에 그렇게 많은 터치는 안 한다). 그렇게 불만을 표하고 따지는 것을 좋아하는 미결수 B씨는 당연히 근무자와 가장 많은 대화를 하게 되었다. 그래서 아이러니하게도 친해졌다고 하기는 어렵지만, 그냥 심심할 때 툭툭 건드리는 수용자 중 한 명이 되었다(내가 B씨의 입장이 아니라 정확히는 모르지만, 그는 말 걸어 주는 것을 싫어하지 않았던 것 같다). 어느 날 그의 가족이 면회(면회 시간은 10분이며 유리창 넘어 전화기로만 대화할 수 있다) 왔는데, 그렇게 영창에서 떽떽대던 모습은 온데간데없이 울며 면회하는 모습을 보고 그의 감정에 공감까지 했던 것 같다.

마지막으로 생각나는 수용자는 살인혐의로 들어온 미결수 C씨다. 나는 근무에 적응이 된 뒤로 한번도 영창에 들어가기 전에 쫄지 않았다. 그런데 C씨가 자기 동생을 죽인 혐의로 수용되었다는 것을 알고 영창근무에 들어가야 하는 상황이 되자 무서웠다. 대부분의 수용자는 겉으로 느껴지는 분위기가 비슷하다. 그런데 죄명 때문에 그렇게 느낀 것인지는 모르겠지만 그는 조금 다른 분위기가 느껴졌다. 죄책감에 사로잡혀 있는 것 같기도 하고, 엄청 화난 것 같기도 했으며, 어딘가 모르게 우울해 보이기도 했다. 생긴 건 정말 잘 생겼는데 죄명도 죄명이거니와 그런 분위기를 풍기니까 내 입장에서는 무서울 수밖에 없었다. 게다가 그는 처음 몇 주간은 책을 안 읽었다. 영창 안에서는 취침시간 전에는 졸 수도 없으며 대화도 못하게 되어 있어서 독서는 거의 유일하게 시간을 보내는 방법인데, 책을 안 읽는 것이 얼마나 이상하겠는가. 사람이 몇 주간 밥만 먹고 가만히 있는 것은 절대로 쉽지 않다(게다가 C씨는 독방에 수용되었으며 야외운동도 초기엔 허용되지 않았다). 살인을 하고 들어온 이가, 그것도 자기 가족을 죽인 사람이 쇠창살 안에서 그저 가만히 탁자 하나 놓고 앉아 있는 모습을 상상해 보면 섬뜩하지 않을 수 없을 것이다. 그렇기 때문에 나는 미결수 C씨가 영창에 들어온 지 얼마 되지 않았을 때 식사시간대 근무와 샤워시간대 근무가 가장 싫었다. 왜냐하면 그가 호실에서 잠깐이라도 나온다는 사실이 싫었기 때문이다. 그가 나와야 하는 상황이면 난 항상 머릿속으로 시뮬레이션을 했다. 'C씨가 갑자기 나를 때린다면 나는 바로 곤봉으로 제압해야 하나? 아니면 지휘통제실에 선보고를 해야 하나?' 하는 생각을 했으며, 그가 샤워하는 시간에 면도날을 요구하면(수용자는 샤워시간에 근무자에게 면도날을 요구할 수 있다. 그리고 근무자가 유리창문 앞에서 수용자들이 샤워하는 것을 감시한다), 조원에게는 그런 내색을 안 보였지만 굉장히 무서웠다(내 근무시간이 아닐 때에 영창 안에서 머리를 책상에 치는 등 자해를 했다는 소리도 들었기에 더욱 그랬다).

하지만 별일은 일어나지 않았고 2~3주가 지나자 C씨도 책을 읽기 시작했다. 그때쯤부터 그가 평범한 수용자라고 느꼈던 것 같다. 어떻게 보면 영창 안에서 가장 말을 잘 듣는 아니 통제할 필요가 없었던 미결수였기 때문에 수용생활 자체는 가장 모범적이었다. 책을 읽고 난 뒤부터는 글도 썼으며 가끔은 근무자에게 말도 걸었다. 이후 이루어진 재판에서 부모님이 처벌을 원치 않는다는 이유로 그는 집행유예를 선고 받았다.

수용자와 근무자

수용자와 근무자의 관계는 영창 안에서 생길 수 있는 유일한 관계다. 왜냐하면 대화라는 행위를 수용자와 근무자 사이에서밖에 할 수 없기 때문이다. 하지만 이 관계는 확실하게 상급자와 하급자의 관계로, 수용자는 들어온 첫날부터 근무자에게 교육을 받는다. 가장 먼저 수용자는 근무자에게 "근무자 님"이라고 불러야 하며 말끝에 "-겠습니다"라고 해야 하며, 근무자는 수용자를 "수용자"라고 부르며 "-합니다" 등의 명령어를 사용해야 한다는 것을 인지시키는 것이다. 이러한 상하

관계는 일반수용자의 경우 거의 100% 지키지만, 오래된 미결수의 경우에는 옅어지는 경향이 있다. 수용자는 자신이 필요한 것을 요구할 때나 어떤 행동(예를 들어 화장실을 가는 행동)을 할 때에도 근무자의 허락이 필요하기 때문에, 꽤나 많은 말을 근무자와 한다. 수용자들이 만약 근무자와 이러한 대화조차 하지 않는다면, 아마 영창 안의 생활은 더 힘들 것이다.

하지만 이러한 것들이 친밀도에 도움을 줘서 상하관계가 허물어지는 정도까지 가는 경우는 없다. 예를 들어 오래된 미결수와 잠깐의 농담을 주고받는 정도의 사이가 되더라도 통제해야 되는 상황이 오면 다시 확실한 상하관계로 돌아간다. 한 일화를 말하자면, 14~16시 근무까지만 해도 별다른 트러블 없이 몇 마디 주고받았는데 점호 때가 되어 전투복 환복을 해야 하는 상황이었다. 그런데 수용자들의 전투복이 세탁 후 다 마르지 않은 상태였고, 전투복 점호라고 당직실에서 연락이 왔기 때문에 전투복 환복을 시켜야 했지만, 마르지 않은 전투복을 환복해야 하는 수용자들은 불만을 품었다. 그래서 환복을 거부하는 분위기가 생기자 나는 다시 강압적으로 돌변했고, 수용자들은 이에 따랐다. 이렇듯 명령을 하는 시점에서 수용자가 이를 거부하는 경우는 없었다. 그렇기 때문에 나는 근무할 때 내 말대로 수용자들이 따를 것이라는 확신을 가지고 있었고, 불만이 터져 나와도 일단은 내 말을 듣고 통제에 따른 뒤의 일이기 때문에 수습은 충분히 됐다.

영창을 입퇴창하는 수용자들의 모습을 적어도 300명 이상은 본 것 같다. 그럴 때마다 나도 내 자신이 참 신기했던 것은 영창 밖에서 보는 수용자들은 영창 안에서와는 느낌이 전혀 다르다는 것이었다. 어느 날

퇴창하는 일반수용자와 담배를 핀 적이 있었는데(퇴창한 후 해당부대의 간부가 오기까지 약간의 시간이 있다), 영창에서 그 수용자를 갈궜던 나는 어디에도 없었고 그냥 처음 보는 사람과 대화하듯이 "영창생활 어땠어요?", "담배 펴요?" 같은 말을 했다. 그 수용자 역시 그러한 상황을 아무렇지도 않게 받아들였고 우린 영창 안에서의 관계는 없었던 것처럼 행동했다. 영창 밖에서는 그 수용자가 다른 사람처럼 느껴졌다.

2. 수용자1[3]

영창 가는 길

나는 매우 부잡한 성격으로 어려서 많은 말썽을 피웠지만 그렇다고 학창 시절에 경찰서나 소년원에 가 본 적은 없었다. 그래서 소년원이나 구치소(교도소)에 있는 사람들은 '얼마나 흉악한 잘못을 저질렀기에 갔을까?' 라는 생각을 가지고 있었고 영창 역시 예외는 아니었다. 영창은 나와는 먼 것이라고 생각했고, 영창에 대해서는 막연하게 부정적인 이미지만을 갖고 있었다. 그래서 영창을 다녀온 선임들을 만날 때도 친해져서 좋을 게 없을 거라는 생각이 들었다. 그런데 이런 내가 영창에 가게 되는 일이 벌어졌다.

상병 5호봉 정도에 나는 갑작스레 본부분대 분대장 역할을 맡게 되었다. 당시 선임들이 전역할 때가 되자 부랴부랴 나에게 분대장직을 인

3 이 수용자의 군복무일자는 2012. 3. 27.~2013. 12. 31.이다(영창수용일은 2013. 5. 31.~6. 4.이다).

계한 것이다. 설렘 반 걱정 반으로 분대장을 맡게 되었고 얼마 지나지 않아 신병이 들어왔다. 선한 인상을 가진 김 이병은 분대장이 되고 나서 받는 첫 후임이었기에 더욱 눈길이 갔다. 군 생활에 있어 어느 정도 여유가 생긴 나였기에 김 이병에게 군대 같지 않은 군대를 경험하게 해 주고 싶었고, 특혜도 많이 줄 수 있던 보직이었기에 힘도 써 주고 싶었다. 하지만 나도 모르게 할 수 있는 부조리와 다른 선임들에게 받을 부조리를 어떻게 견뎌 낼 수 있을지에 대한 걱정이 마음 한편 구석에 자리하고 있었다.

나의 사수는 내가 자대배치 되었을 때 전역을 30일 정도 남긴 말년 병장이었다. 그런데 그 병장이 전문하사를 하게 되면서 내 군생활의 초반부는 피투성이가 되었다. 어느 선임이나 다 군대에서는 무섭고 짜증나는 선임이지만 특히나 나의 사수는 부대 안에서도 알아주는 일명 '미친개' 였다. 영창을 갈 뻔 했던 적이 수차례 있었지만 일을 잘해서 행정보급관이 뒤를 봐주고 있다는 소문이 들릴 정도로 성격이 불같은 놈이었고, 나는 그 하사의 직속후임으로 들어갔다. 그의 부조리는 예측할 수가 없었다. 어느 정도 패턴이 있었다면 거기에 맞추기라도 할 텐데 그날그날의 기분에 따라 나의 행동을 맞춰야 했다. 내 군생활 중 가장 기억에 남는 부조리는, 3일 동안 잠을 제대로 재우지 않는 것이었다. 일병 2호봉 즈음에 내 행정업무가 미비하게 되어 있었는지 잠을 자던 나를 불러내 새벽 두 시부터 기상할 때까지 내가 틀린 것들을 수정하고 다시 연습하라는 식으로, 문서를 틀렸던 것으로 복귀시키고 다시 수정하는 것을 반복하게 하였다. 잠을 자러 들어가면서 그 하사는 나에게 경고하였다. 웃으면서.

"나 들어갔다고 자면 일어나서부터 털어 줄게. 그리고 오늘은 좀 잤지? 내일은 못 잘 것이다."

나는 틀리지 않기 위해 메모까지 해가면서 작업을 하였지만 다음 날 그의 주문은 달라졌다. 갈굼 당하는 내가 얼마나 불쌍했는지 부대의 간부고 선임이고 아무도 나를 갈구지 않았다. 오히려 "힘내라"고 위로해 주는 선임들이 훨씬 많았다.

부조리는 훈련 때도 있었다. 그의 군장에 들어갈 것들은 나의 군장에 들어왔고 그의 군장에는 자기가 먹을 과자, 편의용품들이 들어갔다. 그때 당시에는 그것들이라도 자기 군장에 넣어 준 것에 감사했다. 군대에 가기 전부터 부조리가 많다고 생각했었지만 이 정도일 줄은 몰랐다. 자기 때는 더 심했다고 말하면 정당성이 부여되는 것처럼 말하는 것도 너무 싫었다. 훈련 나가서 밥을 타오는 것, 설거지 하는 것, 텐트를 치는 것까지. 내가 선임병이 되면 안 시켜야겠다는 것들이 넘쳐났다. 그리고 부조리를 당하면서도 그에게는 웃어야 하는 내 모습이 불쌍하기도 하고 더럽기도 했다. 정말 역겨웠지만 그렇게 하지 않으면 내가 잠을 잘 수 없고 내 위의 선임들이 힘들어졌기 때문에 나는 웃을 수밖에 없었다.

이런 부조리들을 겪어온 터라 김 이병에게는 이런 것들을 겪게 하고 싶지 않았다. 하지만 나는 김 이병이 겪을 부조리를 걱정할 것이 아니라 나를 더 신경 써야 했다.

군대에서는 훈련을 주최하는 지휘관의 계급에 따라서 훈련의 중요성이 달라진다. 이를테면 사단장이 주최하는 훈련에서는 포상을 받는다면 물론 좋으나 평가기준이 무난하다. 잘하지 않더라도 문제만 생기지 않는다면 좋은 평가를 받는다. 하지만 연대급이나 대대급으로 내려올수록 평가기준이 엄격해지고 평가결과는 지휘관이나 다른 간부들의 진급에 큰 비중을 차지한다. 예를 들어 중대장에게 가장 중요한 훈련은 대대장이 주최하는 ATC 훈련[4]이다. 그런데 하필 김 이병이 전입 온지 얼마 되지 않아 대대 ATC 훈련공지가 부대로 전달되었다. 훈련이 시작되기 1주일 전부터 중대는 훈련에 대한 긴장감에 휩싸여 있었다. 나는 김 이병과 같은 임무를 부여받았고 분대장으로서 상황을 반복하여 설명해 주었다. 그리고 마침내 1주일 뒤 ATC를 맞이하게 되었다. 훈련은 기상과 동시에 실시되었다. 고막을 울리는 경고음 소리에 맞추어 각자 맡은 임무를 수행하기 위해 분주히 움직였다. 훈련 상황에서 가장 유심히 보는 것이 빠른 움직임과 총기 관리인데, 김 이병은 총을 놔두고 오는 결정적인 실수를 저질렀다. 가장 기본적인 것도 못 하는 것에 대해 화가 치밀어 올라 김 이병에게 소리쳤다.

"빨리 총 가져와!"

다급하게 총을 가져온 김 이병과 나는 지체된 시간을 무마시켜야 했기에 무리해서 산을 올라갔다. 너무 무리한 탓이었을까, 김 이병은 나의 폭언으로 인한 정신적 스트레스와 체력적인 한계가 겹치게 되면서 '과호흡' 상태에 빠지게 되었다. 숨을 쉬지 못하는 김 이병을 업고 산에서 내려오면서 부대에 무전을 쳤고 대대장까지 오게 되었다. 다행히 건강상 큰 문제는 없어서 대대 의무실에서 2주 정도 쉬다가 돌아왔지만 과호흡에 대한 트라우마 때문이었을까, 나는 '그와 정상적인 관계

---

4 방공작전을 위한 항공기 식별 업무를 지원하는 항공교통관제훈련.

를 쉽게 맺을 수 없을 것만 같다' 는 생각을 하였다.

그로부터 얼마 후 내 군생활을 송두리째 앗아가 버린 사건이 일어나고 말았다. 군대에서는 특히나 의전을 중요시한다. 이를테면 아침과 저녁 점호 그리고 일과의 시작과 마치는 시각에 실시하는 행사까지 매일 하는 것이지만 이때만큼은 군기를 강조한다. 분대장의 책임을 맡고 있는 나는 분대원들의 잘못을 인지시킬 의무가 있었고 김 이병이 어떻게 하면 한 번에 배울 수 있을지 고민하다가 '내리갈굼' 을 선택하고 말았다. 아침 출정식을 마치고 김 이병을 불러 분대원들 모두 곧바로 4생활관으로 집합시켜 놓으라고 말했다. 최대한 김 이병에게 큰 충격을 주려고 했던 것 같다. 분대원은 김 이병을 포함하여 총 10명으로 구성되어 있었다. 이 중 6명이 후임이고 선임 3명은 말년병장들이라 실권은 분대장인 내게 있었다. 후임 6명 중 김 이병은 가장 막내였고, 위에서부터 한 명씩 차례로 갈구기 시작했다.

"후임관리를 어떻게 쳐 하길래, 애가 이 모냥이냐. 니들이 대신 털리고 싶냐?"

한 명씩, 한 명씩. 김 이병은 털지 않고 해산시켰다. 이 방법이야말로 김 이병에게 확실히 책임감을 심어 줄 것이라고 생각했기 때문이다.

한 시간 뒤, 겁에 질려 창백한 얼굴을 한 후임이 내게 떨리는 목소리로 말했다.

"김 이병이 손목을 그은 것 같은데, 어떻게 해야 합니까?"

후임병에게 그 말을 들었을 때는 솔직히 장난인줄 알았다. 하지만 김 이병의 자해행위는 사실이었으며 이는 중대 안에서 해결할 수 없는 사안이었기에 대대장에게 보고되었다. 전화상으로 들리는 대대장의 목소리는 불 같았으며, 쉬지 않고 소리치다가 본인 말만 하고 끊어버렸다. 중대장은 말없이 담배를 피며 손가락으로 까딱하며 나를 자리에 앉혔다. 순간 머릿속으로 오만 가지 생각이 들었다.

'나는 살인미수니까, 영창이 아니라 육군교도소에 가는 것일까? 아니야, 그래도 손목을 그은 정도도 경미하니까 휴가제한 정도에서 끝나지 않을까? 아니야, 대대장이 저렇게 소리치는 것으로 봐서는 영창이 분명해……'

한동안 말이 없던 중대장은 조심스럽게 입을 열었다.

"○○아, 대대장님이 너 만창 보내란다."

장난이길 바랐다. 지금 나는 꿈을 꾸고 있고 이 꿈이 어서 깨어나길 바랐다. 잠깐의 소망은 중대장의 이어지는 말로 인해 깨졌다.

"일단 내가 최대한 영창 안 가도록 노력해 볼게. 지금 대대장님이 너무 흥분해 있어서 그래…… 그러게, 왜 하필 걔를 건드렸어!"

일정 정도 중대 업무를 담당하고 있던 내가 영창에 들어가면 중대 운영에 큰 영향은 아니지만 간부들의 업무스트레스는 가중될 것이기에 짜증이 났을 것이다. 또한 진급하는데 오점으로 남을 것이기에 넘어가려고 노력하는 것처럼 보였다. 중대장은 징계위원회에 참석할 대대 간부들에게 일일이 전화를 하면서 사정을 얘기했고, 혼나가면서까지 대대장에게 수차례 선처를 부탁드렸다. 중대장의 노력 속에서 희망의 빛이 나타났다. 손목을 그었던 김 이병이 당시 본인의 잘못된 선택으로 자해행위를 한 것이라고 자발적으로 대대장에게 편지까지 보내고 면담을 요청했다. 면담을 하러 가는 김 이병은 내게 눈물을 흘리며 얘기했다.

"그땐 제가 미쳤었나 봅니다. 왜 그런 선택을 해서… 많은 사람들이 힘들어 진 것 같습니다. 제가 가서 대대장님을 잘 설득해보겠습니다."

잠시나마 희망을 가졌지만 나는 징계위원회에서 영창 15일을 받게 되었다. 우울했던 후임병 때 부조리를 안 하겠다고 스스로 다짐했건만, 당한 그대로를 하고 말았다. 나와의 약속을 지키지 못한 벌이었을까?

영창 처벌이라는 결과를 받게 된 이후 알게 된 사실이라 되돌릴 수 없었지만, 중대장과 다른 간부들은 김 이병이 관심병사인 것을 알고 있었다. 그렇지만 나에게 아무런 언질도 주지 않았고 결국 나는 관심병사를 관리 못하고 괴롭힌 분대장이 되어 버렸다. 즉, 가중처벌이 된 것이다. 내가 적법한 처벌을 받는 것인지 알 수 없었으며, 항소를 한다고 한들 나의 잘못도 있었던 터라 오히려 괘씸죄로 처벌받을 것 같아 두려워서 아무 말도 하지 못했다. 내가 거기서 할 수 있는 일이 아무것도 없었다.

그래서 일단 나는 부모님에게 전화를 했다. 15일 동안 연락이 안 되면 걱정을 하실 것 같아 긴 훈련을 다녀오겠다고 말씀드렸다. 영창을 다녀와서 안 사실이었지만 어머니는 내가 거짓말을 하는 것처럼 느껴졌다고 말씀하셨다. 영창에 대한 두려움과 죄송스러운 마음에서 나오는 울음을 참아가면서 전화했기에 어머니는 아셨던 것 같다. 그렇게 말씀을 드리고 나는 사단으로 가게 되었다.

영창에 들어가기 전 마지막으로 징계위원회에서 나에게 내린 징계사유가 적법한지에 대한 적법성절차확인을 받았다. 실제로 징계위원회 위원들은 법과는 전혀 관계없는 간부들이 경험을 토대로 의결안을 상정하는 곳이고, 결정권 역시 법조인이 아닌 지휘관 즉, 대대장이 가지고 있었다. 심문을 하기 위해 내게 했던 말 중에 아직까지 기억에 남은 말이 있다.

"이 정도 가지고 만창 받아왔어?"

그 말을 듣고 속으로 '아, 살았다' 라고 안도했다. 하지만 안도감은 잠시였고 본인이 대대장에게 휴가제한으로 낮춰 달라고 건의할 수는 있지만 결정은 대대장이 하는 것이기에 심사관은 대대장에게 전화를 걸었다. 숨 막히는 십여 분이 지나고 심사관이 문을 열고 들어와 내게 말했다.

"대대장이 휴가제한은 안 되고, 영창 5일로 줄여 주겠대."

심사과정에서 휴가제한으로 낮춰졌지만 결정권은 대대장에게 있었고 결국 나는 15일에서 5일로 삭감된 채로 영창에 들어가게 되었다. 처음에는 내가 잘못한 것도 있었기에 벌을 받아야 한다고 생각했지만 점점 억울함이 차올랐다. 관심병사에 대한 언급도 없이 내게 책임을 전가한 간부들이 미웠고 휴가제한으로 심사된 나를 끝까지 영창 보내겠다고 고집부리는 대대장을 보면서 너무도 억울했지만 나에겐 힘이 없었다. 나는 아무런 소리도 내지 못하고 영창으로 향하였다.

영창생활

영창으로 들어가는 길은 예사롭지 않았다. 가끔 군대 영화에서 보여주는 것보다 더욱 타이트했다. 우선 사단 법무부 사무실에 들어가 소지품 검사를 한 뒤 자살예방 차원에서 고무링과 군번줄을 압수하였다. 그리고 밥 먹을 식판과 숟가락, 세면용품만을 소지하게 하였다. 감방은 영화에서나 볼 수 있는 문으로 닫혀 있었다. 사람의 힘으론 절대 뚫지 못할 두꺼운 철문을 열고 들어간 곳에는 A4 용지 크기의 창문 3개를 제외하곤 빛이 들어오지 않았다. 창문도 각 수감실 바닥에서 3m 정도 떨어진 곳에 한 개씩밖에 없었기에 들어가자마자 숨이 턱 막히는 기분이 들었다. 그곳의 분위기 때문이었을까, 공기가 너무도 차가웠고 거기서 근무하고 있는 병사들의 눈빛이 나를 벌레 보는 듯이 느껴졌다. 나는 거기서 116번으로 불리게 되었고 영창에서 주의해야 할 점과 일정을 교육받았다.

영창에서의 하루일과는 주말과 평일에 차이가 없었다. 07:00에 기상하여 점호를 하고 영창 안에 비치되어 있는 교양서적을 읽게 된다. 그곳의 책은 재미있는 소설책이 아니라 군대에서 실시하는 정신교육 책자와 '좋은 생각'과 같은 교양서적들이었다. 간혹 소설책이 있었으나 그마저도 영창 속에서는 독서라고 생각되지 않았다.

한 시간 정도 책을 읽다 보면 아침 식사시간이 주어진다. 나는 이때가 가장 좋았다. 세 평 남짓한 공간에 6명이 앉을 수 있는 테이블이 있었고 각 방의 인원끼리 먹었다. 길지도 않은 10분이라는 시간, 영창생활 동안 가장 달콤했던 시간이었고 그때만을 기다리며 하루를 버텼다. 감방수(관리자)들도 이때 만큼은 우리를 감시하지 않았기에 조용한 목소리로 같은 방 사람과 대화를 나눌 수 있었다. 10분 동안 할 수 있는 가장 원초적인 대화가 끊임없이 이어졌다.

"나가면 악 졸라 질러요, 아저씨!" "뽀그리 졸라 끓여 먹어야지." "주말에 하루 종일 누워서 자야겠다." "친구들한테 전화하면 개놀림당하겠네."

욕망을 풀 수 있는 수단이 전혀 없는 공간에서 10분이라는 자유시간은 어떤 것보다 값지게 느껴졌다.

그렇게 아침을 먹고 또 한 시간 정도 책을 읽은 다음 일광욕 시간을 갖게 된다. 영창 외부에 조그마한 공터가 있는데 거기서 개인적으로 스트레칭도 하고 제한적이지만 수감자들과 대화를 나눌 수 있는 시간을 부여받게 된다. 이때가 가장 즐겁다는 사람들도 있지만 감시카메라가 사각지대 없이 계속 찍고 있어서 3명 이상만 모이면 감방수들이 떨어지라고 명령하였다. 희망고문을 시키는 것 같아서 나는 오히려 이 시간이 꺼려졌다.

약 30분의 일광욕 시간이 끝나면 저녁점호 전까지 독서시간이다. 첫째 날은 책의 글씨가 눈에 들어오지 않았다. 온종일, 새로운 환경에 대한 적응과 퇴소 후 처리해야 할 문제들에 대해서 고민하였을 뿐만 아니라 나에 대한 죄책감에 시달렸다.

'나는 범죄자인가? 퇴소하면 다른 부대로 전출될 텐데, 거기선 나를 어떻게 볼까? 나가면 부모님한테 뭐라고 설명하지?'

이 중 가장 답답했던 것은 부모님에게 어떤 식으로 털어 놓을지에 관한 부분이었다. 내 전역을 손꼽아 기다리시는 부모님이기에 변경된 전역일을 숨기는 일은 불가능했지만, 아들이 영창을 다녀왔다는 사실에 큰 충격을 받으실 것 같아 최대한 숨기고 싶었다. 하지만 불가능할 것을 깨달았고 가게 된 사유를 잘 설명해서 충격을 덜 받으시도록 하고 싶었다. 하루 동안의 생각 중 가장 최선의 선택은 훈련 중 실수였고 차선책은 김 이병에게 잘못을 가중시키는 것이며 최악의 선택은 사실 그대로를 말하는 것이었다. 계속되는 저울질 속에 감방수(근무자)들이 차고 있던 목봉은 쇠파이프보다 차갑게 느껴졌고 철창 밖에 있음에도 불구하고 내 가슴팍을 찌르는 것 같아 고통스러웠다. 또한 빛이라고는 거의 들어오지 않는 3평 남짓한 공간이 좁은 하수관처럼 나를 점점 조여 들었고 마지막 날 정점에 이르렀다. 그때 난 정신병이 어떤 것인지 잠시나마 경험할 수 있었다. 퇴소 예상시간은 오후 2시였는데 나를 데리러 오겠다던 간부가 오질 않았다. 아침부터 그 시간만을 기다리고 있었던 터라 정말로 1분이 1시간처럼 느껴졌다. '혹시 대대장이 마음을 바꾸어 내가 못 나가게 되는 것은 아닌가' 하는 생각이 떠올랐고, 온몸의 땀구멍에서 벌레가 기어 나오는 것만 같았다. 숨도 제대로 쉴 수 없었기에 가만히 정자세로 앉아 있을 수가 없었다. 그렇게 몇 시간이 흘러 오후 5시가 되었을 때 내가 그토록 싫어하던 간부가 나를 데리러 왔다. 꼴도 보기 싫었던 놈이었는데도 불구하고 이곳에서 빠져나갈 수 있게 해 줄 유일한 사람이기에 너무나도 반가웠다. 쿵쾅거리는 마음으로 짐을 챙겨 5일 전에 들어왔던 두꺼운 철문을 밀고 나왔다. 120시간 전(들어갈 때)의 문 밖 공기와 나와서의 공기는 전혀 달랐다. 실내였음에도 불구하고 가슴이 확 트이자 숨을 제대로 쉴 수 있었고 긴장감이 풀리면서 나도 모르게 눈물이 흘러내렸다.

복귀 후의 부대생활

퇴소와 동시에 나는 1년 동안 동고동락했던 B포대에서 본부포대로 전출되었다. 이때도 내겐 결정권은 만무하고 발언권조차 없었다. 영창은 가되 전출만은 안 되게 선처해 달라고 중대장(대위)이 대대장(중령)에게 건의하였으나, 대대 인사담당관(중사)이 피해자와 가해자가 같은 중대에 있어서는 안 된다고 대대장에게 말하였고 대대장은 인사담당관의 말에 따라 나의 전출을 결정했다. 전출 오고 난 뒤에 알게 된 사실이지만, 인사담당관이 자기 업무의 수고를 덜고자 나를 대대로 보내 달라고 대대장에게 개인적으로 건의했다는 것이다. 김 이병도 내가 중대로 돌아올 것을 요청했고 중대장도 대대장에게 건의를 했지만 다른 간부들의 생각은 달랐다. 본인의 업무를 줄일 생각만 했지 병사에 대해 어떠한 배려도 없었던 것이다. 영창에 들어갈 때부터 경험해온 터라 엄청난 충격까지는 아니었지만 간부들에 대한 거부감, 아니 그것을 넘어 사람에 대한 거부감이 내 속에 자리 잡아갔다. 이런 상황 속에서 나는 본부포대에서 새로운 군생활을 해나갔다.

영창생활은 5일이었지만 본부포대의 남은 군생활은 약 150일이었다. 군생활의 절반 이상을 다른 포대에서 한 것과 영창에 다녀왔다는 사실이 나를 외부인으로 만들었다. 영창이 사람들과의 관계를 아예 단절시킴으로써 고독함을 느끼게 했다면, 복귀 뒤의 군생활은 본부포대의 수많은 사람들 속에서 내가 혼자라는 느낌을 주어 나를 더욱 깊은 절망 속으로 밀어 넣었다. 좋은 일로 온 것이 아니라 영창생활 후 전출이었기에 나는 보통의 외부인도 아닌 저급한 외부인으로 취급받았다. 초기에는 나만의 오해라고 생각했지만 선임과 동기들의 시선 그리고 몇몇 후임들의 언행은 확신을 심어 주기에 충분했다. 나에게 가장 거북함을 드러낸 후임은 이 상병으로 본부포대의 악동이라고 불렸다. 짬[5]이 어느 정도 있었기에 자기보다 높은 선임이 들어온 것에 대한 불쾌함을 거침없이 표현하였다. 하루는 업무상으로 충돌이 있어서 약간의 언쟁이 일어났다. 서로 말이 통하지 않자 그냥 끝내자는 식으로 돌아섰는데 내 등에 비수를 꽂았다.

"영창 갔다 온 아저씨[6]가 나한테 뭐라 한대."

나는 행정상으로는 본부포대의 사람(병사)이었지만 실질적으로는 아저씨였기 때문에 반박할 수가 없었다. 다른 것으로 뭐라 했다면 반박이라도 할 수 있었을 텐데… 나도 그들을 편하게 대하지 않고 있었기에 그대로 듣고 있을 수밖에 없었다. 영창이라는 낙인은 그 누구보다 내가 자주 의식했고 부끄러워했다. 상대방이 내게 약간이라도 불만족스럽다는 뉘앙스를 풍기면 곧바로 영창이 생각났고 내 스스로에게 고통을 주었던 것이다. 그렇기에 나는 남들보다 규칙에 더 고분고분 따를 수밖에 없었고 그 압박감은 군생활 내내 나를 따라다녔다.

영창위로휴가

영창을 다녀오면 정신적으로 피폐해져 있을 것이라는 판단 아래 부대에서 위로휴가를 보내 준다. 차라리 영창을 보내질 말던가. 나는 부모님에게 해명하기 위해 즐겁지 않은 휴가를 나가게 되었다. 휴가 첫날 저녁밥을 먹고 아버지와 어머니에게 말씀드렸는데, 전혀 예상하지 못

5 군대용어로 '경력'의 속어.
6 다른 중대의 병사를 의미하는 말.

했던 상황이 벌어졌다. 어머니는 아무 말도 하지 않은 채 계셨고, 아버지는 사정이 어찌 되었건 영창을 가게 된 것은 나의 잘못이라며 호되게 나무라셨다. 나도 영창생활을 하면서 내 잘못을 인정하려고 노력했고 김 이병에게 몹시 미안한 마음을 가지고 있었다. 내 잘못이 크다고 한들 단 한마디의 위로도 없이 나를 나무라시는 아버지의 모습에 충격을 받았다. 세상이 나무라더라도 가족만큼은 나를 안아줄 것이라고 믿었던 내 신념이 무너졌고 세상 어느 곳이든 기댈 데가 없다는 절망감에 빠지게 되었다. 어린 시절부터 아버지를 무서워하여 절대 말대꾸하지 못했던 내가 아버지에게 소리쳤다.

"영창 다녀온 아들한테 위로 한마디 해 주는 게 그렇게도 힘드세요?"

아버지는 내 반문에 당혹스러우셨는지 더욱 호되게 꾸짖으셨다. 아비지가 한 한마디는 "나는 너를 제대로 교육시킬 의무가 있다."였다. 잘못을 제대로 깨닫게 함으로써 더 큰 잘못을 하지 않도록 꾸짖은 것이라 생각했지만, 다른 한편으로는 '아버지마저 나를 수감자로 보는 것은 아닐까?' 라고 생각하기에 충분했다.

사회생활

영창에 가기 전과 갔다 온 후의 군생활 그리고 지금의 생활을 되돌아보면서 다시 한 번 느낀 것은 권력에 대한 두려움과 인간에 대한 신뢰의 상실이다. 영창 다녀온 이후의 군생활에서도 그랬지만 인간관계에 있어 깊이가 매우 얕아졌다. 때론 내가 보기에도 지나치게 자기중심적이고 방어적이라는 생각이 들 만큼 내게 피해가 가지 않을 선택들만 하면서 살아가는 것 같다. 학교생활과 관련하여 보자면, 입대 전 내 성향은 집단의 리더가 되어 여러 사람들을 두루두루 알아가고자 하였다. 실제로 1학년 과대표를 했고 부족한 부분도 있었지만 임기가 끝날 때 동기들에게 고생했다는 말도 들을 정도로 열심히 했었다. 하지만 전역 후 내 모습은 180도 바뀌었다. 학과마다 순서에 있어 차이가 있겠지만 대개 1학년 때 과대표를 한 사람이 전역 후에도 학과의 집행부 역할을 하려고 했지만 책임을 져야 하는 자리에 트라우마가 생긴 나로서는 이전에 비해 적극적인 모습을 보일 수가 없었다. 억지로 2학년 과대표는 맡았지만 형식적인 자리였기에 수락하였으며 3학년을 지나 4학년이 된 지금 취업준비 때문인 것도 있지만 사람들과의 자리를 많이 만드는 것이 불편해졌다. 400명이 넘던 내 카톡 리스트엔 27명밖에 없으며 오프라인에서 만나는 사람들도 소수로 줄어들었다. 과를 떠나서 타과 사람들과의 관계를 만들어 보려고 했지만 나를 이용하는 것만 같은 생각에 깊은 관계를 만들 수가 없었다. 매번 인간관계를 맺을 때 내가 손해보는 것만을 생각하게 되고 그것들 때문에 사람들이 접근하는 것처럼 느껴지게 되었다. 내가 3학년 때 신입생환영회에서 후배와 친해지고 싶어서 번호를 달라고 했는데, 그 후배는 번호를 주지도 않고 오히려 상처 주는 말을 했다.

"형 나한테 밥만 얻어먹고 연락 안 할 거잖아?"

나중에 서로 얘기하면서 어느 정도 풀었지만 여전히 서먹한 관계로 지내고 있다. 이렇게 인간관계에서 소극적인 모습들을 온전히 군대 탓으로 돌릴 수는 없지만, 인간관계에서 태도변화가 가장 급격히 나타났던 순간을 생각하면 영창이 떠오른다.

남들은 5일 가지고 인생 다 망친 것처럼 얘기한다고 할지 모르겠지만, 5일의 기간만이 아니라 그 5일의 전후과정으로 인해서 지금까지도 트라우마에 갇혀 살아가는 나를 발견한다. '가해자가 피해자 코스프레하고 있네' 라고 생각할 수도 있다. 하지만 나는 김 이병에게는 가해자임과 동시에 군대 시스템에 의한 피해자이다.

3. 수용자2[7]

관리와 구타

나는 대학에 입학하여 1학기를 마치고 곧바로 도피성 군입대를 결심했다. 평소 '남자다움' 에 대한 동경이 있었고 또 누구나 똑같이 2년 갔다 오는 군대라면 더 빡세고 더 힘든 과정을 거쳐 더 많은 것을 배우고 오자는 마음으로 해병대를 지원하였다.

7주간 훈련병 과정을 힘들게 마치고 자대 생활을 시작하였다. 자대 생활은 시작부터 녹록지 않았다. 첫 자대배치를 받고 약 2~3일간 부대 내 공식적인 적응기간을 주는데, 나의 가까운 선임이 나에게 몰래 와서 선배들 기수와 이름이 적힌 종이를 주며 3일 안에 무조건 다 외우라고

7 이 수용자의 군복무기간은 2010. 9. 27.~2012. 7. 12.이다(원래 7월 5일 전역이나, 6박 7일의 영창기간 때문에 전역일이 7일 늘어남).

하였다. 약 50여 명 되는 중대원의 이름과 기수를 정확히 외워 상하관계를 파악하기 위함이었다. 상하 위계질서가 무엇보다도 중요한 군대이기 때문에 누가 선배인지를 파악하는 것이 매우 중요했다. 물론 내 밑으로는 단 한 명도 없었고 내 위로 외워야 할 이름뿐이었다.

기분파 선임, 무관심한 선임, 사회에 있을 때 유도를 해서 저녁에 잘 때마다 유도 기술로 괴롭히는 선임 등… 자상한 선임은 중대를 통틀어 5명 이하였고 대부분 남성성이 너무나 강한 소위 '상남자' 들이 대부분이었다. 이런 다양한 선배들의 입맛에 맞추기 위해서는 내 자신의 개성(personality)을 죽이고 기계적으로 감정을 최대한 배제하고 선임을 응대해야 함을 깨달았다. 적어도 이병, 일병일 때, 즉 저계급자일 때는 말이다. 신병들을 힘들게 하는 것은 이러한 인간관계에서 오는 스트레스뿐만이 아니라 과중한 업무 스트레스도 있다. 부대 내 최저계급자부터 말년 병장까지 모든 구성원은 하루 1~2회의 근무를 의무적으로 수행해야 한다. 특히 저계급자들의 경우 포상 순찰 근무나 위병소 근무를 주로 들어가기 때문에 거기서 오는 신체적 피로감이 있고, 게다가 해야 하는 다른 일이 많다. 아침에 기상하자마자 부대 건물을 돌며 하는 쓰레기 줍기, 매 끼니 때마다 식당 청소, 그리고 생활관별 담당구역 청소(본래는 모든 생활관 구성원이 함께해야 하나, 사실상 저계급자들이 대부분 한다.) 등이다.

그러나 그 무엇보다 해야 할 가장 중요한 일은 바로 '관리' 다. 자신보다 밑의 기수를 '관리' 하는 것이다. 신병이 새로 들어오면 바로 위의 기수인 맞선임이 직접 모든 것을 가르친다. 자신이 위에서 배운 그대로 밑의 후배에게 가르치는 것이다. 선임기수 암기상태, 군가 암기상태,

청소, 과업 등 평소 생활하는 태도나 상태 등 많은 것을 점검한다. 그래야만 선배들에게 지적을 받지 않기 때문이다. 특히 이병에서 최고선임, 일병에서 최고선임, 상병에서 최고선임이 각각 자신이 소속된 계급의 모든 구성원을 '관리' 한다. 관리를 하는 도중 부족한 모습이 발견되면 이는 가차 없이 구타로 이어지고 또한 이 관리호봉이라는 이름은 구타를 정당화해 준다.[8] 후배들의 기합 빠진 행동은 선배들의 지적을 받는데, 선배는 제일 먼저 관리호봉을 찾는다. 그리고 지적을 받은 관리호봉은 자신의 후배들을 구타로 직접 관리하는 것이다. 당시에는 그것이 그 세계의 규율이었으며 그 사회에서 인정받기 위해서 꼭 필요한 행동이었고 참 군인의 당연한 자세이고 남자다운 것이라고 생각했다.

힘들었던 막내생활을 하루 이틀 견뎌내고 한 달, 두 달이 지나고 나에게도 후배가 들어왔다. 처음에는 이 친구를 보고 마치 신병이었을 때의 내가 생각나서 '누구보다 더 사랑과 애정을 보여야겠다' 는 스스로의 다짐을 했다. '이 험난한 포○대대 ○중대의 세계에서 너 하나만큼은 내가 사랑해 주어야겠다' 는 포부였다. 그러나 그 다짐은 오래가지 못했다. '왜 내가 했던 것만큼 못하지?' '나는 3일 만에 선배들의 기수를 모두 외웠는데 왜 너는 그렇지 못하지?' '나는 선배들에게 이만큼 기합 넘치는 모습을 보였고 이렇게 긴장을 하는데 너는 왜 그렇지 못하지?' 라는 생각이 드는 일이 많았다. 이 친구의 실수에 대한 지적이 이 친구에게 돌아가는 것이 아니라 나에게 오는 것이 문제였다. 내 맞후임

---

8 공식적으로 구타는 금지사항이며 처벌 규정도 분명히 존재한다. 그러나 이는 간부와 병사 사이의 표면적인 룰일 뿐이며 병사들의 세계에서는 구타가 암묵적으로 존재하였다.

의 실수는 제일 먼저 나에게 들려온다. 이 친구가 빠릿빠릿하게 지시사항을 수행하지 못하고 어리버리하며 '난 못해요.' 라는 표정을 지을 때마다 울화통이 차올랐다. 그럴 때마다 가벼운 수위의 손찌검이나 욕설로 이 친구를 다듬어갔다. 내가 선배들에게 배운 그대로 말이다.

그러던 중 내가 폭행사건을 일으키게 되었다. 당시 한 기수 선임 중에 표리부동한 모습을 보여 내가 너무 싫어하는 선배가 있었는데, 내 맞후임 때문에 그 선배로부터 지적을 받게 된 것이다. 똑같이 구타를 당해도 그 선배에게 맞는 것은 너무너무 싫었다. 그것은 자존심이 상하는 일이었고 나의 군생활이 인정받지 못함을 의미했다. 그길로 곧장 맞후임을 찾아 산으로 데리고 올라갔다. 평소 같았으면 지적할 내용을 미리 머릿속에 담아두고 잘못한 내용을 다 이야기 해 줬을 텐데 그날은 달랐다. '너 때문에 내가 그 선배한테 맞았다.' 는 것밖에 머릿속에 없었다. 구타의 이유에 대한 설명도 없이 무작정 때렸다. "너는 회생 불가능한 인간쓰레기다. 쳐다보기도 싫다. 너같은 놈들은 공군이나 가서 편하게 군생활 하다 집에 가야지 왜 해병대에 와서 모든 사람을 힘들게 하느냐." 인간적으로 그를 싫어하기 시작한 것이 그때부터였다. 쳐다보기도 싫을 정도였다. 그래서 실제로 눈도 잘 마주치지 않았다. 그랬기 때문에 몰랐다. 그날 구타의 흔적이 그 후배의 얼굴에 그대로 남아있다는 것을… 문제는 그 후배가 신병격려휴가를 나가게 되면서부터였다. 후배의 얼굴을 본 어머니는 깜짝 놀라서 아들을 추궁했고 후배는 있는 그대로 이야기한 것이다. 어머니는 바로 부대에 연락했고 부대는 발칵 뒤집어졌다.

나의 구타 사실이 간부들에게 알려졌고 수면 위로 떠올랐다. 군대는 보통 간부와 병사 두 부류로 나뉘는데, 간부의 세계에서 나는 문제를 일으킨 병사로 낙인찍혔고 병사들의 세계에서는 인정받는 멋진 해병이 되었다. 선배들은 나에게 "넌 잘못한 거 하나도 없다."며 위로해 주었고 그와 동시에 내 맞후임을 "꼰잘레스"(자신이 당한 구타를 간부에게 일러바치는 병사)라며 비꼬았다. 상급부대에서 자체적으로 징계위원회가 열렸고 거기서 나의 잘못을 가리는 일이 있었지만, 나는 나의 행동이 잘못이라고 생각하지 않았기에 거기에서도 꼿꼿이 "잘못한 부분 없다고 생각한다."고 내 주장을 했다. 괘씸죄가 추가되어 6박 7일의 영창 및 타부대 전출이라는 판정이 나왔다. 그러나 나는 여전히 이것이 군인다운 모습이라고 생각했고 스스로를 불의에 항거하는 열사쯤 된다고 생각했다.

영창생활

공교롭게도 내가 영창에 들어가던 날이 우리 부대에서 먼저 영창에 간 선배가 퇴창하여 부대로 복귀하던 날이었다. 부대 간부가 나를 영창에 데려다주고 그 선배를 싣고 다시 부대로 돌아가는 것이었다. 15일간 영창에 있었던 그 선배는 면도를 하지 못해 수염이 산적처럼 자란 상태였고 빛을 보지 못해서인지 피부는 더욱 새하얗게 변해 있었다. 15일에 비하면 절반 수준밖에 되지 않는 나를 보며 "니는 만창(14박 15일형)이 아니라 그나마 다행이다. 다시는 여기 안 간다, 고생해라" 라며 인사를 했다.

아래 그림과 사진이 영창의 구조다. 부채꼴 모양의 꼭지점에 헌병이 돌아가며 근무를 서면서 입창자를 관리한다. 그리고 헌병의 반대편에는 총 7개의 방(호실)이 있다. 가운데 4호실은 미결수가 대기하는 방이다. 1~3호실, 5~6호실은 최소 2박 3일에서 최장 14박 15일의 기간을 지내다 나가는 병사들을 위한 것이지만, 7호실은 형사고소가 되어 변호사를 선임하고 군사재판을 받는 병사(미결수)들이 지내는 방이다. 내가 있었을 때에 7호실에는 상근으로 근무하는 병사가 출퇴근 시에 고등학생을 강간한 혐의로 재판중에 있었다.

그밖에 영창에 들어가게 되면 관등성명도 바뀐다. 예컨대 '병장 홍길동'에서 '징계 홍길동'으로 바뀌는 것이다. 또한 사소한 것 하나 하나 모두 헌병 근무자의 허락을 받아야 한다. 예컨대 "징계 홍길동 화장실 이용해도 좋습니까?"라고 요구하고 허락을 받는 식이다.

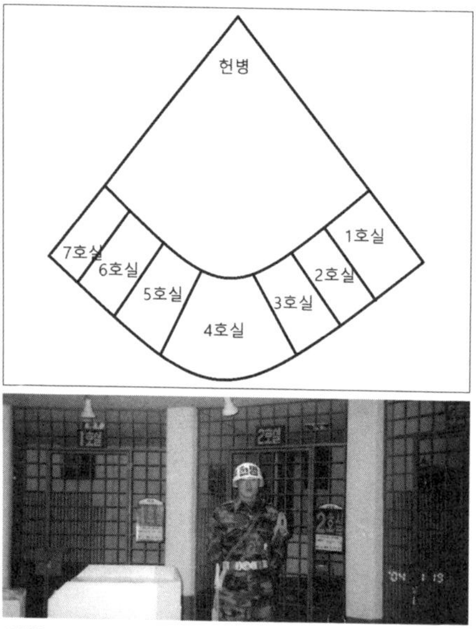

영창 구조

영창에 들어갈 때에는 가지고 있는 모든 소지품을 헌병대에 맡기고 발목의 고무링이나 벨트도 제거한다. 자해하거나 타인을 위협할 가능성을 배제하기 위함이었다. 또한 특이하게도 군생활에서와는 달리 상의를 빼내 입는 것이 그곳의 규정이었다.

영창에서의 주된 일과는 독서지만 처음 들어오는 신입 입창자에게는 '입창자 규칙'을 외워야만 책을 읽을 수 있게 해 주었다. 그러나 나는 애초에 뭔가를 기계적으로 외우기를 싫어하는 성격인데다 불의에 항거하는 투사처럼 행동했었기에 미온적인 태도로 규칙을 외우는 것을 거부했다. 그러자 곧바로 책을 읽을 수 있도록 해 주었다. 나처럼 규칙을 다 외우지 않는 병사들이 꽤나 있었던 모양이다.

방 구조는 아주 단순하다. 화장실, 세면대 그리고 마룻바닥이 전부이다. 화장실은 문이 위아래로 절반이 나뉘어서 위가 사라진 모양이다. 그래서 변기에 앉으면 상체가 약간 보이고 그 밑으로는 문이 가리고 있다. 화장실에 있는 동안에도 헌병(관리자)의 감시는 계속 되어야 하기 때문이다. 처음에는 대변을 보는 일이 꽤나 불편했지만 이내 적응했다. 헌병대 영창이 산속에 있다 보니 벌레들도 상당히 많았다. 대낮에도 바퀴벌레들이 종종 기어 다니곤 했다. 저녁에 자는 동안에는 그보다 훨씬 많았다. 배식은 철창 아래 조그만 구멍으로 식판으로 가져다 줬는데 보통 부대에서 먹는 것보다 2/3밖에 되지 않는 양이었다. 하루 종일 활동량이 많지 않음에도 적은 식사량 때문에 항상 배가 고팠다.

하루 일과는 군대와 비슷하나 과업(일과)시간에 책을 읽는다는 점만이 달랐다. 저녁에 청소 시간도 있고 TV시청 시간도 있다. 저녁식사 이후부터 청소시간 사이에 헌병 근무자 앞에 TV를 갖다 놓고 1시간 정도 9시뉴스를 시청한다. 1주일간 있으면서 하루는 스님이 오셔서 간식과 함께 교화 말씀을 해 주시고 갔는데 모두 말씀에는 관심이 없고 간식만

맛있게 먹었다.

규율대로라면 각 방 안에서는 대화가 금지되어 있다. 아주 작은 소리로 헌병 근무자 몰래 수감자들끼리 대화를 할 수 있으나 원칙적으로는 금지이다. 그래서 몰래몰래 대화를 나누곤 했다. 방에 처음 들어갔을 때에는 병장 선임 한 사람과 상병 선임 한 사람 그리고 나까지 세 명이 있었다. 나를 포함한 세 명 모두 폭행사건으로 들어왔다. 병장 선임은 집단 괴롭힘에 연루되어 14박 15일 만창을 선고받았다. 2~3일 후 상병 선임이 출소했고, 다음 날 나보다 아래 기수인 후배가 들어왔다. 영창에서도 기수대로 서열 관계가 확고해서 막내가 청소를 도맡아 했다. 그리고 샤워시설이 굉장히 열악했다. 근무자의 통제 아래 호실별로 영창에서 나와 샤워장으로 이동하는데 샤워 시간도 매우 짧고 뜨거운 물도 잘 안 나오고 수압도 약해 샤워하기가 싫을 정도였다. 다만 샤워를 제외한 간단한 양치는 각 방 안에서 해결했다.

방 안에는 펜과 같은 필기도구를 들고 갈 수 없어서 생각을 정리하거나 생각을 글로 표현할 수 없었다. 내가 있던 방에 병장 선임이 모나미 볼펜을 가지고 있었지만 선배였기 때문에 차마 빌릴 수가 없었다.

각 방에는 작은 좌식형 책상이 있는데 일과시간이 시작되자마자 책상을 펴서 책을 읽고 잠깐잠깐 쉬는 시간을 제외하고는 일과시간 내내 책상 앞에 앉아 밥도 먹고 책도 읽는다. 하루종일 책상에 앉아서 책을 읽는 게 일이었기 때문에 누워서 쉬고 싶은 생각이 너무 간절했다. 또 운동도 할 수 없어 몸이 늘어지고 나른해져서 책만 읽으면 잠이 쏟아졌다. '지루함' 도 큰 역경이었다. 하루가 1주일같이 길었다. '시간 좀 지났나?' 하고 시계를 보면 10분밖에 지나지 않고… 책 읽고 시계 보는 일의 무한한 반복이 하루 내내 이어졌다.

진정한 의미의 교화가 과연 가능할지 의문이었다. 그저 범죄자 취급 받는 것, 그리고 감옥을 체험하는 것 이외에 영창은 나에게 어떤 의미도 없었다.

복귀 후 군생활

그렇게 1주일을 영창에서 보내고 타 부대로 전출갔다. 보통 군대(해병대)에서 폭행사건이 생겨 피해자와 가해자가 생기면 둘 다 영창을 가게 된다. 또한 어떤 이유에서건 영창을 다녀온 거의 모든 병사는 가해자든 피해자든 부대 이동(전출)을 하게 된다. 이때 새로 배치받은 부대에서 얼마만큼 잘 적응할지는 그 병사가 가해자인가 피해자인가에 따라 달라진다. 병사들 사이에서 가해자는 "군기 잡다가 영창에 갔다.", "영창은 해병에게 영광의 상처이다.", "기합 들었다." 혹은 "군생활 잘 한다."는 식의 평가를 받지만, 피해자는 "꼰잘레스.", "관심병사." 혹은 "군생활을 잘 못해서 선배에게 얻어맞고 영창 갔나 보네." 등의 평을 받게 된다.

나 역시 타 부대로 전출 갔을 때 '후배 관리하다가 때려서 영창 갔다 왔다.' 는 소문이 이미 나 있었다. 그래서 '후배 관리를 잘할 것이다.' 혹은 '군생활 잘하겠네.' 등의 첫 이미지를 심어 주었다. 그래서인지 새롭게 전출 간 부대에서는 선배들에게 항상 칭찬만 받고 동기들과 똑같은 잘못을 해도 조금 덜 혼났다.

그리고 나중에 소문을 듣고 알게 되었는데, 그 친구(피해자)는 전출 가서도 '꼰잘레스' 라는 소문이 퍼져 그 부대에서 적응하는 데 많이 힘들어 했다고 한다.

가해자는 구타 이후 탄탄대로의 군생활을 하지만 오히려 피해자는 끝없는 수렁에 빠지는 것이다. 피해자는 전출부대에서 군생활을 하는 데 더욱 힘들어지지만 가해자는 영광의 상처를 얻고 무용담을 하나 더 가지게 되는 셈이다. 참으로 역설적이다. 사회인이 된 지금에서야 '참으로 역설적이다' 라고 생각하지만, 그 당시에는 그 역할놀이가 그 세상의 전부였다. 그 세상에서 한 발자국 뒤로 물러서서 돌아보았을 때, 그 집단이 잘못되었음을 비로소 알 수 있게 된다.

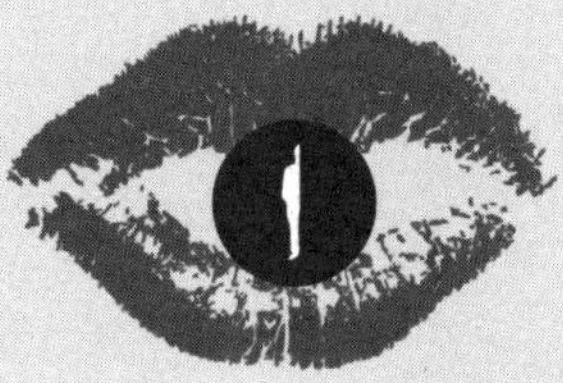

장애

이 부부가 사는 법

서중원*

상분씨

"나, 나…"

"응, 상분씨~ 어디야?"

"과앙- 광-화문. 나 지금… 하, 학생들 때메 울었어…"

언어장애가 있는 상분씨는 곧잘 봉변을 당한다. 얼마 전에도 지하철에서 웬 술취한 사내 하나가 무턱대고 상분씨를 끌고 내리려 했단다. 너무 급작스럽다 보니 왜 그러느냐는 항변도, 주위사람들에게 도와달라는 말도 안 나와 냅다 소리부터 질렀다고 한다. 꺄악-

처음에는 시큰둥하던 사람들도 점차 파열음의 데시벨이 높아지자

---

* 구술기록노동자.

주섬주섬 주위로 몰려들었다. 사내는 그 길로 줄행랑을 쳐버렸다. 그렇지만 왠지 이상했다. 놀란 것은 상분씨인데, 어딘가 죄스럽고 창피해진 것도 상분씨였다. 긴장하면 말이 더 엉켜 버리는 상분씨로서는 우르르 모여든 눈길과 발길들을 향해 안전요원을 부르니 마느니 저 사람을 잡아달라느니 조단조단 설명할 재간이 없었다. 이내 "뭐야?"하고 대수롭지 않게 돌아서는 어떤 눈길들에는 '좀 이상한 여자잖아?' 하는 깔봄 같은 것도 묻어 있는 듯했다. 놀란 새가슴을 하고도 상분씨는 그 사내와 마찬가지로 자꾸만 흠짓흠짓 쳐다보는 눈길들을 피해 얼른 자리를 떠야 했다. 싫었다. 그런 상황도 그런 자신도.

한 번은 무슨 전단지를 나눠 주는 곳으로 끌려갈 뻔하기도 했다. 사당역 근처 체험홈에 살 때다. 워낙 유동인구가 많은 곳이다 보니 인파 속에서 어떤 우악스런 손길에 질질 끌려갔는데, 품에 한 아름 전단지 묶음이 안겨지자 와락 겁이 나 고분고분 따르는 척 그대로 도망쳤다고… 살던 동네라 골목길을 알고 있었던 게 다행이었다.

"어떤 할아버지는… 막 욕해. 나한테… 돌아다니지 말고 집에 있으래. 몇 번 그랬어."

물론 이 고난을 알아듣기까지, 나 역시도 꽤 많은 시간과 되물음이 필요했다. 실은 아직도 상분씨가 인식하는 이 일들의 전후사정은 구체적이지도, 그럴만한 연관성도 없다. 허긴, 그러니까 봉변이지. 날벼락. 그러다 보니 전화기 저쪽에서 대뜸 학생들 때문에 울었다는 상분씨 소리에 걱정도 걱정이지만 버럭 분노가 먼저 치밀어 오르는 거다. 누구야? 엉? 누가 우리 상분씨한테…. 작업장 출근도 안 하는 토요일 오후, 모처럼 광화문에 나가 바람이나 쐬려던 차였을 것이다. 그런데 누구야? … 노기로 무장한 채 헐레벌떡 뛰어나가니 예상 외로 상분씨 표정은 차분하고 맑다. 은은하게 미소까지 지어보이며 나를 반긴다.

"괜찮아?"

"응. 근데 아까 울었어. 많이… 학생들… 아이고, 예뻐라…"

다시 글썽이는 그녀를 대면하고서야, 광화문 농성장 세월호 유가족들을 만났던 거구나, 깨닫는다. 하아… . 그러나 안도감만은 아니다. 달려오는 동안의 내 상스러운 추론과 익명의 적의가 다 가라앉고도, 대체 이 떨림은 어디서 오는가.

그녀의 감정에는 경계가 없다. 같이 기쁘고 같이 슬프고… 하여, 어렵게 격문에 사발통문을 돌리지 않아도 분명하게 깨달아지는 것, 연대란 바로 이런 것이 아닌가! 대체 이런 이웃을 누가 세상에선 살 수 없다고 오지 시설에다 꽁꽁 청춘을 가두어놓았단 말인가.

은혜요양원, 춥고 시려웠던 나날들

"가, 강원도… 은혜원에선 추웠어… 추웠어… 나 결혼할 때도 추웠어…"

올해로 서른여덟 살. 훤칠한 연하의 남편마저 거느린(!) 미모의 유부녀 상분씨. 지난 9월 서울 은평구 구산동에 자립생활거주주택을 마련하고 신접살림 이사까지 무사히 마치면서 이제 여 보란 듯 지역주민이 되었다. 상분씨에게 은평구는 고향 같은 곳이다. 어려서는 동생과 함께 근처 응암동에 있는 '소년의 집' 에서 자랐고, 보육 시설에서의 정년이

랄 수 있는 스무 살이 되면서 강원도 은혜요양원으로 옮겨졌다가 어렵게 자립을 결심했다. 그때가 2013년 2월 13일.

그러고 보니 은혜원에선 내내 추운 기억뿐이다. 분연히 떨치고 나오던 날마저도. 들여보낼 때도, 나가지 말라고 말릴 때도 사람들은 다 "상분이 너를 위한 거야."라고 말했다. 그토록 추웠던 나날들뿐이었는데 자신을 위한다고 하는 그 말이 물리도록 싫어서, 처음으로 옹골차게 고집이란 걸 부려보았던 것 같다. "나, 나갈…래요!" 시설전수조사를 나왔던 인권활동가들과 함께 차근차근 자립생활준비를 했다. 몇 번의 체험홈 기간을 거쳐 결혼 후 다시 은평구로 이사 오게 되기까지, 꼭 18년이다. 누군가에겐 지역주민이 되는 일이 이토록 지난하고도 어렵다.

"와아~ 탤런트다, 탤런트! 텔레비전에 나오는 여배우 같아. 상분씨~."

주책맞게 벌써부터 목이 메어 버린 인터뷰어는 부러 말을 돌린다. 결혼사진을 가리키며 감탄을 연발하자, 상분씨는 부끄러운 듯 한 손으로는 얼굴을 가리고, 다른 한 손으로는 사진 속 자신의 드러난 어깨선을 감싼다.

"빼빼로 먹는 날이야."

"11월 11일? 그날 결혼했어?"

"아니다. 쪼꼬렛 주는 날. 남자가 여자한테, 아니 여자가 남자한테 주는 날. 추웠어. 지금 생각해도 추워. 하하하…"

2월 14일을 말하는 건가 보다. 이런 건 다시 확인해야 한다. 은평구장애인자립센터에 가면 상분씨의 자립생활을 도왔던 이력을 알 수 있으니 일단 보류. 발달장애 중 경증에 속하는 상분씨는 의사소통과 욕구

표현에 큰 문제는 없지만, 단 하나, 숫자에 약하다. 벌써 몇 번을 물어보지만 어떨 땐 5년 전에 결혼했다고 하고, 또 어떨 땐 2년 전에 했다고도 하고, 번번이 대답이 갈린다. 그러나 한 사람의 연대기가 정확한 수치로 된 편년으로 구성된다고 해서 그 서사를 제대로 이해할 수 있는 것은 아니다. 숫자와 문자, 소위 도량형에 관련된 기호들은 그래 봐야 표준화 시스템이다. 보다 쉽게 상호교환 가능한 의사소통 도구일 뿐.

따라서 기능성과 효율이라는 조바심을 덜어내면, 숫자와 문자라는 표준치 밖에서도 부단히 표현하려 하는 그녀가 보인다. 어슴프레하긴 하지만, 그녀에게 '춥다'는 것과 '2월'이라는 상황은 꽤 의미 있는 기점인 것 같다. 적어도 그녀의 인생이 새롭게 시작되는 마디인 것만은 분명하다. 그녀가 반복해서 설명하는 감각, 그리고 숫자가 아닌 말로 풀어서 설명하는 날짜. 그녀는 최선을 다해 그녀가 걸어온 자신의 서사를 표현하고 있었다. 이즈음에 이르면 더 이상 그녀의 언어장애는 한계가 아니다. 개성이다. 오히려 문자와 숫자만으로는 이 독특한 개성을 포괄할 수 없을 뿐이다.

"결혼식은 어디서 했어? 꽤 큰데? 아는 얼굴들도 보인다."

"교회에서. 다. 지금도 여기 다녀. 정하쌤도 왔어. 여기, 내 동생."

"어머, 동생도 미인이다. 미모는 집안 내력이구나?"

"치아… 은혜원 나와서 찾았어."

"응?"

"이빨… 경찰서 가서… 찾았어. 동생. 그래서 왔어."

느닷없이 얘기가 깊어지는 것 같은데 도통 알아들을 수가 없었다. 한참을 묻고 또 되물었다.

"미안해, 내가 잘 못 알아들었어, 다시 한 번만…"

"아냐, 갠차나. 그니까… 여거…."

말은 괜찮다고 해도 하다하다 답답했는지 상분씨가 벌떡 자리에서 일어났다. 급기야 몸으로 설명을 시작한다.

"치아… 아니, 치과기록을 가지고, 경찰서? 누구랑 갔는데? 활동가들이 도와서? 찾았어, 동생을? 언제? 은혜원에서 나와서… 동생은 상주에… 연락이 닿아서 결혼식에 왔다구? 아~ 이제 알았어, 상분씨. 아, 그랬구나…. 참, 이 자매도 사연이 많네…"

내 추임새에 이제는 좀 알아들었는가보다 안심이 되는지 상분씨는 씨익 웃으며 자리에 털썩 주저앉는다. 그래도 저 곡절을 이렇게 웃으며 말할 수 있어서 얼마나 다행인가.

성년이 되자 보육시설인 '소년의 집'에 더 머무를 수 없게 된 상분씨는 강원도 철원의 중증장애인시설 '은혜요양원'으로 보내진다. '보내진다'는 술어밖에 쓸 수 없는 이유는, 그것이 상분씨 자신의 선택이 아니었기 때문이다. 그러나 거역할 수도 없었다. 이를테면 스무살의 상분씨는 더 이상 어리지가 않아서 기관이나 보육 시설에서 감당할 최소 연령은 지났다고 판단되지만, 장애 때문에 스스로를 보호하며 살 수도 없고 보호자마저 없어 이 사회가 '성인'이라는 라벨에 부과하는 진짜 의미, 즉 '표준노동력 1'이라는 사회구성원으로서 계산될 수가 없었던 것이다. 그렇다면 남은 삶은 사회가 아닌 곳, 즉 시설에서 또 다른 시설로 전전하는 것뿐이다. 누가 설명하지 않아도 상분씨 스스로 그 어찌할 수 없는 갑갑함을 잘 알고 있었다. 헤어지는 날, 펑펑 우는 동생에게 울지 말라고 남들은 잘 알아듣지 못하는 발음으로 겨우 다독이는 것을 마지막으로, 상분씨는 사실상 모든 것을 포기하고 은혜요양원으로 들어갔다.

"거기, 사람도 죽었어. 나 있을 때 (은혜원에서) 오래 살던 사람인데, 옥상에 올라가서 의자 놓고 뛰어내렸어. 나, 나도, 처음에 싫어서, 옥상 올라갔었어. 죽으려고. 그런데, 어지러웠어. 아래 내려다보니까. 무서웠어. 그래서 도로 내려왔어. 하하하."

"뭐가 그렇게 싫었어, 죽고 싶을 만큼?"

"거기서만 지내야 하잖아. 내 맘대로 못해. 하라는 대로만 해. 일도 했어. 빠앙- 빵도 만들었어. 그거 군인들, 군인들한테, 군부대 날랐어. 하기 싫었는데. 돈? 몰라. 통장은 엄마들이 관리해. 아니다. 사무실 선생님들이. 나올 때 통장 있었어. 근데 얼마인지 몰라. 같이 방 쓰던 애가 바짝. 아니, 바아짝. 응, 발짝(발작)이 있었는데, 무서워. 막 묶어 놓고 때리고 약 먹인단 말야. 나중엔 정신 차리면 걔가 화가 나니까 다 때려 부숴어. 난 (걜 묶어 놓는 관리자들도, 걔도) 다 무서웠어. 눈물 많이 흘렸어. 동생이 옷이랑 편지랑 보냈대. 나중에 들었어. 그런데 나는 그런 옷 받아본 적 없어. 거기선 추웠어."

한참을 듣다 알았다. 상분씨에게 '춥다'는 '사랑해 줘'라는 뜻이라는 걸. 그 추운 날들을 15년이나 어떻게 견딘 걸까… 응? 상분씨. 사람들은 시설이 다 상분씨를 위해서 있는 건 줄 알았는데, 여기 있으면 상분씨가 추울까 봐 거기에 가 있으라고 한 건데, 정작 상분씨는 그토록 시려웠구나. 그 추운 날들을 어떻게 살았어? 응?

"정우가 노래해 줬어. 보일라실에 기름 넣으러 와서 잠깐씩 얼굴 보고, 노래 불러 줬어. 춤도 추고. 그럼 난 전화했어. 난 3층에 살고 정우는 4층에 살았어. 밤이 되면 볼 수 없으니까 전화를 했어. 3층에 세탁기 있는 데에 난로가 있는데, 거기 기름 넣으러 정우가 와서 노래 불러 줬어. 정우가 날 살렸어."

정우씨

"은혜원에는 상분씨랑 같이 들어갔어요. 어…. 저는 거기서 선생님들 도와서 주로 일을 했어요. 힘들었죠. 월급? 아뇨. 전 직원이 아니잖아요. 그냥 돕는 거예요. 워낙 사람들이 많고, 그래서 해야 할 일도 많았어요. 예를 들면…. 시설 관리… 문고리 고장 나면 고치고, 보일러실에 기름 떨어지면 사다 채우고… 사실 그래서 상분씨랑도 친해질 수 있었던 것 같아요. 여자는 3층에 살아서 잘 못 보는데, 거기 기름이 떨어지면 채우러 내려가서 기름 넣는 동안 상분씨한테 노래 불러 줬어요. 상분씨가 잘 한다고 해 주니까. 좋았죠. 잘 웃고. 네? 맞아요. 전 처음부터 상분씨가 좋았어요. 노래는 뭐, 이런 거요. '남행열차' 나 '당신은 사랑받기 위해 태어난 사람' . 전혀 다른 노래들이라구요? 아하하… 다 잘 불러요. 봐. 상분씨도 그렇다잖아요. 근데, 누나… 어… 나도 반말해도 돼?요? 아… 어색해…."

이것저것 따질 것 없이 바로 친구 먹자고 한 상분씨와는 달리 정우씨는 오래도록 격식과 예의를 한껏 갖추어 주었다. 그러다 그것 때문에 오히려 자기 차례가 오면 자꾸 분위기가 딱딱해진다고 여겨졌는지, 이번 참에야말로 크게 결심을 한 모양이다. 한참을 머뭇거리다가 침까지 꿀떡 삼키고는 묻는다. 반말해도 돼?요? 아니 반말이 뭐 그리 어렵다고. 어차피 또래끼리인데… 그래도 왠지 미안하고 딴에는 수줍기까지 한 제안에 누이 둘이서 깔깔깔깔 웃어 제끼니 더 몸 둘 바를 몰라한다. 농담도 잘 하고 매사 긍정적이고 흥도 많아 놀기도 잘 하는 끼 많은 정우씨가 이게 웬일일까? 괜히 상분씨한테 타박이나 하고야 마는 정우씨다.

"상분씨, 상분씨가 너무 과감하게 나가서 그래. 내가 맞아. 그래도 우리 얘길 인터뷰하는 건데, 너무 그러면 안 되는 거 아냐?"

"그냥! 정우 너도! 반말해-"

상분씨가 도와주는데도 끝내 정우씨는 그 미안함과 수줍음을 다 털어내지 못하고 책상 위에 놓인 신문만 뚫어져라 쳐다본다.

"정우씨 뭐해? 나 안 보고?"

"그냥… 자꾸 신문이 절 부르네요, 보고 싶다고."

깔깔깔깔깔깔……

일심동체 부부라지만 개인성향차는 있으니까 아무래도 내가 덜 이무로와 그런가 보다 싶으면서도, 마음 한편에선 정우씨가 살아온 지난날이 꾸욱- 하고 얹힌다. 시설은 관리효율이 극대화된 거주 공간이다. '자선' 이나 '복지' 같은 온갖 좋은 말을 끌어다 붙인다 해도, 실상은 주로 사회표준에 불필요하다거나 미달한다고 여겨지는 동일한 특성을 지닌 사람들을 한데 모아 최소의 인원으로 최대의 관리 통제를 산출하는 운영방식이다. 따라서 시설에서는 집단 규율과 규칙에 길들여지는 것 말고는 개인의 자유로운 생활이란 애초 있을 수 없다. 정도의 차가 있기야 하겠지만 대개 시설 내부에서는 관료주의적인 위계가 확실하다. 그러다 보니 그 내부인으로 대체 언제까지일지 모를 시간을 살면서 그나마 무난한 일상이라도 영위하기 위해서는 그러한 위계에 순응하는 것을 일찌감치 터득해야 한다. 사실 '예의'와 '질서'라는 이름의 통제는 비단 시설에서만이 아니라 기존 사회체제를 고수하기 위해 '도덕'이나 '교육'이라는 명분으로 늘상 주입되는 것이기도 하지 않나.

그렇다. 상분씨와는 달리 정우씨의 내외는 오래 길들여진 눈치의 다른 이름 같기도 해서 마음이 짠했다. 은혜요양원에서만 해도 그렇다. 아무리 일손이 딸려도 그렇지 시설생활자가 준직원처럼 동원돼 일해 왔다는 것, 그 안에서 살아가려면 딱히 토를 달지 않고 일손을 돕는 누구보다 뛰어나고 착한 수용자가 되어야 했다는 것, 힘들었지만 자신에게 웃어 보이는 상분씨에게 노래를 불러 주는 것 말고는 하소연할 누군가도 독립할 다른 근거도 없는 사람이었다는 것. 그러나 이 모든 것을 아무에게도 피해 입히지 않고, 아무도 원망하지 않는 조로 조심조심 말하기 위해서 정우씨는 계속 녹음기를 살폈고, "이런 말, 해도 돼요?"를 물었다. 한낱 이야기를 받아쓰는 글쟁이 나부랭이에게도 허락받을 권력이란 게 있는 것처럼 말이다.

그런 정우씨가 술이 한 잔 들어가자 그야말로 술술 이야기를 풀어낸다.

"어…, 은혜원에서 나와서 처음에는 용산에 있는 독립생활연대에서 하는 체험홈 생활을 했어요. 그거는 상분씨보다 제가 먼저 나왔어요. 상분씨는 아직 은혜원에 있고. 그런데 좀 힘들었어요. 은혜원에 있을 때, ○○이라고 친구가 있었는데. 걔 때문에 눈 오는 밤에 발가벗고 엎드려뻗쳐 한 적 있어요. 지갑을 훔쳤는데, 걸리니까 제가 시켰다고 했대요. 걔 때문에 벌 받았어요. 아무도 안 들어줬어요. 제 말은. 그런데 그 ○○이랑 같은 체험홈 생활을 하게 된 거예요. 싫었어요. 맨날 밖에 돌아다녔죠. 그러다 나쁜 사람들한테 맞기도 하고, 때리기도 하고. 싸움 잘 해요, 저. 용산이 그때 험했어요. 힘들어서 다시 시설에 가겠다고 했어요. 그래서 철원으로 갔는데 그때 상분씨는 서울로, 체험홈에 나왔어요. 옥상에 올라가서 맨날 기다렸어요. 우리 상분씨 언제 오나… 상분씨 언제 오나… 전화는 했죠. 뭐라고 했냐고요? 상분씨가?"

"너, 나와! 그냥 다시 나와! 그랬어."

"상분씨가 안 오길래, 다시 시설에서 나가고 싶다고 얘기하고 체험홈으로 나왔어요. 용산. 그때는 ○○이 없었어요. 전보다는 편했어요. 대신 상분씨는 응암동에 살고, 전 맨날 삼각 지역에서 왔다 갔다 해야 하고. 데이트 하면 너무 힘들었어요. 오래 못 보고. 그래서 결혼하자고 했죠. 결혼하고, 어… 몇 년도인지는 모르겠어요. 결혼하고… 신혼여행 부산으로 갔다 와서, 사당동으로 이사했어요. 거기도 체험홈이에요. 자립생활주택자금 받아서 완전히 독립한 건 여기(구산동 집)가 처음. 결혼 준비요? 그냥 주변(지역구별로 있는 장애인자립생활지원센터를 말하는 듯)에서 알아서 해 주셨어요. 몰라요. 잘. 결혼식은 동부이촌동에 그때 다니던 교회에서 다 해 주셨고. 그래서 지금도 여기서 그 교회 빠지지 않고 다녀요. 연예인도 봤는데? 친절하게 인사해 줘요. 기분이 좋죠, 그럼."

시설에서 나와 지금의 자립생활에 접어들기까지 상분씨에 비해 정우씨는 방황을 꽤 많이 했던 것 같다. 은혜요양원에서는 상분씨보다 먼저 나와 체험홈 생활에 들어갔지만, 상분씨가 진득하니 한곳에 뿌리를 내리고 새로운 인간관계를 안정적으로 넓혀가면서 직업교육과 언어치료 등을 병행하며 자립생활의 인프라를 구축하고 있던 동안에, 정우씨는 새로운 사람에게든 새로운 환경에든 좀처럼 마음을 붙이지 못했다. 언어장애가 심했던 상분씨가 꾸준한 조음 훈련과 한글익히기 등을 통해서 긴장할 때를 빼고는 전보다 훨씬 원활한 언어소통능력과 문해력를 겸비해가고 있다는 것을 곁에서 지켜보면서도, 정우씨 자신은 무언가를 새롭게 배우려 하거나 막연하게라도 사회생활에 대한 소망을 갖거나 하지 않았다. 오히려 단호했다.

"일은 아직, 하고 싶지 않아요. 은혜원에서 너무 많이 일해서. 아직은 하고 싶지 않아요. 상분씨는 작업장 다니면서 비즈공예도 배우고 네일아트도 배우고, 병따개도 만들면서 일을 해요. 전, 노래하고 싶어요. 전국노래자랑에도 나갔어요. 은혜원에 있을 때 대표로 나갔는데. 예선에서 떨어졌어요. 하하. 그래도 노래는 하고 싶어요. 진성 선배님의 '안동역에서' 요새 열심히 부르고 있어요. 토요일마다 용산에서 살 때부터 하던 축구모임도 계속 나가고 있고. 바빠요. 전쟁기념관이나 국립중앙박물관도 다녀요. 혼자서. 맨날 논다구요? 아니에요. 장애인 집회 있으면 빠지지 않고 다녀요. 시설에서 나오라고. 제가 (나와) 살아 봐서 좋은 줄 알잖아요."

그러나 정우씨에게 늘고 있는 것은 노래나 축구실력도, 여가생활에서 파생되는 인간관계의 돈독함도, 박물관 등지를 돌며 쌓이는 내면의 만족감도 아닌, 오로지 혼자 마시는 술뿐인 것 같아 적이 걱정스러워지기도 한다.

"누나, 저 술 그렇게 많이 마시는 거 아니에요. 아니야. 매일은 아니고, 좋아하기는 하죠. 아니, 좋아해! 아~ 어떻게~ 말이 잘 안 놓여요. 그냥 하던 대로 할게요? 하하하… 술은 마시고 싶어요. 은혜원에서는 술을 아예 못 마시게 했으니까요. 농장이 있었어요. 소도 키우고. 농장일도 했어야 했어요. 밖에서 일꾼 아저씨들이 오기도 했는데, 새참으로 술이랑 뭐 그런 걸 싸가지고 오셨어요. 밤에, 일 다 끝나고, 아저씨들은 나가고, 숙소에서 일하던 데로 쓰레기 같은 거 버리러 나가서 뒤져보면 남은 술이 있다고요. 그거 먹고. 그거 먹은 게 전부에요, 거기서는. 다 먹은 술병은, 소주팩 같은 건 구겨서 산등성이로 던져 버렸어요. 하하.. 안 들키게. 벌 받으니까. 지금은, 그냥, 네 맞아요. 그거에요. 마시고 싶을 때 마시는 자유를 누리고 싶어요. 많이 안 마실게요. 뭐라고만 하지 마세요. 네?"

마시고 싶을 때 마시는 자유를 누리고 싶다는 저 엄중하고도 지당한 말에, 더는 노파심에서 이는 잔소리 따위 못하겠다 싶기는 했다. 이윽고 정우씨가 담배를 태우러 잠깐 자리를 비운 사이 상분씨가 귀에 대고 살짝 비밀 하나를 말해 준다.

"정우, 내비둬. 술 안 마시면… 못 자. 잘 못 자… 정우, 울어. 그래서 내가 막 깨워야 해. 그냥… 내가… 마시고 자라고 해."

흐릿한 안개막 너머

상분씨 오른쪽 엉치 쪽에는 크게 데인 상처가 있다. 아마도 상분씨 어머니는 상분씨 동생을 낳다가 돌아가신 것 같고, 아버지 혼자 낙심과 황망 사이에서 생계와 육아를 감당하기가 점점 어려워지자 술에 의탁하는 나날이 많아지게 되신 것 같았는데, 대체 몇 살 때였는지 아버지가 왜 그랬는지 확실하진 않아도 상분씨는 정확히 그날의 일이 기억난다고 했다. 술에 취한 아버지가 달군 불판을 가져와서 아직 애기인 자신의 엉덩이를 지졌다고. 그것이 상분씨가 기억하는 부모에 대한 거의 유일하다시피한 대목이다.

부부가 되어 그 상처를 보듬던 날, 정우씨는 처음으로 상분씨가 몹시 부러웠다고 한다. 아빠, 엄마에 대해서라면 정우씨는 아무 기억도 없기 때문이란다. 상분씨가 아버지 얘기를 꺼낼 때마다, 정우씨는 정우씨 대로 말 못할 다른 아픈 데가 생겼다. 상분씨를 위로하면서 차마 자신은 "그마저도 부럽다."는 얘길 어떻게 꺼낼 수 있었겠는가. 그렇게 속에 꾸역꾸역 밀어 넣어둔 부러움은 어느 날 밤 자다가 불시에 터져버리고 말았다.

"이게 기억인지 제가 꿈을 꾸면서 상상한 건지는 모르겠어요. 어렸을 때인데, 길 한가운데 내가 있고, 이쪽으로는 엄마가 가고 저쪽으로는 아빠가 가고 있어요. 나는, 우리 엄마, 아빠 얼굴을 모르지만, 그래서 태어나면서부터 소년의 집에 있었던 거나 마찬가지지만, 확실해요. 알 수 있었어요. 이쪽으로 가는 건 엄마고, 저쪽으로 가는 건 아빠고. 나는, 가운데서 아무데도 가지 못하고, 그냥 울고 있어요. 계속 울어요. 너무 아프고, 너무 슬퍼요. 그때만 생각하면… 그 꿈을 꾸면, 그렇지만 그건 정말 있었던 일 같아요. 그래서 그 꿈을 꾸면 그렇게 울다 깨요. 상분씨가 깨워줘서 깨요. 깨어나서도 계속 울어요. 아… 이런 얘기 힘들어요… 하아…."

태어나면서부터 '소년의 집'에 있었던 거나 마찬가지라는 정우씨. 시설운영비리와 인권침해 문제가 왕왕 도마 위에 오르는 각박한 현실 속에서 마리아 수녀회에서 운영하는 '소년의 집'은 그나마 모범적인 사회복지시설로 평판이 좋은 곳이다. 정우씨 자신도 어렸을 때 보낸 소년의 집에서의 생활은 참 좋았다고 회고한다. 그럼에도 막상 정우씨는 그 소년의 집에서 그다지 잘 지냈던 것은 아니었던 모양이다. 정확하게 기억은 못하지만 정우씨는 10살 무렵 다른 시설로 옮겨갔고, 그곳에서 역시 몹시 위축되어 잘 생활하지 못했다고 한다.

사실 시설에서 다른 시설로 옮겨진다는 것은 단순히 사는 공간의 이동만을 의미하진 않는다. 여기에는 때론 징벌과 누락의 의미도 포함된다. 때문에 전원조치는 옮겨다니면 다닐수록 악화일로를 걷기 마련이다. 결국 시설에서조차 가장 우선적으로 보호받거나 배려받아야 하는 취약계층일수록 우선적으로 배제되고 마는 아이러니가 생긴다. 설비나 운영 시스템이 여타의 시설들에 비해 월등히 좋은 곳이라 하더라도 기본적으로 시설이라는 프레임 자체가 관리 통제의 효율 중심으로 굴러갈 수밖에 없기 때문에, 관리하는 입장에서 볼 때 바로 그 효율이 현저히 떨어지는 입소자의 '부적응'이라는 사유는, 더 세심한 케어가 아니라 더 엄숙한 시설로의 누락과 배제를 의미할 수밖에 없다. 정우씨의 경우도 이에 해당한다. 옮겨진 곳에서는 그예 얼마 견디지 못해 밖을 떠돌기도 했고, 갈 데가 없어 다시 돌아오기도 했고, 또 다른 시설로 옮겨갔던 것 같기도 하고…

그 시절의 기억은 들락날락 마냥 흐릿하다. 아니 흐릿한 것은 기억이 아니라 정우씨 자신의 의지 같기도 하다. 부러 기억해내지 않으려는. 그 흐릿한 안개막을 거둬 내고 거둬 내고 거둬 내다 보면, 생애 첫 기억인 '소년의 집'을 너머 결국 저 꿈에 이르러서일까. 정우씨는 거의 매일 알딸딸하게 취해 세상이 뱅글뱅글 돌아갈 즈음 술이 드리우는 흐릿한 안개막 하나를 안전장치 삼아 잠든다.

"누나, 그래도 제 인생이 누군가에게 전달이 된다면요, 상분씨 만나서 행복했던 일, 결혼하고 이렇게 사는 일, 이런 것만 들어갔으면 좋겠어요. 슬픈 거 말고."

이 부부가 사는 법

하루는 정우씨가 단골고깃집이 있다고 꼭 거기를 들르자고 한다. 못 이기는 척 따라 들어가니 사장님이 꽤나 반가워하는 눈치다. 지난 9월에 이사 오고 석 달 가량이 지나니 이제 동네에 오며가며 인사하고 다니는 살가운 이웃들이 좀 생긴 모양이다. 친구에게 친구를 소개하듯 정우씨는 활짝 웃으며 뿌듯해했다. 그 모습이 보기 좋았다.

가끔씩 때아닌 오해나 봉변으로 세상의 악의를 경험하기도 하는 상분씨와는 달리 정우씨가 경험하고 있는 시설 밖 세상은 놀이터다. 때때로 혼자 남겨져 심심하달 뿐, 정우씨에게 세상은 아직까지 크게 경계할 만한 사안이랄 게 없다. 비슷한 시기에 시설에서 나와 각자 다른 방식으로 자립의 길을 걸어가는 이 두 부부가 인지하는 세상은, 운도 운이지만 겉으로 드러나는 장애 정도와 젠더, 심지어 순전히 물리적인 신체에 따른 경험차가 큰 편이다.

상분씨가 왕왕 출퇴근 길에 겪는 몰지각한 봉변들은, 성추행이나 하대처럼 이 사회시스템에서 여성이라면 누구나 한 번쯤 겪어 보았음직한 종류의 것들에다 장애에 대한 뿌리 깊은 편견이 보태진 것들이다. 그에 비해 고도의 문해력이나 큰 숫자를 지각하는 것만 아니라면 겉으로 거의 장애가 드러나지 않는 정우씨의 경우에는, 어딜 가든 무얼 하든, 함부로 제지를 당한 적도 시비를 붙어 본 적도 없이 슬렁슬렁 잘 섞여 들어가 크게 불편할 것이 없었다. 이 두 부부의 자립생활의 한 단면만으로도 우리 사회의 차별과 편견의 은근한 격차가 보이는 셈이다. 그러나 그런 정우씨라고 마냥 좋기만 한 것은 또 아닌 것 같다.

"아이는 아직 계획에 없어요."

또 단호하다. 머쓱해진 정우씨가 자리를 피한 사이 상분씨가 귀띔해 준다.

"정우가 그래. 자기 같은 장애 아이 나오면 싫을 것 같다고."

혹시 자신이 장애 때문에 버려졌을지 모른다는 생각을 오래도록 품어 왔던 걸까. 그런 결론을 내서라도 어떻게든 꿈에서 본 '이쪽으로 걸어가는 엄마'와 '저쪽으로 걸어가는 아빠'를 정우씨는 이해해 보고자 혼자 끙끙댔던 걸까.

"상분씨는 괜찮아? 아이 좋아하잖아. 잘 놀아 주던데…"

"응. 갠차나. 정우가 먼저야. 아이는 많아. 또… 나… 아직 많이 배워야 해."

아이는 많다라…

내가 낳지 않아도 함께 길러야 하는 아이는 이미 세상에 많다는 소리일까. 자신도 그런 아이 중 하나였다는 걸까. 아니면 궁극에는 정말 그런 사회가 되어야 한다는 염화미소의 지긋한 깨달음일까…

상분씨 곁에 있으면 늘 떨린다. 짧은 말로 함축하는 대신 은은하고 길게 지어보이는 웃음의 느리고 미세한 파동이 세상살이에 무뎌질 대로 무뎌진 심장부근의 뚝살을 건드리는 것만 같다. 중요한 것은 탄성이라는 듯이, 고통이란 안으로 머금었다가 웃음으로 튕겨 내보내야 한다는 듯이… 그런 상분씨랑 함께 있는 한, 괜한 오지랖으로 듣기 싫어하는 잔소리까지 보태가며 정우씨 걱정은 하지 않아도 될 것 같다. 그때, 자리를 피한 것이라 생각했던 정우씨가 커피를 타가지고 쟁반에 받쳐 들고 들어오며 씨익- 웃어 보인다. 이내 미안하고 또 고마워서 나도 씨익- 웃어 보인다.

"결혼하니까 뭐가 제일 좋아?"

"추운 거. 추운 게 좋아."

"추운 거 싫어했잖아?"

"인제 아냐. 정우가 안아줘. 따뜻해. 이불처럼…"

퍼뜩 뭔가 생각났는지 상분씨는 스르륵 일어나 공책 한 권을 꺼내다 내 무릎 위에 펼쳐 보인다. 틈틈이 한글공부를 꽤 열심히 하고 있다고는 들었지만, 거기엔 열심을 넘어서는 다른 울림이 있었다. 이렇게 살아왔구나, 또 이렇게 살고 있구나… 고심 끝에 꾹꾹 눌러쓴 글씨의 하나 맺힐 것 없는 무구함으로 상분씨는 말하고 있었다. 이 부부가, 사는 법을…

지난밤에
눈이 소오복이 왔네

지붕이랑 길이랑 밭이랑

추워한다고

덮어주는 이불인가 봐

그러기에

추운 겨울에만 나리지

— 이상분, 「눈」*

* 이 시는 윤동주 시인의 시다. 아마도 상분 씨가 한글 공부를 할 당시 마음에 드는 시를 노트에 베껴 적다가 자신의 이름을 적어 넣은 것 같다.

청각장애인으로 살아가기

박범서*

청각장애인은 농아인(聾啞人)과 난청인(難聽人)으로 나뉜다. 농아인은 언어 습득기 이전에 청각장애가 생겨 음성언어를 체득하지 못해 듣지 못하고 말하지도 못하는 사람으로서, 영아기 때 열병으로 고막을 상실하는 경우가 가장 흔하다. 반면에 난청인은 음성언어를 온전히 체득하고 난 후에 교통사고, 자연재해, 산업재해, 원인불명 등으로 청각장애가 생긴 사람으로서, 일부 언어기능도 상실하지만 대체로 말을 하는 데는 지장이 없다.

농아인은 거의 대부분이 청각장애아학교(농아학교)를 다니며 학교에서부터 자연스럽게 수화를 익힌다. 농아인은 그 고유의 언어인 수화언어로 인하여 일종의 소수민족처럼 문화와 정체성이 형성되어 있는

* 청각장애인인권문제연구소 소장.

반면에, 난청인은 언어습득기 이후 불시에 또는 서서히 청각장애가 생겼기 때문에 의도적으로 배우지 않는 한 수화를 알지 못하고 난청인끼리 인지하지 못하며 산다. 현재 전체 등록 청각장애인과 언어장애인(2017년 6월 29일 현재, 보건복지부 통계 291,252명) 가운데 농아인이 약 30%, 난청인이 약 70%에 달한다.

언어장애인은 청각장애는 없지만 후두암 등의 후천적인 요인으로 언어장애만 있어서 말하지 못하지만 보통정도로 들을 수 있는 사람으로서, 등록된 청각장애인과 언어장애인 전체의 약7%를 차지한다. 그러나 언어장애인도 청각장애인 범주에 포함시키는 것이 일반적이다.

나의 청각상태를 간단히 설명하자면, 초등학교 2학년 무렵부터 원인을 알 수 없는 청각장애가 생겼다. 양쪽 귀의 데시벨 수준이 보통 사람보다 낮고 양쪽 귀에 차이가 있으며 음의 명료도가 극히 불량하다. 전화나 라디오의 소리는 작게나마 들리는데 음성언어의 구별이 힘들어 "예, 아니오." 정도 외에는 알아듣지 못한다. 흡사, 고장난 확성기에서 들리는 소리처럼 들린다. 그럼에도 불구하고 일반학교만 다녔으며 거의 독학으로 4년제 대학 경영학부를 졸업했으며 사회복지사 등의 자격증도 가지고 있다.

그런데 사실, 일반학교만 다니다 보니 듣지 못하는 것이 힘들기는 하였지만 굳이 '장애' 라는 생각도 없었기 때문에 장애인 등록을 하지 않았다. 대학 졸업 후에 청각장애로 취업이 되지 않아 2년여 동안 공인중개사시험 공부를 하였고 1985년 제1회 시험에 합격하여 1986년부터 지금까지 부동산공인중개업을 생업으로 하고 있다. 그러나 의사소통문제로 부친께서 거의 대부분의 실무를 맡아 하시는데 동네 복덕방 수준으로 운영하고 있다. 1992년 주택관리사 자격시험에도 합격하였으나 역시 청각장애로 취업이 불가능하였다. 그러다가 37살 되던 1993년부터 3년 동안 전공을 살려 공인회계사(CPA) 공부를 하였다. 서울 신림동 고시촌까지 섭렵(?)할 정도로 많은 돈을 써가며 각고의 노력을 하였음에도 불구하고 시험에서 실패한 뒤, 부친과 함께 계속 운영 중이던 중개업으로는 생계가 어렵고 청각장애로 취업조차 되지 않아, 전기요금, 수도요금, 전화요금 등에서 할인을 받기 위한 단순한 이유로 나이 40이 되어서야 청각장애 등록을 하였다.

그런데 장애인 등록과정에서 안내해 주던 분의 권유로 3년여 동안 수화를 의도적으로 배우며 농아인들과 어울렸다. 그 과정에서 그들의 너무나 피폐한 삶의 모습을 보고 충격 받고(그들에겐 내가 많이 배운 게 죄였다) 뜻한 바가 있어, 1999년 4월 19일에 어렵사리 100만 원을 마련하여 7평 사무실을 빌려 '청각장애인인권문제연구소' 라는 비영리민간단체를 설립하였고, 몇 번의 이사를 거치며 지금까지 운영해 오고 있다. 애초에 목표로 삼았던 사회복지법인의 설립과 부산청각장애인복지관 건립은 연구소 설립 후 18년이 지난 현재까지 요원하기만 하다(서울, 대전, 대구 심지어 제주에도 청각장애인복지관이 있다).

이제, 내가 청각장애를 지니고 살아온 50여 년의 세월 동안 부대낀 일들과 나의 생각을 이야기해 볼까 한다.

1. 수화

말로써 의사를 전달하거나 수용하지 못하는 청각장애인들은 자연스럽게 몸짓·손짓·표정 등 소위 수화를 이용하여 그들 상호 간 의사소통을 하고 있다.

건청인(健聽人=비청각장애인)들의 언어도 '이 물건은 이렇게 부르자.' 라고 약속한 것이듯, 수화 역시 옛 봉화나 군대의 수기(手旗) 신호처럼 어떤 단어 개념에 최대로 접근한 몸짓이나 손짓으로 의미기호를 나타낸다. 그래서 수화를 'Sign Language' 라고 한다.[1]

이 땅의 30만 청각장애인들(정확하게는 농아인들)은 신체적 장애로 야기되는 의사소통의 어려움을 제외하면 건청인들과 다름없는 인격을 가진 대등한 사회구성원이면서도 수화라는 언어를 사용하지 않으면 타인과의 의사소통이 불가능하다(필담으로 할 수도 있으나 극히 제한적인 경우에만 가능하다).

혹자는, 통역을 통하여 이를 해소할 수 있지 않느냐고 반문할지도 모른다. 수화통역자들은 오랜 세월동안 청각장애인들과 부대끼며 수화를 익혀 온 사람들이고 청각장애인들을 이해하고자 누구보다도 열심히 노력하는 사람들이다. 또한 그들은 청각장애인들의 장단점을 너무나 잘 알며 무엇을 필요로 하는지도 잘 아는 사람들이다.

그러나 통역자도 자신의 일과 생활을 해야 하기 때문에 적절한 때와

1 "수화(sign language)는 청각장애인 사회에서 사용되는 의사소통의 양식이며 주로 청각장애인들에 의해 만들어졌거나 채택된 기호의 체계로서 일종의 비음성언어이며, 시각운동체계이다." 김승국, 『한국수화연구』, 오성출판사, 1999.

장소에서 도움을 주기도 어렵지만, 무엇보다도 문제가 되는 것이 통역자의 태도이다. 인간은 대화를 통해 사회적인 관계를 맺게 된다. 긴밀한 관계를 만드는 과정에서의 대화는 특히 비밀스럽고 내밀한 성격을 지니고 있다. 건청인들의 경우 대화를 나눈 당사자들만이 그 대화의 내용을 알 수 있다(두 사람만의 사생활이라고 볼 수 있다).

그런데, 청각장애인이 수화나 필담이 아닌 통역자를 통하여 대화를 나눌 때 그 어떤 관계에서도 사생활이란 있을 수 없다. 그 이유는 통역자가 통역을 하다 보면 내밀한 대화내용을 모두 알아 버리기 때문이다. 이런 방법으로는 피상적인 대화만 오갈 뿐 내밀한 대화란 거의 불가능하다. 청각장애인과 수화를 모르는 건청인 간에 친밀한 인간관계가 형성될 수 없는 이유가 여기에 있다.

통역할 때에는 통역자의 인성을 믿고 대화를 나누었다 하더라도 상황이 바뀌면 언제 통역자의 태도가 달라질지 모르기 때문에, 수화를 모르는 건청인은 청각장애인과 사적인 관계를 맺지 않으려 하고, 청각장애인은 다른 청각장애인들과만 어울리게 된다. 이로 인하여 청각장애인들의 사회참여는 어렵고 그 어떤 사회·경제적 지위도 얻지 못하여 생존권마저 위협받게 된다.

어떤 언어든 언어 속에는 그 언어를 사용하는 사람들의 삶과 문화가 배어 있다. 수화도 언어이기 때문에 수화를 배우다 보면 청각장애인들의 삶과 문화를 이해할 수 있게 된다.

우리는 글로벌 시대를 살아가면서 국제 언어인 영어는 필수적으로 배운다. 초등학교부터 아니, 유치원부터 대학에 이르기까지 수십 년을 영어열풍 속에 살고 있다. 게다가 일본어며 중국어며, 정말 입과 귀가 닮도록 배운다. 이러한 외국어 못지않게, 외국어가 상품인 것처럼 수화도 상품화시켜 더욱 많은 사람들이 배우고 연구하게 하면, 수화 자체도 발전할 수 있지 않을까? 또한 우리 옆에 있는 청각장애인들의 삶과 문화를 이해하기 위해서 수화도 배워 볼 만하지 않을까?

나는 나에게 수화를 배우는 사람들에게 이 말만은 꼭 한다. "청각장애인들은 인간이 아니다. 인간이라고 함은 사람 人자에 사이 間의 끊임없는 의사소통을 전제로 하여 관계를 가짐을 의미한다. 의사소통 자체가 불가능한 청각장애인이 어찌 인간일 수 있겠는가? 청각장애인들은 사람일지언정 인간은 못 된다. 그럼 무엇이 청각장애인들을 인간으로 만들어 주는가? 그것은 모든 사람이 수화를 배워 청각장애인들과 원활한 의사소통을 함으로써 가능하다. 청각장애인들의 장애는 신체적 장애가 아니다. 그것은 사회적 장애이다. 왜냐하면 모든 사람들이 수화를 할 줄 알면 청각장애인들은 이미 장애인이 아니지 않겠는가? 이제 원격자 간의 의사소통은 휴대폰 문자메시지 송수신으로 가능해졌다. 청각장애인복지는 다른 장애인과 달리 거창한 설비가 필요 없다. 수화의 광범위하고도 지속적인 보급이야말로 청각장애인 복지를 달성하는 첩경이다."

2. 전화와 휴대폰

현대사회에서 전화와 휴대폰이 없는 생활은 감히 상상조차 할 수 없다. 그런데 정작, 전화가 발명된 연유를 아는 사람은 드물다.

전화를 발명한 벨(Alexander Graham Bell)은 농아학교 교사였다. 그가 농아학생들을 위해서 보청기를 발명하려고 연구에 몰두하다가 전화를 먼저 발명하게 된 것이다. 벨이 발명한 초기의 전화가 꾸준히 개선되어 현재의 휴대폰으로까지 발전하였다. 벨이 농아학교 교사가 아니었다면 우리가 오늘날 전화와 휴대폰이란 가히 혁명적인 혜택을 누리며 사는 것이 지체되었을 것이다. 그런데 역설적이게도 정작 청각장애인들은 그 문명의 이기의 혜택으로부터 소외되어 있다.

청각장애인들이 근거리에서 타인과 의사소통 하는 방법으로는 수화, 구화, 필담 등이 있다. 그러나 원거리에 있는 경우에는 소통이 극도로 제한된다. 예전에는 팩시밀리(팩스) 정도밖에 없었다. 건청인들은 몇 분 정도의 전화통화만으로 서로의 의사를 간단하게 주고받을 수 있었지만, 청각장애인들이 팩시밀리를 사용하여 그 건청인과 같은 정도의 의사소통을 하려면 수십 분 내지 수 시간이 걸렸다. 소통 과정을 반복하다 보면 충분한 의사소통을 하기 어려운데도 통화량의 증대로 과다한 전화요금이 나오기 일쑤였다.

휴대폰이 널리 사용되기 전에 사람들은 일명 삐삐라는 호출기도 사용했다. 청각장애인들도 삐삐를 이동 중의 의사소통 도구로 많이 사용했다. 청각장애인은 삐삐 기계를 진동모드로 하여 허리춤이나 뒷주머니에 넣고 다니면서 일명 '삐삐수첩' 이라는 것을 따로 지니고 다녔다. 이 삐삐수첩은 일상생활에서 자주 쓰이는 문구와 장소 등을 숫자화 하여 정리해 놓은 것으로, 전송하는 사람은 육하원칙에 따라 차례대로 전화의 숫자를 눌러 전달하고자 하는 내용을 전송하였다. 전송받은 사람은 그 사람대로 삐삐수첩을 펴서 암호 해독하듯이 글자화 하여 상대방의 의사를 알 수 있었다.

휴대폰이 도입되고 진화하여 스마트폰으로 발전하였고 E-mail이나 SNS를 통하여 의사를 주고받는 일도 빈번해지고 있다. 이러한 통신 환경의 변화는 청각장애인들의 원격 의사소통에도 많은 변화의 바람을 몰고 왔다.

E-mail이나 SNS의 대화방을 통해서 서로 의사를 주고받는 방법은 앞의 팩시밀리보다 한 단계 발전한 방법이다. 그러나 이 역시 상대방의 부재 여부에 신경을 써야 하고 이동 중의 통신수단으로는 적합하지 않다. 최근 스마트폰을 이용한 무선 인터넷이 등장함에 따라 이 문제를 해결해 나가고 있고 인터넷요금 할인 또한 적용되지만 경제력에 비해 아직도 과다한 통신요금 때문에 청각장애인들이 이에 쉽게 접근하지 못한다.

휴대폰은 초기에는 고가였고 겨우 음성전달에 그쳐 무소용이었다. 그러나 문자메시지를 주고받을 수 있게 되자 대다수의 청각장애인들이 경제적으로 궁핍함에도 불구하고 답답한 마음에 너도 나도 무리하면서까지 휴대폰을 장만하기 시작했다. 그리하여 청각장애인들은 실시간으로 원격 의사소통을 할 수 있게 되었다. 요즈음 행정기관에서 민원서비스 차원에서 민원처리결과를 문자메시지로 보내 주는 것은 청각장애인들에게도 반가운 일이 아닐 수 없다.

3. 회식

나는 대학에 막 입학하자마자 고등학교 때처럼 아침 8시면 어김없이 등교하여 학교도서관에 앉아 홀로 공부에 열중하였다. 도시락을 싸서 다니며 다 알아 듣지도 못하는 강의지만 강의시간이면 강의실로 출석하고 공강시간이면 도서관에 앉아 투지를 불태웠다.

그러다가 여느 때처럼 홀로 점심을 먹기 위해 학교식당에 들렀다가 어느 선배 여학생의 강권에 못 이겨 모 서클(요즈음의 동아리)에 가입하게 되었다. 나는 대부분 도서관에서 공부에 열중하였는데, 어느 날부터인가 도서관에서 한참 공부하다 가끔 고개를 들면 마주 바라보이는 곳에 웬 아리따운 여학생이 나를 바라보며 혼자 앉아 있었다. 그녀는 나와 눈이 마주치자 미소 짓는 것이 아닌가. 누구지? 누굴까? 정말 누군지 알 수 없었다. 그러한 상황은 거의 일주일 정도 되풀이 되었고 그 여학생은 나에게 무슨 말인가 하고 싶은 눈치였지만, 이제 '1학년 주제에' 라는 생각을 하며 공부에만 열중하고 애써 무시했다.

그러던 어느 날, 여느 때와 다름없이 그 여학생은 예의 그 자리에 와 앉아서 나를 가만히 바라보고 있었고 조금 있으니 서너 명의 남학생들이 들어와 그녀를 에워싸고 대화를 하고 있는 모습이 보였다. 그런데 남학생들의 면면을 보니 내가 가입한 서클의 동기들이 아닌가? 그제야 그 여학생이 서클의 동기임을 눈치챘다. 그때 그 여학생이 나를 향해 턱짓을 하더니 무리 중 한 남학생이 나에게로 다가와 같이 점심 먹으러 가자는 것이 아닌가(두세 번 물어본 끝에 그리고 점심시간이기도 하여 겨우 알아챘다). 주저하다가 아직은 서먹한 동기들이지만 마지못해 도시락을 챙겨 들고 따라나섰다(학교 밖의 식당에 도착하니 도시락을 가지고 다니는 사람은 나 혼자였고 그들은 모두 사서 먹었다).

앉는 것까진 좋았지만 식사를 하며 대화를 하던 중에 문제가 생겼다. 그들은 거리낌 없이 웃고 떠들고 있는데, 나는 도무지 무슨 말을 나누고 있는지 알 수가 없어 멀뚱멀뚱 앉아있을 수밖에 없었다. 그 여학생이 보다 못해 나에게 무언가 묻는 눈치였다. 나는 알아들으려고 기를 쓰며 두세 번 다시 물었지만 결국은 무슨 말인지도 모르면서 벌개진 얼굴로 고개만 끄덕이고 말았다. 그리고 함께 있는 시간 내내 말 한마디 못한 채 어서 이 자리가 빨리 끝났으면 하는 생각뿐이었다. 도대체 무슨 말이 오가고 있는지 알아듣기라도 해야 한마디라도 참견할 수 있을 터인데, 이건 귀머거리에다 벙어리까지 된 꼴이니 극심한 정체성의 혼란마저 느껴야 했다. 그렇다고 "나는 귀머거리야!"라고 말할 용기도 없었다.

꿔다 놓은 보릿자루처럼 혼자 생각에 잠겨 있다가 드디어 좌중이 일어서려는 기미가 보이자 나는 인사도 하는 둥 마는 둥 재빨리 일어서서 도망치듯 도서관으로 돌아왔다. 그리고 그날 이후, 그 여학생은 다시는 도서관의 내 자리 부근에 얼씬도 하지 않았다….

내 인생에 이성과 함께한 최초의 회식은 이렇게 허무하게 막을 내렸다.

내가 운영하는 기관에서 수화수강생이나 사회복지실습생들과 함께 회식을 할 때가 있다. 자주 하는 것은 아니지만, 개강이나 종강 때 또는 분위기를 봐가며 한다. 회식을 통해서 친목을 도모하고 기관 안에서 나누지 못했던 수화나 청각장애인 관련 사항을 이야기하는 시간을 가지게 된다.

회식 때 주로 내가 리더가 되어 이야기하지만 중간 중간에 좌중의 화제가 다른 곳으로 돌아갈 때 가장 신경이 쓰이는 것은 '어디에 앉을 것인지' 이다. 주로 말을 많이 하고 대화를 이끌어 가는 사람 맞은편에 앉으면 어느 정도 대화에 참여할 수 있다. 그러나 그런 사람 앞에 앉지 못하면 그날의 회식은 여지없이 힘들어지게 된다.

언젠가는 지체장애인들이 주도하여 청각, 시각, 뇌병변 등 여러 유형의 장애를 가진 분들이 장애인 단합차원에서 수십 명 모여서 회식을 한 적이 있는데, 우리 청각장애인들은 군데군데 섞여 앉은 다른 유형의 장애인들과는 달리 우리끼리 한쪽 구석에 둘러앉아 수화로 이야기하며 즐겼다. 그런데 그 좌중의 리더가 우리더러 좌중으로 와서 함께 이야기하자고 하길래, "여기 수화할 줄 아는 분 있느냐?" 고 내가 물었다. 그랬더니, 그 분도 아차! 싶었던지 더 이상 권하지 않았다.

그렇다! 청각장애인들은 장애인들 세계 속에서 또 장애를 가지고 있는 이중장애인인 것이다!

4. 병원

나는 병원에 잘 가지 않는다. 어릴 때는 약골이라 잔병치레와 고장난 귀를 치료해 보려고 부모님과 병원문턱을 수도 없이 들락거렸지만, 이제는 나이만큼이나 인내심이 강해져서인지 웬만한 잔병쯤은 약은커녕 물 한 모금으로 끄떡없이 버틴다. 그런데 내가 강골이 된 가장 큰 이유는 병원사람들과 의사소통이 힘들었기 때문이다.

병원에 가면 우선 접수대에서부터 말문이 막힌다. 병의 증상이 명확할 때는 스스로 진료과를 알아서 찾아갈 수 있다. 그러나 증상이 복합적으로 나타나면 내 판단만으로는 진료과를 정하기 어려워 접수처 직원에게 증상을 설명해야 한다. 그래야 그 직원이 진료과를 지정해 줄 것이기 때문이다. 때로는 잘못 지정해 줘서 바쁜 사람을 괜히 이 과 저 과로 돌아다니게 만드는 것은 차치하고(건청인들도 그런 일을 겪을 수는 있다) 직원의 질문조차 못 알아듣는 경우가 많다. 이럴 경우, 질문을 제대로 들었으면 제대로 대답했을 테니 진료과를 잘못 지정해 준 책임은 그 직원에게 있다고 항의라도 하겠지만, 내가 동문서답한 경우라면 원망조차 할 수 없으니 그 얼마나 답답하겠는가?

어릴 때는 부모님과 함께 다녀서 별 어려움이 없었지만, 다 큰 남자가 자기 병 때문에 늙으신 부모님을 모시고 다닐 수야 없지 않은가? 수화통역자를 부르자니 내 시간에 맞추어 줄 사람도 드물지만 어렵사리 맞추어 최소한 몇 시간씩 내어 준 사람에게 대가도 없이 폐를 끼치기 싫으니 이를 어찌할꼬? 대가로 줄 돈이 있다고 하더라도 병원 사람들이 몇 자 적어 주면 될 것을 병원비에 약값에 통역비용까지 주고 나면 밑지는 장사가 되니 그 또한 싫은 것이다.

그렇다고, 환자의 입장에서는 매우 중요한 일이지만, 그 바쁜 병원 사람들더러 일일이 글로 적어 달라는 것도 할 짓이 아닌 것 같아 어기적거리자니 자연히 스트레스가 쌓이지 않겠는가? 그래서 말로만 대충 듣고 진료과를 잘못 찾아간 줄도 모르고 내 이름이 불리기를 기다리다, 도무지 이름을 부를 기미가 보이지 않아서 간호사에게 항의하였으니, 어찌 되었겠는가?

건청인들은 다소 시간이 걸려도 진료과 앞에서 이름이 불릴 때를 기다린다. 그러나 나에게는 바로 그 시간이 고문의 시간이다. 이따금 문밖으로 얼굴을 내밀고 때로는 얼굴도 내밀지 않고 호명하는 간호사의 입모양을 찾아 이름을 부를 때마다 주의 깊게 바라보지 않으면 안 된다.

그렇게 하려면 우선 진료실 출입구 근처에 자리를 잡고 앉아야 하고, 출입구 근처에 앉을 자리가 없으면 비좁은 공간에서 꼬박 서 있어야 한다. 그것도 눈은 진찰실 입구를 주시하고 바짝 긴장한 채 화장실도 못 가고 간호사의 일거수일투족을 응시해야 한다.

환자를 호명하는 간호사가 한 명일 경우에는 그 간호사만 응시하면 되지만 서너 명이 번갈아 가며 호명할 때면 도무지 누가 언제 부를지 몰라 참으로 황당하기만 하다. 그것이 너무나 고통스러워 진료실 접수대에 도착하자마자 "진찰받으러 왔는데, 나는 귀가 좋지 않소. 내 이름이 이러하니 내 차례가 오면 직접 알려 주시오."라고 부탁해 놓고 부근의 자리를 찾아 앉아 느긋하게 잡지를 뒤적여 보아도 소용이 없다.

한참을 지나서, 부탁해 둔 간호사가 자리를 비운 사이에 다른 간호사가 내 이름을 무려 세 번이나 순위를 뒤로 돌려가며 불렀다면서 뒤늦게 항의하는 나에게 영문도 모르고 짜증을 내는 경우도 허다하다.

어렵사리 호명을 받고나서 진찰실 문을 들어선 뒤에도 여전히 문제가 발생한다. 이번에는 의사가 말로써 지시하는 대로 움직여야 한다. 때로는 팔을 걷으라고 해 놓고 의사가 한눈파는 사이 웃옷을 다 벗으라는 소린 줄 알고 다 벗었다가 도로 입은 적도 있고, 웃통을 벗으라고 했는데 바지를 벗으려다가 젊은 여성간호사 앞에서 망신당한 일도 있다.

게다가 요즈음은 조그마한 병 하나를 가지고 웬 검사가 그리 많은 지, 그때에는 의사더러 글로 적어 달라고 요청하는 수밖에 없다. 그러면 대부분의 의사들은 간호사에게 대신 적어 주라고 한다. 그럴 때면 말하는 의사의 표정 살피랴 간호사가 적어 주는 글을 읽으랴, 게다가 글만으로는 이해되지 않는 부분을 다시 질문하고 두세 번 반복해서 대답을 들으랴 참으로 힘든 시간을 보낸다.

그런 다음 어디 어디로 가서 어느 어느 서류를 주고 무슨 검사를 받은 뒤 다시 와서 약 처방전을 받고 창구에 가서 병원비를 지불한 뒤 어디로 가서 주사를 맞고 아무 약국으로 가서 약을 사가지고 가는 등의 모든 절차 또한 글로 적어 달라고 하니 간호사 또한 사뭇 성가신 모양이다. 이럴 때면 속으로 '그러게 수화 좀 배워 두면 어디 덧나나!' 하는 생각이 든다.

'차라리 병원에 자주 진찰 받으러 와서 나도 힘들지만 간호사들 애 좀 먹일까.' 하는 생각까지 든다. 한 가지 다행인 것은 병원비를 지불할 때이다. 창구에서 돈 계산이 끝나면 은행창구의 번호 표시처럼 지불할 금액을 나타내는 숫자가 표시된다.

오호라! 돈 받을 때는 병원도 이렇듯 친절하구나!

5. 교통

혹자는, 휠체어를 타거나 목발을 짚고 다니는 지체장애인도 아니고 지팡이 하나에 의존하고 보행하는 시각장애인도 아니며, 아무리 소리를 못 듣는다고 하지만 신체 건강하고 멀쩡한 청각장애인이 도로와 대중교통을 이용하는데 무슨 어려움이 있겠느냐고 반문할지도 모르겠지만 천만의 말씀이다.

27년 전의 일이다. 오랜만에 휴일을 맞아 짭짤한 바닷내음도 마시고 고소한 멸치와 함께 소주도 한잔하기 위해 친구와 함께 30여㎞ 떨어진 기장군 대변항의 멸치축제에 가려고 하였다. 그 당시에 나는 한 번도 그곳에 가 본 적이 없었다. 그렇지만 버스를 타고 2㎞ 정도 떨어진 서면까지 가서 서면역에서 지하철 2호선으로 갈아타면 해운대까지는 쉽게 갈 수 있을 터이니, 해운대에서 대변항으로 가는 버스를 타면 될 것이리라 생각하고 혼자 집을 나섰다.

친구를 만나기로 한 서면으로 가는 버스를 타는 일은 집에서 자주 가는 곳이라서 쉽게 갈 수 있었다. 물론 처음에는 노선 번호를 몰라 버스가 정류장에 닿자마자 재빨리 달려가 버스 옆구리에 쓰인 노선의 정류장을 알리는 표지판을 보고 올라타곤 했지만 그것도 쉬운 일이 아니었다. 버스가 정류장으로 줄을 이어 들어올 때는 노선버스를 찾느라고 이리저리 달음박질쳐야 했고, 겨우 '서면' 이라고 쓰인 버스에 올라 한숨을 돌렸더니 곧장 가지 않고 이리저리 빙빙 돌아가는 통에 약속시간에 늦기 일쑤였다. 그렇다고 사람들에게 묻는다 하더라도 어차피 잘 알아듣지 못하니 물어보고 싶지도 않았다. 건청인이라면 겪지 않을 이러한 시행착오를 몇 번씩이나 겪고 나서야 바로 가는 버스를 찾아내어 그 노선번호를 익혀 두었다가 이제는 편히 다니고 있지만 그때의 일을 생각하면 지긋지긋하기만 했다.

어쨌든 서면에서 버스를 내려 3번 출입구에서 청각장애인 친구를 만나 지하철역으로 들어섰다. 길다란 역사 안에 한 곳밖에 없는 매표소로 가서 장애인임을 표시하는 복지카드를 제시하고 무임승차권을 받는다. 매표소에 부착되어 있는 노선도를 보며 몇 정거장을 가서 내릴 것인지를 가늠한 뒤, 역사 안에 설치된 알림판들을 보며 개찰하고 플랫폼에 들어섰다. 플랫폼 안에서도 연신 주위를 두리번거리며 방향을 확인하고 천장에 설치된 작은 전광판을 힐끔거리며 열차가 들어오는지를 수시로 체크해야 했다.

언젠가 지하철 플랫폼에 열차가 들어오면 하행선과 상행선을 구별할 수 있게 다른 신호음을 울리게 한다는 사실을 신문에서 읽은 기억이 났다. 아마도 건청인들은 플랫폼 안의 벤치에서 책을 읽다가도 그 소리로 열차가 들어오는 것을 알아차리고 자리에서 일어서는가보다 생각했지만, 나는 책이나 신문 등 다른 곳에 눈을 두지 못하고 연신 전광판을 바라보고 있어야 했기 때문에 여간 신경 쓰이는 것이 아니었다.

플랫폼의 천장에 달려 있는, 열차가 들어오는 것을 예고하는 작은 전광판과 지하철의 진행방향 반대쪽 터널을 번갈아 주시하다가 전광판 글자보다 터널 저쪽에서 먼저 나타나는 열차의 헤드라이트 불빛을 보고 열차가 들어오는 것을 알아차리고 벤치에서 일어나 승강장 끝으로 다가섰다.

열차가 서서히 다가오는 것을 보며 문득 동행하는 친구의 모습이 보이지 않음을 느끼고 두리번거리며 친구의 행적을 쫓았다. 플랫폼의 저쪽 신문가판대 앞에서 그 친구가 열차가 들어온 줄도 모르고 승강장을 뒤로 한 채 진열된 신문들을 이리저리 읽고 있는 것이 보였다. 급히 달려가 어깨를 툭 치니 놀란 토끼눈으로 돌아보는 친구를 잡아끌며 열차에 오르려고 다가서는 순간 문이 닫히며 이내 열차는 출발하고 말았다.

친구를 향해 눈을 부라리니 겸연쩍은 표정을 지으며 열차가 들어오는지 몰랐다고 하지 않는가. 수화로 "이 사람아 귀가 안 들리면 눈으로라도 살아야지, 이럴 때 눈을 다른데 두면 어떡하나."라고 핀잔을 주며 친구의 손을 끌어 벤치에 주저앉히고 다음 열차를 기다렸다. 놀러가는 것이니 별로 바쁘지 않아 다행이고 5분여를 다시 신경을 곤두세우고 다음 열차가 올 때까지 긴장하고 있어야 했지만, 나도 잠시 한눈을 팔면 가끔 겪는 일이라 친구를 책망하고 싶지는 않았다.

두 사람 밖에 없는 휴일의 지하철 플랫폼 속에서 다시 한참을 기다린 끝에 열차에 올라 빈자리를 찾아 앉은 다음, 이제는 열차가 역에 도착할 때마다 고개를 뒤로 돌려 창밖의 플랫폼 벽면에 붙은 이정표를 바라보며 다음 역명을 확인해야 했다. 아까 매표소에서 해운대역까지 몇 정거장인지 확인했지만 정확하게 기억이 나지 않았고 기억이 난다 하더라도 한 정거장 도착할 때마다 세어야 한다. 열차 안의 천장에 설치된 전광판을 보고도 다음 역명을 알 수 있었지만 길쭉한 열차 전후의 양쪽 벽에 설치된 전광판이 열차의 가운데 앉은 우리에게는 수시로 드나드는 서 있는 사람들에게 가려 보기가 힘들어 차라리 앉아 있는 뒤창을 통해 확인하는 것이 편하다.

21개나 되는 정거장을 지나서 동백역에 이르자 다음 역이 해운대역임을 알아차리고 출입문으로 다가섰다. 해운대역에서 내린 뒤, 매표소가 자리한 지하 1층으로 올라와 주위를 두리번거리며 방향을 나타내는 알림판들을 보며 대강의 위치를 확인하고, 대변행 버스를 타는 곳이 있을 것이라고 짐작되는 동해남부선의 해운대역 쪽 출구로 나섰다.

그런데 이제 어떡하지? 못 찾으면 사람들에게 물어야 할 텐데 수화를 아는 사람을 만나기란 하늘의 별 따기이니 과연 대변행 버스를 무사히 탈 수 있을지 걱정스러웠다. 다행히 이럴 때를 대비해서 가지고 다니는 수첩을 펼쳐 "대변행 버스를 타려고 합니다. 어디서 타는지 가르쳐 주셔요."라고 적은 뒤 지나가는 젊은 여자를 붙잡고 수첩을 내밀었다.

맹한 표정을 가진 그녀는 우리와 수첩을 힐끗 보고는 뜨악한 얼굴을 하며 뒤도 안 보고 제 갈 길을 가 버렸다. 아마도 '수첩에 글을 적어 내미니 읽어 보지도 않고 구걸하는 귀머거리쯤으로 알았는가 보다.' 하며, 이럴 때면 가끔씩 당하는 일이라 개의치 않고 마음씨가 좋아 보이는 다른 사람을 향해 다시 수첩을 내밀었다. 그 사람은 수첩에 적힌 글을 유심히 본 뒤 우리의 행색을 관찰하고 무언가 알았다는 듯한 표정을 짓더니 심각한 표정을 하고 주위를 두리번거리다가 고개를 갸웃거렸다. 그러다가 이내 우리를 향해 손을 내저은 뒤 미안한 표정을 지으며 사라졌다.

지나가는 사람마다 수첩을 내밀기를 몇 번이나 되풀이해도 가르쳐 주는 사람이 없어 난감한 표정을 지으며 서 있는 우리 곁으로 웬 수수하게 생긴 대학생풍의 아가씨 두 사람이 다가왔다. 행색을 관찰하고 손에 들린 수첩에 적힌 글을 기웃거리며 읽어 보더니 서투른 수화로 청각장애인이냐고 묻는 것이 아닌가. 그렇다고 대답하니 자기네들을 따라오라는 손짓을 한 뒤 앞장서서 그들이 조금 전에 나왔던 지하철 입구로 다가갔다. 아마도 멀리서 우리의 행동을 지켜보다가 도와주려고 다가온 것 같았다.

너무나 반가왔던 우리는 그녀들을 따라 아까 나왔던 그 입구로 다시 들어갔다. 그리고 그녀들이 안내하는 대로 대변행 버스를 타는 곳으로 갈 수 있었다. 그런데 그녀들과 헤어지기 전, 고마움의 표시로 마실 것을 건네며 멸치축제에 대해 설명하고 시간이 있으면 지금 같이 가서 수화로 통역도 해 주면서 잠시나마 어울리고 싶다는 뜻을 내비쳤다. 그러나 웬걸, 지금까지 상냥하게 안내해 주던 그녀들이 별안간 뜨악한 표정을 짓더니 뒤도 돌아보지 않고 한마디 말도 없이 제 갈 길을 가 버리는 것이 아닌가.

길을 안내해 준 것은 고마우나 인격적 모독이나 다름없는 이러한 일을 당하니 참으로 어처구니가 없었지만 없던 일이라고 치부하며 마침 도착한 대변행 버스에 올랐다. 그리고 멸치축제장에서 가끔가다 수화로 말을 주고받는 우리를 원숭이처럼 구경하는 사람들의 시선이 부담스러웠고 물건을 살 때 의사소통이 어려워 많은 불편을 겪기도 하였지만, 오랜만에 시원한 바닷바람을 맞으며 즐거움을 만끽한 뒤 기억해 두었던 코스를 되짚으며 무사히 집으로 돌아왔다.

일반적으로 교통상의 '장애인편의시설' 하면 지체장애인의 휠체어 리프트나 시각장애인을 위한 점자 유도블럭 등을 떠올린다. 그러나 청각장애인에게도 왜 교통편의시설이 필요하며 자가용이 얼마나 요긴한 수단인가를 10여 년 전에 내가 주차위반과 관련하여 주차단속이의서를 제출한 바 있다. 그때 제출한 주차단속이의서의 내용은 이러했다.

"청각장애인에게 자량은 지체장애인과 마찬가지로 비장애인들이 일반적으로 인식하고 있는 '자동차'와 그 개념과 다릅니다. 예를 들면, 어느 청각장애인이 외출하여 처음 일정한 목적지로 가고자 할 때, 첫째, 청각장애로 인하여 의사소통을 하거나 길을 묻는다는 것이 불가능하여 대중교통수단으로는 목적지에 도달하는 것이 매우 힘들 뿐 아니라 목적지를 찾지 못하고 방황을 거듭하게 됩니다. 둘째, 시가 지도를 가지고 있다고 하더라도 버스를 타기 전에는 그 노선을 알 수 없으며 버스만으로 온전히 목적지까지 이동하기도 어렵고 택시를 타도 운전사와의 의사소통이 불가능하고 필담 등으로 일부 소통한다고 하더라도 과다한 교통비가 소요되어 경제적 궁핍에 시달리는 청각장애인들의 활동영역을 더욱 위축시킬 것은 자명하며, 지하철은 그 노선이 제한되어 있는 관계로 국부적으로만 이용가능할 뿐만 아니라 청각장애인을 위한 문자안내가 부족하여 길을 찾지 못해 지하에서 헤매는 경우가 허다합니다.

이런 연유로 자기차량을 지도(요즈음은 네비게이션)와 함께 이용하면 조금 방황한다고 하더라도 그런대로 목적지에 도달할 수 있게 되며, 주변의 주차사정이 여의치 않으면 다른 차량의 통행에 지장이 없는 한에서 노상주차를 할 수밖에 없습니다. 만일 원거리에 주차한다면 또다시 길을 찾아 헤매야 하기 때문입니다. 더구나 장애인전용주차장이나 공영주차장의 공간이 있었다면 별다른 주차비용을 들이지 않고도 주차할 수 있었을 것이고, 굳이 무단주차를 할 이유가 없을 것이니 주차단속의 대상이 되지도 않았을 것입니다.

장애인차량에 대해서는 각종 법규에 근거하여, 첫째, 취득 및 등록 시에 특별소비세, 등록세 및 취득세 등 각종 세금은 물론이고 공채를 구입하지 않아도 되며, 둘째, 보유 시에 자동차세 및 면허세도 면제되고, 셋째 운행 및 주차 시에 유료도로 및 터널의 통행료 및 주차요금이 면제 또는 감면되고 상대적으로 값이 싼 LPG의 사용을 허용하고 있음은 우리나라의 각종 법규가 장애인차량은 위에서 말한 바와 같은 '자동차' 의 개념으로 보지 않고 하나의 '보장구' 로 보고 있음을 전제로 하고 있다 할 것이고, 이는 청각장애인의 경우에도 길을 물을 필요조차 없이 도로교통을 할 수 있게 하는 보장구임을 전제한다 할 것이니, 결국 귀 구청장은 보장구에다 주차위반이라는 딱지를 붙인 어처구니없는 처분을 하였으니 본인이 이의를 제기하지 않을 수 없는 것입니다.

따라서 오로지 생물적인 보행의 불편이 눈에 보여야만 이의를 제기하면 면제시켜 주는 귀 구청의 관행은 길을 물을 수도 들을 수도 없어서 도로상에서 방황하는 청각장애인들이 도로교통상(道路交通上) 장애인임을 알지 못하는 무지의 소치에서 나온 것인 바, 이에 대한 주차위반과태료부과처분은 마땅히 취소하여야 할 것입니다."

6. 버스노선 표지판

대중교통의 이용과 관련하여 나에게는 아직도 풀리지 않는 숙제가 있다. 물론, 나는 손수 운전을 하고 다닌다. 그렇다고 태어나면서부터 운전을 했을 리 만무하고 운전경력은 26년쯤 된다. 주로 고지대에 있는 학교들을 구석구석 찾아다니는 등 내가 하는 일의 성격상 차를 몰고 다니지 않으면 안 되기 때문에 대중교통을 이용할 기회는 친구와 한잔하러 가는 경우 외에는 거의 없다. 아니, 어쩌면 나의 청각장애 때문에 도무지 대중교통을 이용할 엄두를 못 내서 손수 운전을 하고 다닌다고 하는 편이 옳을 것이다.

여기서 대중교통 중에 택시는 빼자. 한번 탔다 하면 돈 일이만 원쯤은 우습게 나오는 택시를 대중교통이라고 하기는 어려울 것이다. 그러면 지하철과 버스가 남는다.

나는 지하철에 관해서는 불만이 없다. 만족스럽진 못하지만 지하철 역사 곳곳에 이정표 등 문자안내판이 붙어 있고 매표소 부근에는 큼지막하게 '노선도(LINE MAP)' 가 붙어 있다. 버스와 비교해서 이 정도면 돈 주고도 타겠는데 게다가 (장애인에게는) 무료가 아닌가?

나는 직접 운전을 하기 전에는 물론이지만 지금도 가능한 한 지하철 또는 버스를 이용하려고 노력하는 편이다. 나에게도 공짜근성이 있는지 가끔은 지하철을 이용하지만 부산시내 구석구석을 다녀야 하는 관계로 지하철 이용을 덜 하게 된다. 그리하여 필연적으로 비교적 운임이 싸고 접근성이 좋은 버스를 이용할 수밖에 없지만, 문제는 '길 찾기' 이다. 아니, '버스 찾기' 라고 해야 옳을 것이다.

우리가 처음 어떤 목적지에 가고자 할 때, 지하철을 이용한다고 하자. 그러면 지하철을 타기 전에 어느 역이든지 매표소 창구 위에 또는 그 부근에 그 역을 통과하는 호선뿐만 아니라 전 호선의 노선도가 붙어 있어 친절하게 가는 역명을 알려 준다. 우리는 그것을 보고, 잘 모르는 사람들에게 물어보는 수고를 할 필요가 없으며 도착할 때까지 걸리는 시간도 어느 정도 가늠할 수 있다.

버스는 어떤가? 버스 정류장에 서면 버스 표지판에는 버스 번호와 몇몇 큰 정류장 및 종점만이 덩그렇게 찍혀 있다. 그 정류장에서 승차하는 승객들이 모두 종점까지 가는 것도 아닐 텐데 중간의 하고 많은 정류장에 대해서는 표시가 없다. 게다가 읽어 볼 새도 없이 잠시 섰다 부리나케 달아나 버리는 버스 옆구리의 정류장 안내판은 큰 정류장만 대충 쓰여 있다.

만일 버스가 여기저기로 줄줄이 들어오는 경우에는 그걸 읽으려고 이리저리 뜀박질을 해야 하니 운동하기 딱 좋다. "그러면 다른 사람에게 물어보지."라고 말하는 사람은 나를 건청인으로 취급해 주는 셈이니 고맙고, 그렇지 않다면 건청인들이 모두 수화를 할 줄 아는 것으로 착각하고 있는 것이다!

"그럼 어쩌란 말이냐?"고 반문하시는 분들은 버스 속에 대여섯 개나 붙어 있는 그 버스의 노선도를 보지 못한 분들이다. "어라? 이게 왜 여기 붙어 있지?" 나도 가끔 놀란다. "대충 타고나서 버스가 가는 중에 노선도를 확인하고 갈 곳 안 가는 버스면 내리라."는 뜻인가? 그리하여 "귀머거리들은 그로 인해 시간과 돈을 낭비해도 나 모른다."는 뜻인가?

나의 목구멍이 치밀어 오른다. "야! 이 양반아! 이건 공짜로 타래도 안 타!" 그런데 어쩌지? 버스를 타지 않고도 이 도시에서 살아나갈 수만 있다면 얼마나 좋으랴!

가끔 버스 요금이 오르는 경우가 있는데 비장애인들도 요금이 오른 만큼 서비스는 안 오른다고 불만투성인데, 똑같은 요금을 내는 장애인들이 버스를 이용하기 위해서는 비장애인과 다름없는 조건의 평등만이라도 갖추어 줘야 하지 않겠는가?

어떻게? 청각장애인들에게는 간단하다. 버스 속에 있는 노선도를 버스 밖으로 끌어내는 일이다. 그것도 택시정류장 표지판보다 더 멋진 버스 표지판을 만들어 그 몸통에 지하철 노선도처럼 그 정류장에 정차하는 버스의 전 노선도를 그려 붙이는 일이다. 노선마다 다른 아름다운 컬러로…

사실, 부산광역시의 조례에는 이와 같은 시설을 설치할 수 있다고 규정되어 있다. 그런데 왜 설치하지 않느냐 하니, 이 규정이 임의규정인 관계로 공무원들이 골치 아픈 일을 벌이기 싫어서인지 나서질 않는다고 한다. 더욱이 그 규정은 우리 청각장애인들을 염두에 두고 만든 규정이 아니라 그저 도시계획시설로서 두고자 하는 전시효과를 노리는 산물일 뿐이다(10여 년 전까지만 해도 부산역 앞에 가고자 하는 지역의 버튼을 누르면 해당 버스번호에 불이 들어오는 시설이 있어 그나마 다행이라고 생각하였는데, 유지·보수를 않다 보니 제 기능을 못하고 애물단지로 전락하여 슬그머니 철거한 적이 있다).

임의규정이라 함은 쉽게 말해, '할 수도 있고 안 할 수도 있다.' 는 말이다. 물론, 이 규정을 '설치하여야 한다.' 는 강제규정으로 바꾸는 것이 최선의 방법이 될 수 있다. 그러나 이 규정이 임의규정이냐 강제규정이냐는 별 문제가 되지 않는다고 생각한다. 이것은 더구나 단순한 전시효과가 아니라 청각장애인들에게 실질적으로 도움이 되는 시설물, 더 나아가 건청인들에게도 참으로 유용한 것이므로 명분은 확실하지 않은가?

그러면, "당신이 한번 추진해 보지 않고 가만히 앉아서 공무원들만 욕하냐?" 고 할 분들이 틀림없이 있을 것이다. 그렇잖아도 내가 나서 보려고 관련 기관을 손가락으로 꼽아 보니, 기획회사를 비롯하여 제작·설치 및 유지·보수회사, 시청 대중교통관련부서, 각 구청의 담당부서, 각 버스회사 및 버스조합은 물론이고 광고주를 모시는(?) 일까지 도맡아 해야 하니 혼자서는 엄두가 나지 않는다.

누구 없소?

7. 운전

내가 운전면허를 취득한 것은 1991년 4월이었다. 취득하는 내내 고난은 끊이지 않았다. 적성검사에서는 구두지시를 잘못 알아들어 숟가락 같은 것으로 왼쪽 눈 막고 오른쪽 눈 막고 하며 시키는 대로 하자니, 왼쪽 눈을 막으라고 했는데 오른쪽 눈을 막지 않나, 색약검사를 하며 다시 읽어 보라고 했는데 못 알아듣고 꿀 먹은 벙어리가 되질 않나, 하여튼 뒤죽박죽이었다.

요즈음은 전혀 듣지 못해도 통과할 수 있지만 그때만 해도 청력 데시벨의 하한선을 정해 놓고 그 이하면 불합격이었다. 문제는 청력도 조금 떨어지지만 들리는 음의 명료도가 극히 불량하여 상대방이 말하고 있다는 것은 알지만 무슨 말을 하고 있는지 분간을 못하는 나로서는 "대학병원에 가서 청력검사를 받아 오라. 몇 데시벨 이상이면 된다."는, 겨우 알아들은 검사자의 말에 억울함을 느낄 수밖에 없었다. 왜냐하면, 음의 고저만 가지고 따지면 검사자가 이야기하는 그 데시벨 수준은 충분히 받아 올 수 있기 때문이다. 대학병원에서의 청력검사는 하루 종일 걸렸다.

그러나 어쩌겠는가? 그 다음 날 운전면허를 이미 취득한 친구를 불러 함께 가까운 보건소로 검사를 받으러 갔다. 그러고는 그 친구더러 먼저 검사를 받으라고 해 놓고는 멀찍이 서서 검사순서를 익혀 두었다가 검사자가 무슨 말인가 한다 싶으면 재빨리 그 순서대로 따라한 것이다. 그러고는 친구의 검사합격증은 즉시 찢어 버렸다. 그러고는 일주일간 필기시험공부 후 첫 응시에서 필기는 단숨에 통과하고, 시험장내 코스와 주행시험에 응시하게 되었다.

두 달 후로 잡힌 실기시험에 응시하기 위해 학원에 다니자니 자연 또 친구가 필요했다. 접수창구 앞에서 나는 옆에 서 있고 친구더러 대신 등록해 달라고 요청하였다. 그러면서도 학원 접수창구에서 나더러 뭘 물어보지 않을까 하여 여간 조바심이 나는 것이 아니었다.

하여간, 학원에 등록하고 강사의 지시를 눈치코치로 때려잡으며 열심히 연습에 열중하였다. 드디어 시험 날이 왔다. 또 다시 불안해서 친구에게 도움을 요청했지만 하필 그 친구에게 일이 생겨 혼자 갈 수밖에 없었다. 시험장에 도착하니 잡음투성이인 오래된 확성기로 차례대로 호명하지 않는가! '아이구 이거 잘못 왔구나…' 하는 생각과 함께 다리에 맥이 풀려 그냥 주저앉고 말았고 될 대로 되라는 식이었다. 그렇다고 옆 응시자에게 부탁하자니 보건소 의사한테 사기(?)쳐서 몰래 치는 시험이라 들킬까 봐 그러지도 못하고 좌불안석이었다.

아니나 다를까. 응시자들은 하나 둘 호명에 따라 시험을 치르고 자리를 떠나는데 내 이름은 불렸는지 아직 멀었는지도 모르고 스탠드만 지키고 있는 꼴이 되었다. 그러기를 3시간쯤 지났을까, 드디어 나를 제외한 마지막 응시자가 호명되었는지 스탠드를 떠나 코스로 향하자 나는 자리에서 일어나 호명하는 사람이 있는 곳으로 다가갔다.

확성기를 머리에 이고 박스 속에 앉아 있는 시험감독관에게 수험표를 보여 주며, "내 이름은 왜 안 불러요?!"했더니, "당신 이름 부른지가 언젠데 왜 이제 와! 늦게 와가지고 무슨 소리야! 안 돼!"라고 고함을 지르며 손을 내젓는 그를 바라보며 나는 극도의 절망감에 다리가 후들거렸다. 소리 자체를 못 듣는 것이 아니라 음의 명료도가 극히 불량하여 음절을 구별하지 못한다고 설명하며 이해시킨다는 건 26년 전인 그 당시로서는 참으로 힘든 노릇이었다.

3시간 가까이 가슴을 졸이며 대기하였던 실기시험을 치러 보지도 못하고 돌아서는 순간, 나도 모르게 눈물을 글썽거렸고 운전면허를 포기할까 하는 생각마저 들었다. 그러나 그 생각도 잠시, '오냐! 누가 이기나 보자!' 며 독한 마음을 먹고 즉시, 3개월 후에나 잡힌 재시험 날짜를 확인하고 시험장을 빠져나왔다.

3개월 후, 마침 시간이 난 친구를 동행하고 시험장을 다시 찾았다. 시험이 시작되고 잠시 후, 누군가 호명하는 소리를 듣고 옆에 앉았던 친구가 "어! 너다!"하며 옆구리를 찔렀다. 나는 속으로 좀 우스웠다. 그리고 한편으로는 그 친구가 고맙기도 했다. 왜냐하면 이미 운전면허가 있는 그 친구가 나를 따라와서 할 일이라고는 내 이름을 듣고 내 차례임을 알려 주는 일밖에 없었으니 말이다.

그러나 웬걸, 1종보통 면허에 응시했던 나는 코스시험에서 S자 후진(당시는 이 코스가 있었다)을 하다가 뒷바퀴가 걸려 불합격하고 말았다. 애써 따라와 준 친구의 기대도 저버린 채! 허허 참! 이 일을 또 어찌한단 말인가? 결국, 친구와 상의 끝에 S자 후진이 없는 2종면허로 바꾸기로 하고 다시 3개월 후에 하는 실기시험을 신청하고 학원에 재등록하여 혼사서 연습에 몰두하였다.

3번째 도전일! 친구에게 미안한 마음으로 다시 한 번 SOS를 쳤건만 시험장에서 일방적으로 잡아 준 그 시간에 도무지 맞출 수 없다고 하지 않는가… 그래서 다른 친구들에게 도움을 요청한 결과, 다행히 시험장 부근의 학교에 교사로 재직 중인 친구가 시험시간을 묻더니 그 시간에 수업이 없으니 나가 주겠다고 하지 않는가. 구세주를 만난 듯이 기뻤다. 이번에는 꼭 합격하리라!

드디어 내 이름을 알려 주는 친구를 뒤로 한 채 차에 올랐고 코스와 시험장 내 주행시험에서 합격하였다. 그리고는 즉시 안전교육을 이수하고 운전면허증을 손에 쥐었다. 지금은 실제도로주행에 합격하여야만 면허증을 주지만 그 당시에는 도로주행은 정식면허증을 받고나서 스스로 연습해야 했다.

아~ 그런데, 산 너머 또 산이었다. 며칠 후, 운전면허증이 있으니 청각장애가 있는 것이 학원등록에 아무런 문제가 없을 것이라 생각하고 도로주행연습을 하기 위해 학원에 등록을 하고 강사와 차를 끌고 나왔다. 조수석에 앉은 강사가 별도로 붙은 페달을 대신 밟으면서 일정거리를 주행하다가 "브레이크를 밟아라!", "기어를 몇 단으로 넣어라!", "악셀을 밟아라!" 등등 모든 지시사항을 구두로 하기 시작했다. 말구별은 못하지만 일단 무슨 말인가는 하고 있는 소리는 들리니 짐작으로 지시에 따르다가, 브레이크를 밟으라는 것을 악셀을 밟지 않나, 기어를 2단으로 넣으라는 것을 3단으로 넣질 않나, 좌회전 하라고 했는데도 직진을 하질 않나, 하여간 모든 게 뒤죽박죽이었다. 강사의 입모양이라도 볼 수 있으면 대충 알아채겠는데 전방을 주시하며 바짝 긴장해 있는 바람에 도무지 옆으로 고개를 돌릴 수도 없으니 이를 어찌할꼬?

20여 분쯤 주행하다가, 고개를 갸우뚱거리며 처음부터 좀 이상하다고 생각했던 강사가 굳은 얼굴로 길가에 차를 세우라고 손짓으로 지시했다. 도로변에 정차하니 대뜸, "당신! 말 못 알아듣지요?"라고 하지 않는가? 나는 무슨 죄지은 사람처럼 "그렇다!"고 이실직고 하였다. 그러고는 강사에게 사정을 설명하며 좀 도와달라고 했다. 그러나 강사는 "나 죽기 싫으니 학원으로 되돌아가야겠다. 학원비는 전액 환불해 주겠다."며 차에서 내리라는 것이었다. 그러고는 나더러 조수석에 타라고 하더니 자기가 직접 운전하여 학원으로 되돌아왔다.

운전학원으로 돌아와 학원비 전액을 되돌려 받고 문을 나서니 참으로 어처구니가 없고 비참한 심정이었다. 남보다 몇 배 각고의 노력 끝에 운전면허증을 손에 쥐었음에도 도로주행연습조차 못하는 신세가 정말 가련하였다. 아~아! 청력의 장애가 이다지도 인생을 서글프다 못해 비참하게 하는고…

그러나 이내 마음을 돌려 먹었다. 초등학교 2학년 때부터 원인 없이 시작된 청력장애로 수많은 불면의 밤을 새우며 공부를 하여 거의 독학으로 대학을 졸업한 나인데 이까짓 운전쯤이야 못하랴 싶었던 것이다.

그로부터 3개월 후(1991년 7월 초), 대우자동차에서 처음으로 출시한 '티코'를 샀다. 엉거주춤 엉거주춤하며 하루 2시간씩 정해 놓고 사고가 나도 크게 나지 않을 것이라는 계산으로 속도가 느린 복잡한 곳만 찾아다니며 시내를 누비고 다녔다. 한 달쯤 지나자 서서히 자신감이 붙기 시작하였고 연습시간을 주간에서 해거름으로 해거름에서 야간으로 바꿔 가며 적응연습을 수도 없이 했고 아슬아슬한 고비도 많이 넘겼다. 두 달이 지나면서 국도로 내달렸고 곧 이어 고속도로를 타고 달리며 다른 차량을 추월하는 연습까지 했다.

심야의 인적 없는 국도를 달리다가 모래가 널려있는 커브 길에서 과속으로 차가 반대방향으로 도는 바람에 낭떠러지 아래로 굴러 떨어질 뻔한 적도 있었고, 무리한 끼어들기로 대형 컨테이너 차량에 받혀서 골로 갈뻔 한 적도 있었다. 연습 3개월 동안 심야에 서울까지 올라갔다가 온 적도 있었고, 고속도로에서 폭우 속을 시속 120킬로로 달린 적도 있었으며, 속도위반으로 교통경찰한테 걸려 애걸복걸 하다가 뇌물(?)을 몇 푼 손에 쥐어 주고 달아난 적도 있었지만, 다행히도 운전을 온전히 익히게 되었다.

그리고 지금까지 차를 세 번 바꿔가며 26년이 넘는 동안 작은 접촉사고 몇 번 외에는 거의 무사고로 운전을 하고 있으니 주변 사람들이 놀라는 것도 무리가 아니었다. 게다가 나에게 불법(?) 운전교습을 받은 분이 네 분이나 된다. 나는 혼자 익혔는데… 어떤 이는 "귀가 그러면서 운전을 하는 것만도 대단한데 이십 년이 넘는 동안 무사고로 달리는 게 믿어지지 않는다." 하고, 나의 청력을 검사했던 모 이비인후과 의사는 "우리 같은 사람도 운전이 얼마나 어려운데 그 귀로 어떻게 차를 몰고 다니느냐"고 혀를 내두를 정도였다.

그런데, 나를 슬프게 하는 일들이 더러 일어난다. 다름 아닌, 내가 청각장애인임을 잘 아는 사람들이 내가 사고 내지 않을까 무서워서 내 차를 타지 않으려고 할 때이다. 혼자 익힌 솜씨라 좀 터프하기는 해도 운전을 잘 하기만 하는데, 미리부터 청각장애인이라는 선입견을 가지고 오해하는 것 같아 너무 슬프다. 또 청각장애로 인하여 평형감각이 좀 나빠 약간 비틀거리며 차에 오르는 나를 술 취한 것으로 오해하여 경찰을 부르는 등 난리를 치는 사람들을 볼 때마다 한없는 절망감을 느낀다.

부산 지하철 2호선 공사가 한창일 때였다. 대연동에 있는 기아자동차의 옆 골목에서 빠져 나와 경성대 정문 쪽으로 가려면 U턴을 해야 하는데 U턴을 할 곳이 마땅치 않았다. U턴하려면 무려 3km가 넘는 문현로타리까지 가야 하고, P턴을 하자니 1km 전방의 대연사거리까지 가서 긴 신호를 대기한 후 좌회전한 다음 좁은 골목길을 빙빙 돌아 다시 대연사거리로 나와서 신호대기 한 후에 직진하여야 하니, 이만저만 불편이 아니었다. 더구나 그리 넓지 않는 길에 중앙의 양방향 2개 차선은 지하철 공사장이 차지하고 있어 차가 여간 밀리는 것이 아니었다.

그래서 나는 이 눈치 저 눈치 살피다가 지하철 공사장과 공사장 사이로 난 좁은 통로를 돌아 재빨리 U턴하였다. 그런데 웬걸, 대항 차선의 육교 아래에 숨듯이 서 있던 경찰(공사장의 자재들로 인하여 U턴하기 전에 반대편 뒤쪽의 상황을 살필 수 없었다)이 불쑥 튀어나오더니 정지신호를 보내는 것이 아닌가! 속으로 '아차!' 했지만 장난(?) 좀 쳐야 되겠다고 생각하며 경찰의 지시대로 차를 길가로 정차시켰다.

그러고는 열린 차창으로 다가온 경찰의 음성으로 전달되는 그 어떤 말도 전혀 못들은 것처럼 일체 반응하지 않기로 작정하였다. 또한 수화만을 사용하여 내 뜻을 전달해보기로 하였다. 한편으로는 그 경찰이 수화를 사용할 것을 기대하며…

혹시나 하는 기대는 역시나로 바뀌었다. 다 알아듣진 못했지만 대충 봐서, 표정 하나 제스처 하나 없이 오로지 입술만을 움직여서(그것도 내가 잘 알아듣기 힘든 심한 저음으로) 말하는 그 경찰의 말을 추론하면, "선생님은 불법 U턴을 하셨습니다. 거기서 돌다 사고 나면 어쩌려고 그러십니까? 법규위반을 하셨으니 운전면허증을 제시하세요!" 였다.

그러나, 당연히 운전면허증을 제시할 것이라는 그 경찰의 기대도 저버린 채, 나는 능수능란한(?) 수화를 구사하기 시작했다. "여보시오! 난 잘못한 거 없소! 바빠 죽겠는데 그럼 저 3㎞도 넘는 문현로타리까지 가야 한단 말이요?", "저기 보시오. 다른 차들도 U턴 많이 하고 있잖소!" 그러자, 그 경찰은 잠시 멍한 얼굴을 하더니 외국인을 만난 듯 뭔지 모를 손짓발짓을 하기 시작했다. 그러나 계속되는 나의 수화에 멍청하게 서 있던 그 경찰, 급기야는 주위를 두리번거리더니 공손하게 손으로 가라는 신호를 보내는 것이 아닌가! '얼씨구! 그럴 땐 수화할 줄 아네!' 라고 속으로 생각하며 차를 출발시켰다.

경성대 앞을 지나니 마침 부산남부경찰서가 보였다. '옳거니! 아무리 바빠도 이거 그냥 지나칠 문제가 아니다. 내가 하고 있는 일 중의 하나가 이 일 아닌가.' 라고 생각되어 바로 경찰서로 향했다.

경찰서 안의 경무계를 찾았고 교통의경 교육을 담당하는 경찰을 찾아 명함을 건네고 마주 앉았다. 그러고는 내 특유의 언변을 구사하기 시작했다. 물론, 음성언어로…. 그 요지는, "방금, 지나오다가 불법 U턴을 하였지만 범칙금을 물지 않았다. 나와 같은 청각장애인이 그와 같은 의무를 다하기 위해서는 의사소통이 되어야 한다! 위반은 둘째치고 경찰의 고지내용이 무엇인지 온전히 알아야 할 권리가 있다. 즉, 온전히 수화로 고지받을 권리가 있는데 이를 고지받지 못했으니 운전면허증을 제시할 의무도 없다. 교통의경들만이라도 수화교육 좀 시키자!" 였다.

이에 대한 경찰의 대답은 "수화교육이 하루 이틀로 되는 것도 아닐테니 현재로선 의경들의 교육프로그램이 너무 빠듯하여 시행하기 어렵다." 였다. 이에 나는 "무슨 사안이든지 그 일이 이루어지려면 그에 대한 상황 인식의 변화가 우선되어야 가능하다. 청각장애인들에 대한 사회적 인식의 변화도 그들의 고충을 이해한다고 말하는 사람들이 선도하지 않으면 안 된다. 그러한 인식의 변화가 우선되어야 수화교육도 이루어질 수 있는 것이다. 당신은 경찰공무원으로서 그러한 인식의 변화를 선도해 나가야 할 위치에 있는 사람이다. 이 경찰서에서나마 교육프로그램을 담당하는 당신이 일정의 빡빡함을 변명하지 말고 그 빡빡함 속에서도 촌음이라도 내어 청각장애인들을 위해 수화를 배우자고 이리 뛰고 저리 뛰어 성사시킨다면 경찰에 대한 우리의 인식도 바뀌어 갈 것이다. 부디 잘 생각해 보기 바란다."고 말하고 그 경찰서를 빠져 나왔다.

그 이후 지금까지 그 경찰로부터 아무런 소식도 들을 수 없었다. 그런데 몇 년 전, 소방공무원들이 구조구급 대원을 중심으로 수화교육을 받고 있다는 소식을 듣고 쾌재를 불렀다. 자세히 알아보니 서울소방본부장으로 영전되어 간, 전 부산소방본부장이 부산의 소방공무원들에게 인사고과에 반영시켜 가며 의무적으로 수화교육을 실시한 것이었다. 그제서야 나는 몇 년 전 응급실에서 구급대원이 수화를 사용했던 것은 우연이 아니라는 것을 깨달았다.

이제 생각해 보니 참으로 놀랍고 반가운 일이 아닐 수 없다. 사회복지나 장애인복지를 들먹이지 않더라도 소방공무원으로서 구조의 사각지대가 있어서는 안 된다는 신념이 이러한 감동을 만들어 낸 것이다. '소방본부장쯤 되니까 그러한 일을 할 수 있었지' 라고 생각하지 말자. 그 본부장에게 수화교육을 건의한 내부자가 틀림없이 있었을 것이다.

경찰공무원 여러분! 어떤가요? 가치 있는 일이라고 생각하지 않는가요?

8. '사용중' 알림판

우리나라에는 '장애인·노인·임산부 등의 편의증진에 관한 법률' 이 있다. 이 법률에 따라 장애인의 이동권 확보 등의 사회생활에 필요한 여러 가지 편의시설들이 속속 들어서고 있음은 장애인의 한 사람으로서 쌍수를 들어 환영해 마지않는다.

그 대표적인 시설물이 지하철역 등에서 흔히 볼 수 있는 휠체어를 탄 지체장애인을 위한 휠체어 리프트와 시각장애인을 위한 점자 유도 블럭 등이다. 여기에다 공공화장실 안의 손잡이라든지 엘리베이터 등 곳곳에 설치된 점자안내문, 계단 옆에 설치된 경사로, 점자로 된 각종 인쇄물 등은 우리가 흔히 볼 수 있는 것들이고, 심지어는 시각장애인을 위한 화면해설 영화비디오, 컴퓨터의 음성합성장치 등이 속속 설치되고 있다.

이런 것들을 볼 때마다 이제 한국도 장애인에 대한 인식이 조금씩 달라지고 있다는 걸 느끼지만, 청각장애인인 나는 가끔씩 배가 아프다. 왜 청각장애인을 위해서는 눈에 띄는 시설이 없을까?

물론 우리 주변에는 교통 표지판이나 신호등, 이정표와 같은 시각화된 정보전달 매체가 많이 있다. 나도 그러한 시설에서 아직도 많이 부족하긴 하지만 편리함을 느낀다. 그런데 이러한 것들은 애초에 청각장애인들을 염두에 두고 설치한 것이 아니다. 우리가 사회를 살아가는 데 음성화된 정보도 필요하지만 시각화된 정보 또한 그에 못지않게 중요하다. 특히, 도로교통과 관련된 것은 더 말할 나위가 없다.

문제는, 청각장애인을 위해 시각화된 편의시설은 비장애인들에게도 다 같이 유용한데도 불구하고 비장애인들이 이를 바로 인식하지 못하고 있다는 데 있다.

한 가지 예를 들어 보자. 요즈음은 깨끗하고 정돈된 화장실들이 많이 생겨나고 있다. 우리가 가끔 고속도로 휴게소의 화장실에 들어가 보면 상큼한 향기와 새소리, 바람 소리까지 들리고 대변 칸 앞에 서면 '사용중' 이라는 알림판이 붙어 있는 것을 심심찮게 볼 수 있다.

이 장치는 이용자가 안에 들어가서 문을 잠그면 그 잠금장치가 스위치 역할을 하여 밖으로 '사용중' 이란 글자 부분에 불이 들어오게끔 되어 있다. 그 이전에는 안에 사람이 있는지 몰라 일단 노크를 하여 응답노크소리로 사람이 있음을 알아 왔음은 주지의 사실이다. 청각장애인들은 이럴 때 심한 당혹감을 느낀다. 내가 밖에 있을 때 상대방의 응답노크 소리를 어차피 듣지 못하니 내가 노크해 봐야 소용없고, 안에 있을 때는 밖에서 노크하는 소리를 듣지 못하니 도무지 응답노크를 할 수가 없는 것이다. 한 번 상상해 보시라. 이럴 때 어떤 일이 벌어지겠는가.

나도 그렇지만 대부분의 청각장애인들은 스스로 청각장애인임을 밝히지 않는 이상 겉이 멀쩡(?)하므로, 건청인들은 청각장애인들을 도무지 분간할 수 없다. 나의 경우에는 밖에서 노크해 봐야 응답노크를 잘 듣지 못하니 아예 노크 없이 문을 잡아당겼다가 망신을 당한 일도 있고, 안에 있을 때는 밖에서 노크하는 소리를 듣지 못해 간혹 잊고 문을 잠그지 않았을 때는 벗은 몸을 만천하에 공개 당하는 수모를 겪기도 했다. 그러니 공중화장실 사용이 여간 조심스러운 것이 아니었다.

2002년 3월경의 일이다. 부산광역시 주최로 '공중화장실개선을 위한 시민대토론회' 가 열린 적이 있다. 말하자면 '공중화장실 업그레이드' 를 논하는 자리였다. 그 당시만 해도 공중화장실의 대부분이 아무렇게나 지어지고 게다가 관리부실로 악취가 진동하였다. 내국인도 내국인이지만 각종 국제행사로 우리나라를 찾는 외국인들에겐 그야말로 지옥이나 다름없었다. 이를 보다 못해 뜻있는 시민들이 '화장실문화시민연대' 란 비영리단체를 만들고 이 단체의 주관 하에 토론회를 개최하게 된 것이다.

패널로는 여러 학자와 외국인 교수, 화장실시민연대 사무국장, 부산광역시 환경국장 및 한국도로공사 시설부장 등이 자리하였고 방청석에는 200여 명의 시민들이 참석하여 매우 열기가 뜨거웠다. 패널들은 저마다 외국의 사례까지 들어가며 주장을 개진하였다. 토론회 열기가 높다 보니 패널들이 주어진 시간을 넘기기 일쑤였고 그로 인해 방청객에게 주어지는 질문 기회는 단 한 번 뿐이었다.

그 토론회는 오후에 있었는데, 그날 아침신문을 보고서야 그 토론회가 있다는 것을 알게 된 나는 수화교실의 수강생을 급히 통역으로 대동하고 참석하였다. 여기서 나는 질문을 빙자하여, '사용중' 알림판이 청각장애인들에게 얼마나 유용하며 청각장애의 비애를 겪지 않아도 되는지를 설명하고 이의 설치를 촉구할 생각이었다. 통역의 눈치를 보아가며 토론회를 경청(?)하던 나는 여러 패널의 이야기가 끝나고 시간관계상 단 한 분에게만 질문을 받겠다는 사회자의 말이 채 끝나기도 전에 손을 번쩍 들었다. (사실, 통역에게 그런 말이 나오면 재빨리 내 옆구리를 찔러 달라고 당부해 둔 덕분이었다.) 주어진 시간은 단 3분….

"좋은 말씀들 감사합니다. 저는 청각장애인입니다. 청각장애인으로서 화장실 사용으로 인한 고통은 겪어 보지 않은 사람은 모를 것입니다. 노크 소리와 관련하여 소리를 듣지 못하여 생기는 갈등은 건청인인 타인에게도 심각한 실례를 초래케 합니다. 패널이신 한국도로공사 시설부장님께 묻겠습니다. 아까 하신 말씀 중에 고속도로 휴게소의 화장실에 반투명유리 형태로 되어 내외부에서 서로 사람의 존재를 식별할 수 있는 시설을 설치하고 있다고 하셨는데 청각장애인들을 염두에 두고 시공한 것입니까?"

시설부장이 잠시 뜨악한 얼굴을 하더니, "아닙니다!"라고 했다.

"그렇지요! 귀 밝은 건청인에게 필요성을 느끼고 설치하셨는데 그 시설이 청각장애인들에게 얼마나 유용한 것인지 모르셨을 것입니다. 그런데 최근에, 화장실 문을 안에서 걸어 잠그면 문밖에 설치되어 있는 알림판에 '사용중'이란 글자부분에 불이 들어오는 제품이 나와 있습니다."

이때, 화장실문화시민연대의 사무국장이 "그 시설은 서울에 이미 몇 군데 설치되어 있습니다. 고속도로 휴게소의 화장실뿐만 아니라 모든 화장실에 설치할 수 있겠군요."하는 것이 아닌가.

"아~ 그렇습니까? 사무국장님 감사합니다. 시설부장님! 어떻습니까? 이런 설비를 설치하면 우리 청각장애인들은 주먹다짐까지 갈지도 모를 곤욕을 치르지 않아도 되고 노크를 할 필요조차 없으니 건청인들도 소음공해에 시달리지 않아도 되며, 반복적인 노크로 인하여 문짝의 칠이 허옇게 벗겨져 미관을 해치는 일도 없을 것이니, 얼마나 좋겠습니까? 저는 오늘 이 말을 하기 위해 이 자리에 왔습니다. 앞으로 더욱 많이 설치해 주시기 바랍니다. 감사합니다."

지금은 대부분의 고속도로 휴게소 화장실과 각급 관공서, 거리의 공중화장실에 '사용중' 알림판이 설치되어 있다.

9. 한국영화

나는 지난 2005년 10월에 열린 제10회 부산국제영화제에서 모두 4편의 영화를 무료 관람하였다. 부산국제영화제조직위원회에서 영화제 10주년을 맞아 처음 실시한 장애인특별초청케이스로 여러 지인들과 함께 무료관람을 하게 된 것이었다. 내가 본 이 영화들 중에서 영화의 내용은 차치하고라도 한국영화 2편의 화면에 영문자막과 함께 한글자막이 삽입되어 있어서, 청각장애를 가진 내가 영화내용을 이해하는 데 아무런 지장이 없었음은 참으로 다행이라 하지 않을 수 없었다.

다른 한국영화에도 한글자막이 삽입되어 있는지 알아보니 모두 그렇다는 것이었다. 정말 청각장애인의 한 사람으로서 영화제조직위원회의 배려에 감사의 마음을 금할 수 없었다. 아마도 영화제에 참가한 수많은 외국인들도 자국의 청각장애인들을 배려하여 자국어로 된 영화에 자국의 글자를 삽입해 주는 우리 영화제의 성숙한 모습에 많은 감동을 받았으리라 생각한다.

사실, 한국영화에 한글자막을 삽입하는 것은 우리 청각장애대중에게 커다란 숙원이다. 내가 한국영화보다 외국영화를 많이 본 이유도 여기에 있다. 그런데 아직도 일반적인 한국영화에서는 한글자막이 나오지 않는다. 다만, 최근에 이르러 영화진흥위원회의 지원을 받아 '배리어프리영화'[2]라는 이름으로 월 2편씩 한글자막과 시각장애인을 위한

2 Barrier Free Film. 장애인이 즐길 수 있는 영화. 청각장애인을 위한 자막과 시각장애인을 위한 음성 해설이 들어가 있다.

화면해설이 삽입된 한국영화가 정해진 시간(하루 각 3~4회)과 상영관(부산의 경우 2곳)에서 상영되고 있을 뿐이다.

사람의 말을 확실하게 알아들을 수 있는 음의 명료도가 20~30%밖에 되지 않는 나로서는 영화관 안의 대형 스피커를 통해서 들려오는 대화내용을 도무지 알아들을 수가 없어서, 한국영화를 보고 있을라치면 흡사 무언극을 보고 있는 것 같다. 이것은 영어대사를 겨우 20~30% 정도밖에 알아듣지 못하는 한국의 건청인이 한글자막이 나오지 않는 외화를 보면서 이해하려고 애를 쓰는 것과 다름없지 않겠는가? 물론 나는 배우들의 표정연기로 어느 정도 이해할 경우도 있었지만 말 그대로 '어느 정도' 였다. 이러니 어디 한국영화를 볼 기분이 나겠는가?

문제는 또 있다. 부산국제영화제의 경우, 초창기에는 관객석 쪽에 멀찍이 설치된 노트북과 빔프로젝트를 사용하여 영화의 타이밍에 맞게 설계된 자막프로그램을 사용하여 스크린 오른쪽에 세로로 한글자막을 쏘아 주는 방식이 사용되었다. (국제영화제이기 때문에 영어자막은 필름자체에 삽입되어 아래쪽에 가로로 나온다.) 그러던 것이 3년 전부터는 스마트폰 크기의 디스플레이[3]에 자바라[4]를 달아서 좌석의 컵홀더에 끼워서 보는 방식으로 바뀌었는데, 화면을 보랴 자막을 보랴 정신없게 만들었다. 이유를 알아보니 화면에 한글자막이 삽입되면 건청인들이 불편해 한다는 것이다. 그래서 물었다. "프랑스 영화에도 영어자막은 당연히 나오는데 한글자막이 안 나오면 건청인들은 영화를 볼 수 있느

3 TV수상기와 비슷한 브라운관에 문자나 도형을 나타내는 기구.
4 신축성 호스.

냐?"고. 아무 말도 못하길래 "당신은 귀머거리가 아니라서 좋겠다!"고 한 뒤, 영화종료 후에 소감에 대한 설문조사를 하기에 탈착식 디스플레이를 가리키며 "이런 미친 짓 하지 마라!"고 일갈하였다.

특정 영화관에서 특정시간에 매월 2편씩만 상영되는 일상적인 배리어프리 영화의 경우, 한글자막이 필름 속에 삽입되어 의성어까지 표현해 주며 가로로 나오는 것까지는 좋은데 시각장애인을 위한 화면해설이 스피커를 통하여 배우의 대사와 섞여 나와 매우 시끄럽다. 이래가지고야 건청인들이 한글자막조차 거북해 하는데, 일반상영관에서 상영하기는 어렵지 않겠는가? 나는 한국시각장애인연합회와 공동으로 배리어프리 영화의 제작을 주관하는 한국농아인협회에 3년 전부터, "부산국제영화제에서처럼 시각장애인들에겐 무선헤드폰이나 무선이어폰을 지급하는 방식으로 해야 하며, 청각장애인들의 영화관람에 제약이 없도록 모든 한국영화에 한글자막을 삽입해야 한다. 처음 몇 년 동안은 건청인들이 거북해 하겠지만, 과거에 거리를 다니는 전동휠체어가 신기하였지만 지금은 일상이듯이, 한글자막은 언젠가는 일상이 될 것이다."고 몇 번이나 건의했지만 마이동풍이다. 그러고도 한국농아인협회는 전체 청각장애인의 권익신장을 위해 노력하는 단체라고 자신을 홍보하고 있다.

한국영화의 르네상스라고 일컬어질 정도로 한국영화는 부흥기를 맞았다. 수천수만 대의 자동차를 만들어 팔았을 때보다 잘 만들어진 한 편의 영화가 더욱 큰 국부(國富)를 창출할 정도이니 한국영화의 눈부신 성장에 별로 기여한 바가 없는 나로서도 참으로 기쁘기 그지없다. 그래서 나도 시대의 공감(共感)에 뒤떨어지지 않기 위해서라도 정말 한국영화를 한 편이라도 온전히 보고 싶다.

아~ 아~ 그러나 어떤가? 아직도 한국영화는 나와 같은 청각장애인들을 배려해 주지 않고 있다. 아니, '아직도 배려해 주지 않고 있는 것'이 아니라 '아직도 알 권리를 박탈하고 있다.' 고 표현하는 것이 옳을 것이다. 청각장애가 나의 죄가 아닐진대, 같은 한국인으로서 같은 문화를 향수할 권리가 있으니 차라리 요금할인을 없애고 감상을 위한 '조건의 평등' 을 갖춰 줘야 하지 않겠는가?

나는 지금 모든 한국영화에 한글자막을 넣는 것을 목표로 활동하고 있다. 배리어프리영화처럼 상영하는 것[5]이 차별이므로 인권침해의 소지가 있어 국가인권위원회에 진정을 준비 중이다. 이의 진행과 결과를 보고 난 뒤 향후 연극, 뮤지컬 등으로 진정대상을 확대해 나갈 생각이다.

10. TV자막방송

한국의 TV에서 외부연결형자막수신기 또는 내장형자막수신기를 사용하여 수신할 수 있는 폐쇄회로방식의 한글자막방송을 시작한 지도 어언 15년여의 세월이 흘렀다.

이 제도가 정식으로 시작되기 5년 전에도 한국문화방송(MBC)에서

---

5 정해진 영화(월 2편)를 정해진 상영관(부산의 경우 2곳)에서 정해진 시간(한 편당 3~4회)에만 상영하는 것.

극히 제한된 프로그램에 한하여(주로 외국영화) '잠시' 실시한 적이 있는데, 그야말로 '잠시' 였던 이유는 성우들 때문이었다. 외국영화나 비디오를 보면 한글자막이 나오는 것처럼 MBC에서 비싼 성우들의 목소리를 쓰지 않고, 그것도 '청각장애인을 위해서' 란 미명(?)도 없이 오로지 예산절감을 위해서 상대적으로 아주 저렴한 자막삽입기를 사용하여 비디오처럼 한글자막을 넣어 방송한 것이 화근이었다. 사정이 이렇다 보니, 몇 명 안 되는 성우들이 30만 청각장애인들의 어려운 사정은 아랑곳없이 자기네들 밥줄 끊긴다고 들고일어나 농성을 했던 것이다. 나는 한국영화라면 입술모양이라도 보며 그 내용을 꿰어 맞출 수 있었지만, 외화의 경우에는 한국성우가 하는 우리말과 외국 배우들의 입술 모양이 전혀 다르니 도무지 갈피를 잡을 수 없어 속수무책이었다. 그저 움직이는 동영상만 보는 것과 다름 없었다.

차라리 '청각장애인들의 알 권리 충족을 위하여' 라는 미명이라도 달아 청각장애인단체와 사전 협의를 거쳐 시작했더라면 청각장애인들의 대대적인 지지를 받고, 청각장애인들의 입장에서도 이 제도를 5년이나 앞당길 수 있는 계기가 되었을 텐데 하는 아쉬운 마음을 금할 수 없다. 말하자면, 방송국에서 예산절감을 이유로 갑자기 독자적으로 실시했다가 성우들 때문에 도중하차 한 셈이니, 청각장애인들은 "우~와~ 이게 웬일이냐!"하고 수선을 떨다가 성우들의 농성으로 미처 대처할 겨를도 없이 뒤통수를 맞은 꼴이었다.

그런데, '5년이나 앞당길 수 있는 계기가 되었을 텐데 하는 아쉬움을 금할 수 없다.' 고 한 것은 나름의 사정이 있다. 한글자막방송은 청각장애인들에게 가히 혁명적인 사건이기 때문이다. 앞에서도 언급했지만 한글자막방송은 폐쇄회로를 통하여만 볼 수 있는 옵션이다. 따라서 건청인을 위한 성우들의 활동에 전혀 지장을 주지 않는다. 즉, 그들의 밥그릇을 빼앗지 않는다. 게다가 수화통역으로 인해 화면이 분할당하여 TV화면 전체를 온전히 보지 못하는 모습을 건청인들에게 제공하지도 않는다. 그러니 이 제도가 광범위하게 시행된다면 청각장애인들은 건청인들과 같은 알 권리와 문화 향수권을 누리는 것이다.

나 또한 가정에서 자막수신기를 사용하여 예전과는 비교조차 힘든, 음성으로 전달되는 방대한 정보들을 두루 섭렵하고 있는 중이다. 그로 인해 바보 같던 내가 옛날에 비해 무척 똑똑해진 느낌이다. 비교적 경증에 속하는 내가 이러할진대, 전혀 듣지 못하고 말하지 못하여 세상 경험을 쌓을 길이 없는, 그로 인해 세견(세상 보는 눈이) 없다는 소리를 들을 수밖에 없는 중증의 청각장애인들에게 자막방송은 소리세상과의 담을 허물고 스스로를 도약시킬 수 있는 가히 혁명적인 사건이 아니고 무엇이겠는가?

물론 텔레비전 한글 자막방송 또한 엄청난 산고 끝에 탄생하였음에도 불구하고 운용은 어렵고도 힘들다.

어느 날, '청각장애인을 위한 자막방송 중' 이라는 안내자막이 나오는 특정 프로그램을 시청하기 위해 SBS로 채널을 돌렸다. 물론 나의 TV에는 자막수신기가 연결되어 있고 다른 방송국의 프로그램을 자막으로 보던 중이었다.

그런데 SBS의 자막방송프로그램에서 자막이 나오지 않았다. 무슨 사정이 있어서 며칠 기다리면 나오겠지 하고 기다려도 나오지 않아 이에 항의하고자 방송국으로 직접 전화하였다. 전화를 받은 상대방에게 즉시 휴대폰 번호부터 불러 준 뒤 자막이 나오게 해 주든지 해명의 글을 문자메시지로 보내 줄 것을 요청하였으나, 엉뚱하게도 그 방송국의 누군지도 모르는(누구라고는 하였으나 알아듣지 못함) 사람으로부터 전화를 받고 나는 귀머거리라 듣지 못하니 다시 한 번 문자메시지로 의사를 전달해 달라고 하였다. 그랬더니 상대방은 전화를 탁 끊더니 조금 지나자 또다시 SBS로 추정되는 전화가 걸려 왔다. "흐유~ 정말 귀머거리들 같으니…" 그러나 음성이 다른 걸로 봐서(처음의 전화는 여자 목소리였으나 두 번째 전화는 남자 목소리) 아마도 자막담당자인 걸로 추정되어 상대방이 구체적인 이야기를 하기 전에 먼저 물었다.

"자막 담당하시는 분입니까?"

"예!"

"제가 귀머거리란 걸 전달 받았습니까?"

"예!"

"그런데 알아듣지도 못하는 사람에게 전화를 한 이유는 뭡니까?"

"…"

"다시 한 번 이야기하겠는데 난 '예', '아니오' 정도밖에는 알아듣지 못합니다. 지금 방송하고 있는 프로그램이 자막방송프로그램 맞지요?"

"예!"

"지금 자막이 안 나옵니다."

"…(뭔가 말하고 있으나 알아듣지 못함)"

"여보시오! 당신이 하는 말을 내가 도통 알아듣지 못하니 문자 메시지로 보내 줄 수 없겠소?"

그런데 내 말을 무시하고 대뜸 큰 소리로 뭔가 말하길래 넘겨짚으며 대화를 해 보니 수신기가 고장난 것 같다는 답변이 들려왔다. 정말 미칠 지경이었다. 이게 고장이라면 기계를 서울에 있는 제작사에게 보내 A/S를 의뢰해야 할 판이었다. 오가고 고치고 하는 데 최소한 일주일은 걸릴 텐데 어쩐단 말인가…

"그럼 다시 점검해 보고 며칠 후에 연락하겠소."

"예!"

그런데, 다른 방송은 제대로 나오는 자막수신기를 고장이라고 A/S를 부탁해야 하나 말아야 하나 하며 하루를 보낸 다음 날, 다시 점검 차 SBS를 켜니 분명히 자막이 나오는 게 아닌가… 자막수신기는 아주 정상적으로 작동되고 있었다.

그렇다! 나는 SBS 측으로부터 기만을 당한 것이다. 분명, 그때 자막담당자라고 신분을 밝힌 그 방송국직원은 자기 회사 안에 설치된 다른 TV에는 자막이 정상적으로 나온다고 했다. 그것이 바로 거짓말이었던 것이다.

실상은 이렇다. 분명 SBS는 법에 의하여 자막송출기를 설치하였다. 그러나 프로그램에 자막을 입히려면 당해 프로그램이 방송되는 그 시간에 속기사가 그 프로그램을 보면서 빠른 속도로 (동시통역 수준으로) 글자를 입력해야 한다. 그런데 그 속기사가 문제인 것이다. 인건비를 들여 (속기사 보수가 제법 많은 걸로 알고 있다.) 속기사를 채용해야 하고 방송시간에 맞추어 속기기계 앞에 배치하여야 한다.

그런데 그것이 귀찮았던 것이다. 법에는 분명히 자막방송을 하여야 한다고 되어 있으니 기계는 설치하였으나 비싼 돈을 들여 속기사를 배치하는 일이 손해 보는 장사라고 생각하였던 것 같다. 따라서 실제로는 자막을 송출하고 있지도 않으면서 프로그램 시작화면에 '청각장애인을 위한 자막방송 중' 이라고 넣어 놓고 우리 청각장애인들을 기만하였던 것이다. 게다가 그것이 들통날까 봐 엉뚱하게도 나에게 "당신이 가지고 있는 자막수신기가 고장이다."고 하였으니 이 사람들이 과연 인간인지 의심스럽지 않겠는가?

어차피 건청인들은 자막을 보지도 않을 것이니 자막방송을 하나마나일 테고 청각장애인들은 자막을 안 내보내도 귀머거리, 벙어리들인데 전화로 어떻게 항의할 것이냐는 얄팍한 계산이 숨어 있었던 것이다. 덕분에 나는 근 닷새 동안 법에 보장된 알권리를 도둑맞은 셈이다.

아니나 다를까. 청각장애인관련 인터넷사이트에 나와 같은 경험을 가진 청각장애인들의 글이 벌떼처럼 올라왔다. 우리 청각장애인들을 인간 이하로 취급하는 비열하고 부도덕한 SBS를 깨부수자는 격앙된 글도 있었다. 건청인들의 청각장애인에 대한 인식 수준을 본 것 같아서 씁쓸한 마음을 지울 수 없었다.

이렇게 거센 항의를 받고서야 SBS는 정신을 차린 모양이었다. 사장이 직접 나서서, 사과는 없고 "자막방송을 확실하게 하겠다.", "다른 방송국보다 자막방송시간을 늘리겠다." 등등… 정말 소 잃고 외양간 고치는 격이었다.

TV자막방송과 관련하여 일어난 또 다른 사건 하나를 얘기해 보겠다.

2005년 9월 6일, 한국농아인협회는 여의도 국회의사당 건너편에 있는 국민은행 앞 광장에서 청각(언어)장애인 1천 500명이 참석한 가운데, '청각장애인 권리보장 촉구 및 장애인 차별금지법 제정 촉구를 위한 결의대회' 를 열었다. 이 대회에서 청각장애인들은 자동차장례식을 치르며 생업에 종사하기 위한 자동차운전 1종 면허 취득허용을 촉구하였고, 또한 한국영화의 자막삽입을 요구하는 영화진흥법 개정, 방송법 개정, 수화를 독립된 언어로 인정할 것을 요구하였고, TV자막방송의 파행을 규탄하며 TV장례식이란 퍼포먼스를 하였다. 이 퍼포먼스에서 주요 대회임원들이 단상 위에서 단상 아래로 TV를 내던져 부숴버렸다. 청각장애인들은 "자막방송과 수화방송이 나오지 않는 TV는 바보상자"라며 "우리도 TV를 볼 권리가 있다. 자막방송과 수화방송을 의무화하라."고 외쳤다.

이어 청각장애인들은 KBS본관 앞으로 행진하여 KBS편성본부장, 시청자센터장 등과 30분간 면담을 진행하였으며, KBS측은 예산을 마련해 2006년까지 자막방송과 수화통역방송의 비율을 2005년 당시 40%에서 60%까지 늘리도록 노력하겠다고 약속하였다. 또한 수화통역방송 비율을 늘리기 위해 향후 기술적인 부분을 지속적으로 협의해 나가기로 약속했으며, '일주일에 한 꼭지라도 수화통역 화면을 반분할하라.' 는 요구에 '검토해보겠다.' 고 답변한 것으로 알려졌다. 이 사건의 소식을 접하며 청각장애인들은 답답한 마음을 금할 수 없었을 것이다.

10여 년이 지난 2015년부터는 장애인차별금지법에 의하여 한글자막 송출이 의무화되었다. 지상파, 종편채널 심지어는 의무화되지 않은 일부 홈쇼핑 채널까지 거의 100% 폐쇄회로 방식의 한글자막을 내보낸다. 5년여 전부터 모든 디지털TV수상기에는 폐쇄회로자막수신기 설치도 의무화 되어 있어서, 우리가 사는 TV 가격에 자막수신기 가격도 포함되어 있다. 건청인들도 리모컨을 조정하면 한글자막이 나오므로 혼자 조용히 TV를 즐길 때 사용해 보시라.

2016년 4월이었다. 방송중계업체인 CJ헬로비전을 통하여 TV를 보고 있는데 어느 날 갑자기 주요 몇몇 지상파 외에는 방송에서 한글자막이 나오지 않았다. (나의 집이 위치한 지역에는 CJ헬로비전이 독점적인 위치에 있다.) 그래서 CJ에 문의해 보니 방송국에서 자막을 내보내지 않아서 그렇다고 하였다. 타인의 도움을 받아 방송국마다 전화해서 확인해 본 결과, 정상적으로 송출하고 있다는 것이었다. 그래서 다시 CJ에 전화해서 왜 거짓말 하느냐고 했더니 A/S기사가 와서 확인하고 서울본사까지 확인해 봐도 자기들도 이유를 모르겠다고 잡아떼었다. 왜 방송중계업체가 자막을 끊어서 청각장애인의 알 권리를 침해하느냐고 항의했지만 서너 달 동안 마이동풍이었다.

그래서 국가인권위원회에 인권침해사례로 7월초에 진정하였는데 한 달이 넘도록 담당자가 지정되었다는 통보 외에는 아무 연락이 없었다. 8월 말에 전화하니, 그동안 휴가 갔다 와서 늦었다면서 그제서야 CJ에 공문 보낼거니 기다려 달라고 하지 않는가? 나는 3~4개 채널 외에는 넉 달 동안 자막도 나오지 않는 TV를 보며 속이 터지는데. 다시 한 달이 지나도록 연락이 없길래 담당조사관에게 전화하였다.

"어떻게 진행되고 있습니까?"

"CJ에서 아직 아무 연락이 없습니다."

"허! 기가 차네요. 난 5개월 동안이나 TV를 제대로 못 보고 있는데… 거기 민원처리 기한 없습니까?"

"없습니다. 그런데 CJ에서 기술적인 문제로 해결이 안 되고 있는 것 같습니다."

"기술적인 문제요? 방송국에서는 자막 내보내고 있는데 중계업자가 기술적인 문제라고 끊어버리는 건 불법 아닙니까?"

"…"

"거기 담당 과장 좀 바꿔요."

"잠깐만요… (몇 분 후) 여보세요. 장애인차별조사2과장입니다."

"사건 파악했습니까?"

"예! 그런데 이건 기술적인 문제라…"

"한 가지 물어봅시다. 남자는 성추행 의도가 없었는데 여자가 성추행이라고 주장하면, 추행입니까 아닙니까?"

"추행입니다."

"그럼 CJ가 기술적인 문제라서 차별의 의도가 없지만 청각장애인인 제가 차별이라고 주장하고 있는데 차별이 아니란 말입니까?"

"그것과 그건 다르지요."

"어떤 점에서요?"

"기술적인 문제 아닙니까?"

"기술적인 문제 맞는지 확인했습니까?"

"CJ에서 그러니까요."

"뭐가 어째요! 이! 밥버러지야! 자알한다 잘해!"

울화통이 터져서 여기서 전화를 끊고 이 담당과를 감사하는 부서를 찾았지만 그런 부서가 없고 검찰에 고발하려니 내 일도 바빠서 더 이상 상대하지 않았다. 그리고 진정한 결과에 대한 통보조차 없었다.

그러다가 정권이 바뀐 뒤, 2017년 8월에 다시 같은 내용으로 진정하면서 담당조사관에게 작년 기록을 보라고 한 뒤, "올해 또 그러면 국가인권위원회를 차별기관으로 국가인권위원회에 진정하겠다!"고 으름장을 놓았더니 전화가 몇 번 왔다 갔다 하고 난 2개월 뒤 CJ에서, 셋톱박스를 바꾸면 될지 모른다고 하여 바꾸었더니, 세상에… OCN 등 자막송출의무가 없을 것이라 생각되는 채널을 포함한 거의 모든 채널에서 한글자막이 나오지 않는가. 그렇다면 작년의 그 기술적인 문제라는 건 허위였다는 것 아닌가? 그로 인해 나는 1년 넘도록 제대로 된 방송 시청을 하지 못했던 것이다.

이렇게 자막을 볼 수 있으면 다행이지만, 소리만을 전송하는 라디오 방송을 생각하면 나는 자괴감마저 든다. 듣는 것이 원천적으로 봉쇄된 사람에게 라디오 방송은 비참함을 넘어 자아정체성의 혼란마저 겪게 한다. 이 사회로부터 격리된 그 느낌. 건청인들은 알지 못한다. 이 라디오는 우리 청각장애인들에게는 먼 나라의 이야기일 뿐이다. 방법이 없다. 다만, 라디오에도 디스플레이가 달려 음성이 자막으로 나왔으면 좋겠는데…

11. 장애인차별금지법, 청각장애인에 대한 차별

장애인 관련 법으로는 '장애인복지법'과 '장애인차별금지법'이 있다. 인간의 기본적 양심과 도덕을 법으로 규정해야 하는 것이 서글프지만, 이러한 법이 없으면 장애인들은 이 정글자본주의에서 그나마 생존할 수조차 없을 것이다.

그런데 '장애인차별금지법' 이라고 하면 비장애인들은 고개를 갸우뚱할 것이다. "하고많은 법이 있지만 별 희한한 법도 다 본다." "아~ 장애인에 대한 차별이 심하니 이를 금지하자는 법이구나. 그런데 뭘 금지하지?" "장애인에 대해 정부가 많은 혜택을 주고 있는데 무슨 차별이 있다고 이를 금지하는 법까지 만들어야 하나?"

이 법의 정확한 명칭은 '장애인의차별금지및권리구제등에관한법률' (2005년 제정)이다(이하, '장차법' 이라 한다). '장차법' 의 주요골자는 고용, 교육, 건축물 및 시설의 이용과 접근, 이동 및 교통수단의 이용, 의사소통 및 정보 접근권, 재화와 용역의 제공 및 이용, 문화, 체육, 사법·행정절차 및 서비스와 참정권, 모·부성권, 성, 가족·가정·시설, 건강권, 폭력 등 모든 영역에서 장애인임을 이유로 차별해서는 안 된다는 것이고, 그럼에도 불구하고 차별을 받았을 때의 권리를 구제하기 위해 '장애인차별금지위원회' 를 설치하여 조사와 구제를 할 수 있도록 하고 벌칙조항을 두어 법의 실효성을 확보한 것이다.

그렇다면, 기존의 장애인복지법이나 편의증진법도 있는데 왜 이와 같은 법이 필요할까? 그것은 한마디로 말하면, 우리나라의 수많은 법은 모든 국민이 장애가 없는 비장애인이라는 전제 하에 제정되어 있기 때문이다. 장애인복지법이나 편의증진법은 그 수많은 법이 참작하지 못하고 있는 부분들을 보완하기 위해 제정된 것이지만, 어디까지나 시혜적이고 선언적인 문구들로 가득 차서 실효성이 별로 없음은 물론이고 무엇보다도 중요한 장애인의 인권차별에 대한 금지규정이나 차별을 받았을 때의 권리구제의 길이 없다.

비장애인들은 항상, '함께 사는 세상' 이니, '사회통합' 이니, '장애를 가지고도 열심히 하면 잘 살 수 있다' 느니 하면서도 정작, 자기 동네에 '장애' 의 '장' 자가 붙은 무슨 시설만 들어오려고 해도 '결사반대' 를 외치지 않나, 식당에서 조차 '다른 손님이 불편해 한다.' 며 돈을 주고도 밥조차 못 먹게 하질 않나, 사원모집광고에 '신체용모 단정한 자' 로 규정하여 응시기회조차 주질 않는다.

그러니 장애인들이 이 '장차법' 을 제정하기 위해 눈물겨운 노력을 쏟았던 것이 하등 이상할 것이 없지 않은가? 비교적 경증인 나에게도 이런 경험이 있다. 같은 인간으로서 상대방의 부당한 처사에 항의하니 상대방 왈, "장애인이면 장애인답게 살아라!" "?"

물론 청각장애인에 대해서도 여전히 여러 가지 차별이 있다. 예를 들어 인터넷 동영상 강의에는 자막이 나오지 않는다. 나의 전공은 경영학 쪽이라 사회복지사 자격증이 없었는데, 하고 있는 일의 성격상 사회복지사 자격증을 따려고 7년 전에 '케이스터디' 라는 인터넷강의회사에서 강의를 들었지만 여러 가지로 애를 먹었다. 교육과학기술부 인증기관이라지만 원격강의에 자막이 전혀 안 나오는 탓이다. 책만으로 공부하기에는 너무 어렵다. 교재 20권에는 대략적인 내용만 있을 뿐, 정작 시험에 나올 만한 내용은 강의를 들어야만 알 수 있다. 결국 강사가 하는 말을 키보드로 입력해 줄 아르바이트생까지 구했지만, 이마저도 쉽지 않았다. 아르바이트생은 하루 이틀이면 이런저런 핑계를 대고 그만두기 일쑤였다. 업체에 자막을 넣어달라고 여러 번 요구했지만, 자막 서비스는 이뤄지지 않았다. 장애가 있다고 수업료 몇 푼 깎아 줄 게 아니라, 장애인 편의를 우선 고려해야 할 것이 아닌가?

그래도 나는 책으로만 각고의 노력을 하여, 각 과목 담당교수님들로부터 격려를 받은 것은 물론이고 그 인터넷강의회사가 정해 놓은 장학금 지급 기준 성적 이상을 이루었다. 그럼에도 회사는 장학금 지급을 요청하는 나에게 장애인이라 수강료할인 혜택을 주었다고 지급을 거부하였다. 그래서 "그것과 이것은 별개의 사안 아니냐?"고 항의해도 끝내 지급해 주지 않았다.

너도나도 인터넷 강의로 실력을 쌓는 시대지만, 인터넷 강의 어디에도 자막은 나오지 않는다. 공무원 시험을 준비하는 한 2급[6] 청각장애인은 포털사이트 토론방에 '청각장애인도 공무원 인터넷 강의를 듣고 싶습니다.' 라는 청원을 올린 적이 있다. 그는 학원에 다니고 싶었지만, 수화로 하는 수업은 찾을 수 없었다. 도움 요청을 받은 자원봉사센터는 "대신 타자 쳐 줄 사람을 구하라."며 그를 돌려보냈다고 한다.

12. 입법과 정치 그리고…

흔히 '법 없어도 살 사람' 이라는 말이 있지만, 청각장애인들은 법 없으면 못 산다. 여기서 이야기하는 '법' 이란 처벌법이 아니라 복지와 인권에 관한 법이다. 법이 만능은 아니지만 법이 없으면 이 험난한 사회 속에서 장애인은 복지와 인권을 보장받을 수 없다.

우리 사회는 정치, 경제, 사회, 문화, 교육 등 모든 분야에서 '모든

6 청각장애등급은 2~6등급으로 2등급이 장애가 가장 심한 경우이다. 원칙적으로 1급은 존재하지 않으나 2급청각장애인에게 중복장애가 있는 경우 1급으로 인정한다.

사람은 말하고 들을 수 있다.' 는 전제하에 시스템이 만들어지고 운용되고 있다. 그 시스템을 만들고 운용하는 데서 중요한 것이 법을 만드는 일이다. 그런데 법(지방자치단체의 조례 등 포함)은 선거로 선출된 선출직 공무원들이 만든다. 즉, 국회의원, 시도의원, 구군의원 등이 그들이다. 입법활동을 하는 사람들이 바로 이 사회의 정치권을 이루고 있다.

장애를 가진 사람들이 공식적으로 정치권에 진입한 지 20여 년 정도 되었다. 그동안 지체장애, 시각장애를 가진 사람들은 정치권에 많이 진출하여 해당 장애 관련법을 제정하여 그들 장애유형에 걸맞는 복지 발전을 이뤄냈다. 지체나 시각 장애인들은 이동상의 불편을 제외하면 얼마든지 의사소통을 할 수 있어서, 정치 세계에 접근하여 그들의 권익에 관한 법과 규정을 제정할 수 있다.

그러나 의사소통이 힘든 청각장애인은 정치권으로의 진입이 원천적으로 봉쇄되어 있다. 의사소통이 안 되니 수많은 토론과 대화로 이루어지는 정치에의 접근 자체가 어렵다. 혹자는 그냥 건청인들이 청각장애인들을 위한 법을 제정하면 되지 않느냐 하겠지만, 장애당사자가 아니면 몸에 맞는 옷을 만들 수가 없다. 청각장애인세계는 건청인세계와 다른 세계이기 때문이다.

청각장애인들이 정치에 접근하기 위해서 수화를 사용하면 될 것 아니냐고 반문할지 모른다. 그러나 그것은 제3자인 수화통역자의 통역으로 해결될 수 있는 문제가 아니다. 왜냐하면 수화는 그 어휘가 극도로 제한되어 있어서 다양한 의사소통을 하는 데 한계가 있기 때문이다.

이를 해결하려면 음성인식장치와 함께 속기통역이 요구된다. 상대방의 음성이 휴대전화의 디스플레이에 문자로 찍혀 나온다면 수화통역자 없이 양 당사자 간 내밀한 대화도 가능할 것이며, 다수 청중이 참석한 공개된 장소에서의 토론 등은 속기기계 및 빔프로젝트를 활용한 속기통역으로 가능할 것이다.

요즘의 음성인식장치는 인식된 음성이 빅데이터를 통하여 문자로 나오는 수준까지 발전하였지만, 정확도가 70~80% 수준에 머물고 그나마 시차가 길어 서로 음성으로 소통하는 수준에는 한참 미치지 못한다. 속기통역은 기계장치 등의 번거로움은 차치하고 고액의 속기사 수당 때문에 활용되지 못하고 있다.

그동안 나는 보건복지부 등 각계에 정확도가 90% 이상인 음성인식장치의 개발 및 무상속기통역센터의 구축 등등 많은 요청을 했지만, 자신들이 귀머거리가 아니라서인지 도무지 마이동풍이다.

사회적 권력에 의한 적극적인 차별이나 개인적인 편견에 의한 부정적인 묘사 등의 '작위(作爲)' 만이 억압이 아니라, 내면적 멸시, 무관심 등의 소극적인 '부작위(不作爲)' 도 억압이라 할 것이다.

크랙

박한나*

1

지난주에 왔을 때는 발견하지 못했던 균열이었다. 가로로 길게 누운, 미세하게 갈라진 틈새. 언뜻 보면 금이 가 있는 건물이라고 느껴지지 않았다. 착시현상일까. 언덕 위에 지어진 드림 빌라는 비스듬히 기울어 보이기까지 한다. 균열이 발생한 쪽은 커다란 은행나무가 버티고 있는 건물의 왼쪽 외벽이었다. 웃자란 은행나무는 건물의 높이를 훌쩍 넘었다. 계단참이 없는 가파른 계단을 오른다. 복도 끝에 세워진, 검은 자전거가 보인다. 나는 밭은 숨을 몰아쉰다.

소년의 집, 비밀번호 여섯 자리를 누른다. 기계음이 들리며 도어락

* 발달장애인 아들을 키우고 있는 프리랜서 작가.

이 돌아간다. 한 달이 지났는데도 현관을 들어설 때마다 마음이 편치 않다. 집 안 어딘가 죽은 여자의 흔적이 형태를 갖추고 튀어나올 것만 같다. 똑, 똑. 소년의 방을 노크한다. 성장기 소년의 몸에서 풍기는 특별한 체취가 코를 찌른다. 침대 위 소년은 시체처럼 미동도 없다. 학교에 가지 않고 병원엘 가는 날은 정오가 되도록 늘어진 잠을 잔다. 게으른 당나귀 같다. 침대 머리맡에 모기가 공격적인 자세로 웅크리고 있다. 볼록해진 모기의 가슴과 배에 핏물이 그득하다. 모기는 밤새도록 소년의 주위를 맴돌며 피를 빨아댔을 것이다. 나는 손바닥으로 모기를 내리친다. 흰 벽지에 새빨간 핏물이 튄다.

"굿모닝, 그만 일어나세요. 오늘은 스케줄이 많아요."

이불을 걷어내며 나는 부러 다정한 목소리로 말한다. 소년의 두 손은 팬티 속에 들어가 있다. 소년은 성기를 만지며 잠을 잔다. 열여덟 살인데도 아직 자위하는 방법을 모르는 것 같다. 침대에 엎드려 성기를 비비고 있는 것을 가끔 본 적이 있다. 나는 소년의 손을 팬티 속에서 빼낸다.

"굿모닝, 선생님."

소년이 부스스 눈을 뜬다.

식탁 위에 남자가 두고 간 현금 봉투와 메모가 있다. 선생님, 불편하시겠지만 서재에서 주무시면 됩니다. 아이를 잘 부탁합니다. 남자는 1박 2일의 출장을 간다고 했다. 봉투 속에 평소보다 많은 두 배의 돈이 들어 있다. 오더를 받았을 때 팀장은 말했다. 장애는 3급이고요, 비공식적인 오더에요. 기능이 좋은 아이인데, 엄마가 갑자기 돌아가셨대요. 평소에는 도우미분이 오시나 봐요. 선생님은 일주일에 한 번, 병원 외래와 재활치료를 동행해 주면 됩니다.

아이가 씻는 동안 나는 진열장의 티 박스에서 녹차 티백 한 개를 꺼낸다.

여자의 얼굴을 가늠하게 하는 흔적은 집 안 어디에서도 발견할 수 없다. 가족사진이 걸려 있음직한 벽에는 소년의 초상화와 작은 정물 수채화 그림들이 걸려 있다. 주방 한쪽 벽면의 목재 진열장을 바라본다. 갖가지 허브차가 담긴 유리병과 꽃문양의 영국식 찻잔들이 보얗게 먼지를 입은 채 빼곡히 진열되어 있다. 수집가의 카페에 온 듯하다. 먼지가 앉은 찻잔 하나를 만진다. 사람의 손길이 닿지 않은 사물은 매끈하지 않다. 처음, 이 집에 왔을 때의 느낌은 소박하면서도 깔끔했다. 인테리어는 화이트와 브라운 톤으로 차분하게 꾸며져 있었다. 피아노를 비롯한 집 안의 모든 가구는 소년의 나이만큼 적당히 낡아 있었지만 어쩐지 그 모든 것에서 고독한 품격이 느껴졌다.

차를 준비하여 베란다로 나간다. 알루미늄 선반과 나무 파티션으로 꾸며진 작은 정원. 베란다는 플라워 카페 같다. 어서 오세요. 베란다 티 테이블에 앉아 있으면 여자의 목소리가 들리는 것 같다. 타라, 해피트리, 율마, 고무나무. 분필로 쓴 네임픽의 흰 글씨가 점점 지워지고 있다. 뾰족한 바늘잎을 가진 율마는 베란다의 식물 중에서 가장 푸르고 건강하다. 나는 바늘잎들을 손끝으로 가만히 쓰다듬는다.

"마음에 드는 게 있으면 가져가셔도 됩니다."

활동 보조원으로 소년을 만나러 온 날, 남자는 말했다. 식물들이 발 디딜 틈도 없이 베란다를 꽉 메우고 있었다. 식물들은 저마다 화분에 네임픽을 꽂고 각자 성장환경에 맞게 정리되어 있었지만 어쩐지 황폐

한 정원처럼 보였다.

소년의 집 앞 골목길은 몇몇 학교로 가는 지름길이다. 노란 가방을 멘 유치원생부터 고등학생들까지 조잘거리며 집 앞을 지나간다. 나는 머지않은 과거의 시간에, 매일매일 이 공간에서 지냈을 여자의 존재를 떠올린다. 여자는 베란다에서 화초에 물을 주며 소란스러운 골목길의 풍경을 내려다본다. 아침마다 되풀이되는 일상의 소란조차 즐거워했을 것 같은 여자. 여자가 말한다. 날쌔고 영민한 아이들의 목소리가 들려요. 새 생명처럼 힘차게 느껴져요.

말쑥해진 소년을 데리고 집을 나서는데 옆집 202호 문이 열린다. 고불고불 파마를 한 게 얼핏 보아도 오십 살은 넘어 보인다.

"어머나, 선생님하고 병원 가나 보네. 내려가면서 우리 빌라 화단 좀 보세요. 꽃 잔치를 만들어 놓았어요. 가뜩이나 장애 있는 아이가 더 안 좋아졌다는데 한가하게 꽃 심을 여유가 있었는지……. 갑자기 왜 죽었을까. 혹시 자살한 건 아녜요?"

한두 번 마주쳤을 뿐인데 파마 부인은 지나치게 수다스럽다. 벌써 내가 누구인지 안다. 불편한 관심이다. 소년의 엄마는 드림 빌라 화단을 가꾸느라 봄부터 코팅장갑과 물조리개를 들고 살았다고 했다. 여자는 꽃과 소년 중에 무엇이 더 갈급했을까.

2

병원의 구내식당에서 소년과 밥을 먹는다. 소년은 밥을 먹기도 전에 허겁지겁 국을 다 비운다. "밥이랑 국이랑 같이 천천히 먹어요." 나는 소년에게 조심스럽게 티칭을 한다. "난 이게 좋아요."소년은 고집을 부리며 국그릇에 얼굴을 가까이 대고 마지막 국물까지 깨끗하게 비운다. "상담치료랑 미술치료 끝나면 선생님이랑 산책하고 허브농원에 가 볼까요?" 소년에게 일정을 알려 준다. 소년은 반응이 없다. 지금 소년의 생각이 모이는 지점은 음식이 담긴 스테인리스 식판뿐이다.

소년이 외래진료를 다니는 정신병원은 언니가 입원해 있던 시립병원이다. 언니의 증상이 다시 시작된 이후 보호자로서 일련의 과정들을 치러내면서 나는 매사에 허둥지둥할 수밖에 없었다. 하루하루가 흔들렸다. 원고작업을 하면서 실수가 잦아졌다. 집필 팀원들에게 눈치가 보였다. 결국 프리랜서 일을 중단했다. 무너지지 않을 굳은 마음이 필요했을까. 장애 형제를 돌보는 것에 지쳤을 만도 한데, 어느 사이 나는 병동의 언니에게 면회를 다니며 틈틈이 장애인 활동 보조원 교육을 받고 있었다. 조현병을 앓는 언니를 오랫동안 봐 왔다. 중증 장애인의 바우처[1] 고객과 만났을 때 그들은 낯설지 않았다. 나는 당황하지 않았다. 저간의 내 사정을 아는 팀장은 언제부턴가 비공식적인 오더가 들어오면 제일 먼저 나에게 맡겼다. 비공식 오더의 자폐증 고객들은 바우처 혜택을 받지 못하는, 소년처럼 경계선급의 핸디캡을 가진 경증의 자폐증 고객들이었다. 그들은 생각을 표현할 수 있는 인지기능을 가지고 있었지만 일상생활에서 도움이 필요한 부분은 중증의 바우처 고객과 별반 다르지 않았다. 자폐는 경중에 상관없이 그 자체로 중증이었다.

1 정부가 특정 수혜자에게 복지서비스 구매에 대하여 직접 비용을 보조, 지불을 보증하는 일.

나는 소년을 데리고 로비에 앉는다. 예약된 진료시간까지는 아직 40분이 남았다. 소년은 주머니에서 손바닥 크기의 작은 게임기를 꺼낸다. 십 년도 훨씬 넘은 유행이 지난 닌텐도 게임기다.

"무슨 게임이야?"

"쿠킹마마에요."

작은 스크린 속에 여러 가지 음식을 끼운 닭 꼬치가 있다. 소년은 터치펜으로 콕콕 음식을 찍어 나른다. 규칙대로 꼬치에 음식을 다 끼웠는데도 스크린이 바뀌지 않는다. 스톱워치 기능의 시계도 멈춰 있다. 랙이 걸린 것이다. 소년은 얼굴을 찡그리며 신경질적으로 펜을 움직인다.

"계속하면 고장 나요. 껐다가 다시 켜 봐요."

소년은 파워 버튼을 올려 게임기의 전원을 꺼 버린다.

소년은 분명 또 로비를 끊임없이 서성거릴 것이다. 접수대기 중인 환자들을 쓸데없이 흘끔거릴 것이다. 나는 소년과 눈을 맞추지 않고 가방에서 책을 꺼내 무릎 위에 올려놓는다. 『상처를 딛고 사랑을 되찾은 나의 가족』. 장애 아이를 키운 일본 작가의 책이다. 책은 몇 달째 가방 속에서 소품으로만 있다. 나는 단 한 페이지도 읽지 못했다. 아무렇게나 페이지를 열고 글자 위로 시선을 옮긴다. 소년을 제압하기 위한 거짓 몸짓이다. 소년은 내 눈치를 보며 일어설까 말까 망설인다. 장애인을 돌볼 경우, 소년과 같은 미미한 상동행동[2] 시에는 눈맞춤을 할 필요가 없으며 이때 긍정적인 무시는 얼마든지 가능하다.

안내대 쪽 로비가 소란스럽다. 머리숱이 없는 중년 여인이 건장한

---

2 의미를 가지지 않는 이상한 행동을 되풀이하는 것.

젊은 남자의 품에 안겨 발버둥 친다. "나를 왜 여기로 데리고 왔어?" 여인 옆에 머리가 반백인 남자가 우두커니 서 있다. 아들로 보이는 젊은 남자의 힘에 눌려 접수창구까지 왔던 여인이 갑자기 출입구 쪽으로 달려 나간다. "도와드리겠습니다." 흰 가운을 입은 남자 보호사가 나타난다. 여인은 포기한 듯 로비 의자에 얌전하게 앉는다. 반백의 남자는 여인을 지성스럽게 설득한다.

"진료나 한번 받아보자고. 그냥……"

중년 여인이 울기 시작한다. 나는 책 속으로 다시 눈을 돌린다. 망막에 눈물로 만든 두꺼운 젤리가 생긴다. 눈물 때문에 글자들은 판독이 어렵게 서로 엉켜 붙어 있다.

소년은 어느 틈에 2층 자동판매기 앞에 서 있다. 나는 소년의 손에 지폐 한 장을 쥐어준다. 음료를 다 마신 소년은 성큼성큼 간호사실 옆 방을 향해 걸어간다. 집중상담실이다. 소년은 이름이 불릴 때까지 방 앞에 앉아 있다. 나는 소년이 잠시나마 안정적이어서 다행이라고 생각한다. 소년과 여자가 함께 다닌, 일상의 습관적인 동선을 그려 보는 일은 어렵지 않다. 이런 그림들은 종종 데자뷔[3]처럼 내 앞에 나타난다.

여자는 솔잎음료를 선택하고 소년은 탄산음료를 선택한다. 여자는 음료수 캔을 들고 대기의자에 말없이 앉아있다. 소년은 음료를 마시며 끊임없이 복도를 오간다. 많은 환자가 번호가 매겨진 진료실 방 앞에서 초점 없이 진료를 기다린다. 복도 끝 발코니에 푸른 숲이 보이고 벤치

3 한 번도 경험한 일이 없는 상황이나 장면이 언제, 어디에선가 이미 경험한 것처럼 친숙하게 느껴지는 일.

가 있지만, 그곳으로는 아무도 나가지 않는다. 초조함이나 지루함조차 의미가 없는, 무기력한 징후들이 긴 복도를 메우고 있다.

"일주일 동안 뭐 하고 지냈어요?"

긴 머리를 뒤로 묶은 의사의 목소리가 또랑또랑하고 맑다.

"몰라요."

"모르면 어떡해. 선생님하고 만난 지 벌써 두 달이 넘었는데, 이제는 서로 다정한 이야기 좀 나누면 안 될까?"

의사는 소년을 말갛게 바라보며 소통을 제안한다. 잠깐 동안 의사를 바라보던 소년은 소용없다는 듯 시선을 테이블 위로 내린다. "우리 옛날처럼 피아노도 치고 자전거도 타면서 기분을 바꿔 보자." 의사는 인내력을 가지고 소년을 설득한다. "혹시 귀에서 무슨 소리 안 나요?" 거듭되는 질문에 소년은 어느새 입술을 깨물고 눈을 질끈 감는다. 오늘도 상담은 순탄치 않다. "눈을 감고 있네요. 선생님 얼굴을 바라봐야죠. 그래야 따뜻한 대화가 오고 가지 않겠어요?"

나도 소년을 따라 눈을 감아 본다. 어둠이 보인다. 어둠은 프리즘 같은 화려한 암흑을 펼쳐 보인다. 붉은색, 검은색, 흰색, 형광색, 색깔을 구분할 수 없는 어둠이 보인다. 언니는 엄마가 죽고 이 년 뒤 별 좋은 가을에 떠났다. 언니도 눈을 감아 봐. 아무것도 보이지 않는 게 아니라 어둠, 바로 어둠이 보이지. 막막한 것들이, 세상 모든 것으로부터 한 개의 막이 쳐진다.

"집에 아무도 없고, 방에 혼자 가만히 있을 때 다른 사람의 목소리가 머릿속이나 귀에서 들린 적 있니?"

"몰라요."

"언제부터 그런 소리가 들린 것 같아?"

"몰라요."

"그것은 어떤 소리일까?"

"몰라요."

"그럴 때 기분은 어때?"

"아, 진짜 모른다니까요."

소년은 벌컥 화를 내며 포기한 듯 또다시 눈을 꾹, 감는다. 자해하듯이 아랫입술을 윗니로 꽉 물어 버린다. 소년의 입술에서 피가 흐른다. 몸을 한차례 부르르 떨고 나서 소년은 일그러진 표정으로 오른손 손바닥을 이마에 철썩 갖다 댄다.

"무기력하고 우울한 데다가 아직 신경이 날카로워 있어요. 지난번과 같은 약으로 드릴게요."

의사는 모니터에 처방을 쓰고 책상 위 차트 밑에서 두꺼운 파일을 뒤적인다. "어머니가 첫 진료 때 제게 주신 거예요. 아이를 케어하는 데 도움이 될 거예요." 파일은 여자가 만든 것이다. 남자도 비슷한 파일을 내게 건넨 적이 있다.

"자폐증이지만 경계성장애라서 청소년기에 과중한 스트레스를 받으면 자기 정체성에 대한 이런 우울증상이 나타날 수도 있어요."

의사는 잠시 뜸을 들이다,

"그리고 돌아가신 아이 어머니도 언급하셨던 부분인데요, 학생 귀에서 환청이 들리는 게 확실한 것 같아요."

"환청이라고요?"

순간 머릿속이 아득해진다. 뒤통수에 뭔가 차가운 것이 닿았다가 휙, 지나간다.

3

"소리가 들려. 눈동자가 올라가고 있대. 소리가 들려. 빨리 와."

전화기 저쪽에서 다급한 언니의 목소리가 들렸다. 나는 악몽이라는 생각이 들었다. 토요일, 언니가 그룹홈에서 외박을 나오는 날이었다. 집필진 연구원들과 회의를 끝마치지도 못하고 허둥지둥 집에 도착했을 때 언니는 좁은 거실 바닥에 발랑 누워 허공을 향해 팔과 다리를 올리고 버둥거리고 있었다. 눈이 올라간다니, 도대체 무슨 말일까. 언니의 망막 초점은 정확하게 나를 보고 있었다. 그러나 언니는 눈동자가 위로 올라간다며 연속적인 거짓 비명을 질렀다. 언니는 나를 곁눈질하다가 벌떡 일어나 "눈이 올라간다!"고 소리를 지르고는 다시 뒤로 스스로 넘어졌다. 언니가 뒤로 넘어질 때마다 집 안에서 굉음이 울렸다. 언니는 그 행동을 수없이 반복했다. 조현병의 증상, 명령의 환청이 들리는 것 같았다. 나는 현관문에 기댄 채, 집 안을 향해 한 발걸음도 떼지 못했다. 공포의 실체란 이런 것일까. 재현된 필름은 다 어디로 갔을까. 내가 꼬마였을 때 보았던, 언니의 발병 직후에 겪었던 경험은 기억에서 모두 삭제되어 있었다. 시간의 힘이다. 눈앞에서 벌어지는 상황들이 마치 처음인 것처럼 나는 낯선 공포감에 휩싸였다. 낯선 언니를 제어할 수 없었다. 눈앞의 언니는 언니가 아닌 또 다른 사람이었다. 어떻게 하면 좋을까. 아득했던 그 순간, 힐끔거리며 나를 쳐다보고 있는 언니 안의 또 다른 언니를 보았다. 그 존재의 모습은 변이된 동물처럼 흉측했다. 그것은 스스로 배를 뒤집고 몸을 되돌리지 못해 다리를 버둥거리는 한 마리 거대한 벌레였다.

"조용히 해. 소리 지르지 말란 말이야."

나는 낮고 단호한 목소리로 언니 안의 존재를 의식하며 말했다.

휴대폰을 꺼내어 구급 번호를 눌렀다.

침착해야 한다고 스스로 다짐하고 있었지만, 전화기의 숫자 119를 누르는 손끝이 부들부들 떨렸다. 통화키는 너무 멀리 있었고, 신호음은 지나치게 길었다. 구급 상황실의 직원과 통화를 끝냈지만 단 몇 초 전의 과거에 그 직원에게 어떤 말을 했는지 기억이 나지 않았다. 언니가 내뿜는 검은 비명이 거실을 채우고 연기처럼 기어 나가 집 전체를 점령했다. 갑자기 기관지가 조여들었다. 나는 목을 만지며 현관문의 도어를 꽉 움켜쥐었다. 두려움과 외로움의 감정들이 벼랑으로 나를 밀었다. 사나운 이빨을 가진 포유류와 홀로 맞닥뜨렸고 끝없는 모래 폭풍뿐인 사막에서 절대 오지 않을 낙타를 기다렸다. 구급대원을 기다리는 동안 나와 언니, 언니 속의 또 다른 언니와 셋이 남게 되었을 때, 나는 먼 시간이 흘러 영원(永遠)이 온 것을 느꼈다. 그 시간은 찰나가 멈춰 어마어마한 현재가 와 있는 시간과도 같았다.

구급차 속에서는 밖이 보이지 않았다. 어디쯤 가고 있는지, 병원은 아직도 멀었는지 아무것도 가늠할 수 없었다. 굴속, 공동(空洞)같았다. 구급대원이 코에 호흡기를 끼워 주자 잠시 주춤했던 언니는 다시 주술처럼 같은 소리를 끊이지 않고 되뇌었다. "눈이 올라가, 눈이 올라가." 달빛을 떠올리던 언니의 아름답고 깊은 눈동자는 환청에 굴복당한 광인의 눈빛, 그것에 지나지 않았다. 고개를 돌려 언니를 외면했다. 뜨거운 샘처럼 끝없이 눈물이 솟구쳤다. 시설에서 언니를 데려온 것을, 지역사회 안에 언니를 편입시킨 것을 후회했다. 나는 언니를 단절된 시간 밖으로 던져 버렸다.

시립정신병원의 폐쇄 병동은 창살이 없었다. 입원실과 대형 리빙룸은 경계가 없이 운동장처럼 탁 트여 있었다. 감옥을 연상케 하는 예전 시설에서는, 언니의 삶에 미래가 존재하지 않았다. 그것이 요양원의 엄마가 눈을 감자마자 언니를 그룹홈으로 정착시킨 이유였다. 그룹홈에 입소한 언니에게 휴대폰을 사 줬다. 언니는 처음 가져보는 휴대폰을 어린아이처럼 좋아했다. 사랑하는 동생아 지금 뭐하니? 언니는 내게 수줍게 문자메시지를 보내왔다. 언니가 외박을 나오면 같이 김밥을 만들어 왕릉에 산책하러 갔다. 대형마트에서 수레가 넘치도록 물건들을 싣고 신나게 밀고 다녔다. 단골미용실에서 나란히 파마를 했고, 고깃집의 매캐한 숯불 연기를 맡으며 함께 돼지갈비를 구워 먹었다. 밤에는 싱글 침대를 두고 좁은 거실에 넓은 요를 깔았다.

"언니야, 퇴원하면 우리 가족사진 찍자."

"응, 그래 좋아."

언니는 노인의 성기 같은 허연 잇몸을 끝까지 드러내며 웃었다. 윗입술이 말려 올라가는, 약물의 부작용이었다. "이제 눈동자 올라가는 소리 들리지 않아." 언니는 천진스럽다. "거짓말이지?" 부정하면서도 나는 그 말을 믿고 싶었다. "이제는 뒤로 넘어지지 말래." 언니가 정색하며 눈을 희번덕거렸다. "그럼 들리는 거잖아." 어처구니가 없었다. "귀걸이 잘 뒀지?" 언니는 응급실에 실려 오던 날 착용했던 귀걸이 타령을 했다. "잘 보관하고 있으니까 걱정하지 마." 폐쇄 병동은 금속이나 유리 같은 소지품의 반입을 금지했다. 언니는 액세서리 중에서 귀걸이를 유난히 좋아했다. "히히, 괜찮아." 언니의 말들은 의미를 읽을 수 없게 비약이 심했다. "다시는 도와주지 않을 거야." 언니에게 무의미한 협박을 했다. "히, 나 때문에 무서웠구나."

시립병원의 쾌적한 환경 때문이었을까. 만 1년 만에 언니에게 증상이 다시 나타났지만 나는 점차 회복되어 가는 언니를 보며 재활에 대한 미련을 버리지 못했다. 언니가 재취업의 좌절 때문에 증상이 다시 나타났다는 것을 믿지 않았다. 종종 병동의 리빙룸에서 언니와 같은 환자들과 일상의 이야기를 나눴고, 반입한 간식을 그들과 나눠 먹었다.

4

소년의 손을 잡고 집중상담실을 나온다. 허공에 떠 있는 듯 발걸음이 느껴지지 않는다. 소년의 손을 잡고 몸이 이끄는 대로 걷다 보니 간호사실 데스크 앞이다. 내 곁에 꼭 붙어 있는 소년의 훤칠한 모습을 올려다본다. 소년은 수려한 외모를 가졌다. 부모의 외모 중에서 우성적 유전자만을 가지고 태어난다는 자폐증 환자들. 소년의 엄마, 죽은 여자는 소년의 귀에서 들려오는 낯선 소리를 정말 알고 있었을까.

"환청은 굉장히 중요한 문제입니다. 무엇보다 약을 달리 써야 하고, 그것이 어떤 식의 소리인지도 중요합니다. 컨디션이 좋을 때 소리에 대한 것을 꼭 물어보세요. 대화가 어려우면 쪽지를 써서 물어봐 주세요. 아, 어머니가 계시면 좋을 텐데. 갑자기 돌아가셨다고 아버님이 전화로만 말씀해 주셔서……."

의사는 소년의 증상을 거의 따라잡았다는 듯이 확신에 차 있었다.

미술치료사는 한 장의 만다라 그림을 가지고 나온다.

원 안에 그려진 물결무늬를 색칠한 그림이다. 분열되고 잃어버린 존재의 중심을 그림으로 찾아가는 작업이죠. 눈을 감고 음악을 들으며 몸과 마음이 이완되도록 깊은 호흡과 명상을 하게 했습니다. 그리고 눈을 뜬 후에 한 가지 문양을 골라 자유롭게 색칠했어요. 원주에서 원의 중심으로 색칠해가더군요. 주로 어둡고 그로테스크한 색감이 나타났습니다. 증상이 호전되면 동그라미만 그려 놓고 자유롭게 그릴 예정입니다. 치료사에게 테라피에 대한 피드백을 받는 동안 소년은 아동센터의 로비를 초조하게 끊임없이 오간다.

간호사실 앞에서 소년이 소리를 지른다. 서성이는 소년에게 간호사가 무엇인가 친절을 베푼 모양이다. 다급하게 달려갔지만 이미 소년의 입술은 또다시 터져 피가 흐른 뒤였다. 나한테 관심 가지지 말아요. 설명하지 말아요. 소년이 소리친다. 귀에서 낯선 소리가 들리는 게 분명하다. 소년은 두 손으로 양쪽 귀를 틀어막고 우, 우 의미 없는 소리를 낸다. 나는 소년을 꼭 품에 안는다. 소년의 몸은 고체처럼 딱딱하게 굳어 있다. 테라피를 받은 효과도 없이.

버스에서 내려 소년과 함께 천변의 산책로를 걷는다. 야생화가 지천이다. 산책로는 몇 개의 지하철 역사를 따라 길게 이어진다. "어디까지 갈까?" "아니요." 소년은 아직 병원의 여운이 남았는지 흥분해 있다. 대화를 시도할 때마다 "네." "아니요."라는 형식적인 짧은 대답만을 한다.

여자가 만든 파일에 의하면, 소년은 피아노를 치는 것과 자전거를 타는 것, 그리고 지하철 역사를 구경하는 것으로 여가의 대부분을 보낸다. 소년은 놀라운 암기력을 지니고 있다. 18년의 생에서 경험한 길과 건물과 간판을 기억한다. 몇 년 전 달력의 요일을 외운다. 또 도시 지하철 아홉 개 노선의 모든 역 이름을 순서대로 외운다.

"저는 이 친구가 반 친구들에게 극도로 시달렸다고 생각해요." 억울한 감정을 담은 나의 강한 추측에 의사는 말했다. "선생님, 아이가 폭력을 당했든 왕따를 당했든 스트레스의 주범을 밝혀내는 것은 중요하지 않아요. 지금은 더 나빠지고 위험해지지 않도록 날카로워진 신경을 편안하게 만드는 게 무엇보다 우선입니다."

대낮인데도 비가 올 것처럼 어둑하다. 군락을 지어 피어 있는 금국화는 천변의 어두운 공기 때문인지 노란 색깔이 권태롭게 느껴진다. 꽃들로 장식된 무지개다리를 지날 때였다. "저기 강이 있어요." 진정이 되었는지 소년이 먼저 내게 말을 걸었다. 소년의 말대로 무지개다리를 지나 개천을 따라 계속 걸으면 도시의 거대한 강과 만난다.

"자전거 타고 강으로 갈래요?"

"아니요."

"그럼, 우리 지하철 역사에 내려가 봐요."

소년은 역사 안 여기저기를 끊임없이 오간다. 지하철 역사의 구조는 대부분 비슷하지만 출구는 조금씩 다르다. 소년은 에스컬레이터를 타고 오르락내리락하며 반복행동을 한다. 출구로 나가보기도 하고 개찰구 근처에서 오가는 사람들을 구경하기도 한다. 나는 역사 한가운데 서서 소년의 움직임을 쫓는다.

5

언니는 그룹홈에서 매월 두 차례씩 규칙적으로 외박을 나왔다. 나는 언니에게 유일한 가족이자 보호자였으므로 내가 원하지 않아도 그 규칙은 강제적으로 반복되었다. "벌써 네 번 연습했지? 잘 기억해 둬." 길을 익혀 주기 위해 언니와 네 차례나 동행했다. "눈을 들어. 저기 멀리 안내표지판을 봐." 그러나 언니는 절대로 먼 곳을 보지 않았다. 언니의 시선은 항상 가까운 공간에 한정되어 있었다. 되풀이해서 내게 반복적으로 방향을 물었고, 나는 어쩔 수 없이 지하철 환승역까지 매번 마중을 나갔다. 언니는 같은 듯 다른, 출구와 환승역을 구분하지 못했다. 세상과 격리된 곳에서 이십 년을 지낸 언니에게 도시의 복잡한 지하철은 지독한 미로일 수밖에 없었다. 언니는 사람들을 경계하며 내 옆에 바짝 붙었다. 동생만을 믿을 수 있다는 듯. 마치 내가 세계의 중심이라는 듯. "언제까지 바보처럼 이럴 거야?" 나는 어느 날 결국 이성을 잃고 언니에게 소리를 질렀다. 언니의 뇌는 부분적으로 손상된 게 틀림없었다. 나는 언니를 격리시설에서 데리고 나온 것을 후회했다.

"난 지금 언니 옆에 없는 거야, 그렇게 가정하고 혼자 방향을 잡아 봐. 나를 투명인간이라 생각해 봐."

언니의 눈동자가 불안스럽게 흔들렸다.

"어디로 가야 해? 어디로? 아, 모르겠어."

언니는 원시시대에서 온 늙은 처녀처럼 플랫폼에 우두커니 서 있을 뿐이었다.

언니를 서울로 데리고 온 후부터 나도 언니처럼 방향감각을 잃거나 자꾸 뭔가를 놓쳤다. 건너야 할 횡단보도를 지나쳐 버리거나 열차에 멍하니 앉았다가 내릴 역을 지나쳤다. 자주 목적지 방면을 착각하여 반대편 열차를 탔다. 길을 잃어버렸던 특별한 날이 있었다. 그날은 주민센터에 개설된 '집 짓는 이야기' 저녁강의를 듣기 위해 가던 길이었다. 도시에서 살기 시작한 이후로 나는 한곳에서 오래 살지 못했다. 길어야 고작 이 년이었다. 학교를 졸업하고 프리랜서로 일하면서 더더욱 이 마을 저 마을로 이사를 했다. 간호사로 일하다가 조현병의 중도장애를 입은 딸을 엄마는 절망으로 받아들였다. 나의 청소년기는 엄마의 한숨과 눈물로 하루하루가 채워졌다. 힘겹게 대학입시를 치르고 고향을 떠나올 때부터 다시는 그곳으로 돌아가지 못하리라는 불안감이 들었다. 떠돌아다니며 사는 게 편했다. 창틀과 문을 칠하고 벽과 바닥재까지 바꾸고 나면 언제든 새롭게 시작하는 공간이 되었다. 한곳에 머물러 사는 일은 퇴행의 선택이라고 여겼다. 엄마가 떠나고 언니의 보호자가 되었다. 내가 언니의 그룹홈으로 찾아가기도 하고 언니가 나를 만나러 외박을 나오기도 했다. 언니와 나는 자주 만났다. 가족이 되었다. 나는 비로소 집을 꿈꾸기 시작했다. 좋은 나무향이 나는 집. 언제가 될지 모르지만 도시근교에 목조로 된 작은 단층집을 갖고 싶었다. 나는 '집 짓는 이야기' 강좌에 수강신청을 했다.

주민센터가 위치한 역의 개찰구를 빠져나왔을 때, 나는 약간의 어지러움을 느꼈다. 생각들은 산만하게 엉켜 붙었다. 다섯 번째 오는 강의였는데도 처음 와 보는 역처럼 낯설었다. 몇 번 출구로 나가야 하는지 기억나지 않았다. 더 두려운 것은 그곳이 어디인지 혼란 속에 빠져 있다는 거였다. "여기가 어디인가요?" 행인들에게 방향을 묻고 싶었으나 그들은 길을 물을 틈을 주지 않고 바삐 지나쳤다. 아무도 나처럼 머뭇거리지 않았다. 그들은 모두 길을 알고 있다는 듯 병 속의 좁은 주둥이 밖으로 지혜롭게 몸을 쏙 빼서 지상으로 빠져나가거나 마법처럼 몸을 작게 만들어 다시 병 속으로 빠져 들어왔다. 1번, 4번, 7번. 나는 출구 번호가 적힌 광장에 멍하니 서 있었다. 지나가는 사람들의 비웃음 소리가 들리는 것 같았다. 나는 스스로 당황하고 헤매는 꼴을 견딜 수 없어 과감하게 3번 출구를 선택했다. 이리저리 방향이 바뀌는 긴 통로를 따라 하염없이 걸었다. 통로는 끝이 없었다. 길을 잃었으니 적당한 지점에서 다시 시작해야 한다고 생각했지만 결단보다는 체념이 따라붙었다. 그때 취한 듯 익숙한 향기가 흘러들었다. 계피 향이었다. 외박 나온 언니와 주민센터 근처의 대형마트에서 쇼핑을 마치고 몹시 피곤했던 어느 날. 역전 오픈 카페에서 커피에 지붕처럼 우유 거품을 얹고 그 위에 계핏가루를 솔솔 뿌려서 마셨던 기억이 났다. 미궁에서 찾은 희박한 빛처럼 익숙한 테이크아웃 커피전문점이 저만큼 보였다.

언니는 끝끝내 환승 지점을 찾지 못했다.

"차라리 버스를 알려 줘."

언니는 애원했다. 버스라니, 맞다. 지하철이 아닌, 또 다른 교통수단, 버스가 있었다. 언니와 가족으로 다시 만난 후부터 나는 한 가지 방법 말고는 다른 것을 생각할 수 없었다. 통로가 꽉 막혀 있었다.

6

마사토라는 모래흙에 다육식물들이 가득 심어진 식물원 카페는 미니사막이었다. 스스로 수분을 머금고 오랜 시간을 파랗게 버틸 수 있는 사막의 식물들. 소년의 집 베란다에 있는 율마도 그처럼 푸르게 살아 있다. "저기 가 보자." 소년과 허브 숲 쪽으로 간다. 나는 손으로 캔들플랜트와 라벤더, 로즈마리 등의 잎들을 차례로 쓰다듬으며 향기를 유발한다. "맡아 봐." 소년은 시키는 대로 뒤따라오며 향기를 맡는다. "향기가 좋아요." 소년은 이 순간만큼은 낯선 소리가 들리지 않는 순한 양이다.

카페에 소년과 마주 앉는다. 소년에게 허브차를 권한다.

"여기 와 봤어요."

"누구랑?"

"엄마요."

"그랬구나."

죽은 여자의 이야기를 더 묻고 싶지만, 꾹 눌러 둔다. 소년을 자극하는 질문은 피해야 한다. 찻잔을 든 소년의 손이 바르르 떨린다. 소년을 지배하고 있는 불안은 허브차 한 잔으로 걷히지 않을 것이다. 소년의 동공이 힘없이 풀린다. 무기력의 중량이 느껴진다.

"요즘도 피아노 치니?"

소년은 대화에 집중하지 않는다. 가만히 턱을 괴고 뭔가 골똘히 다른 것에 빠져 있다. 낯선 소리를 듣고 있는 것 같다. 환청이 들리는 것 같이 보이면 빨리 다른 것에 집중하도록 해 주세요. 나는 의사의 조언대로 소년과 저녁식사를 하기 위해 서둘러 밖으로 나왔다. 빗방울이 한두 방울 이마 위에 떨어지더니 속눈썹을 스쳤다.

7

빌라 주차장에 사람들이 서성거리고 있다. 그중에 한 사람은 소년의 집에서 한 번 본 적이 있는 부동산 중개소 사람이다. "집이 비어서 그냥 갈까 하다가 집 주변을 둘러보고 있었습니다." 그들도 건물 외벽의 수평 크랙을 발견했을까. 나는 마치 집주인이 된 것처럼 걱정을 하고 있다. "들어오셔서 보세요." 나는 앞장서서 소년의 검은 자전거가 세워진 이층 계단으로 올라간다.

소년을 만난 지 이 주일이 지났을 때 남자가 내게 전화를 걸어왔다.

"집을 팔려고 합니다. 혹시 부동산에서 오면 집을 보여 주세요. 부탁드립니다."

깍듯하고 매너 있는 중저음의 목소리였다.

"어디로 이사 가시나요?"

"C시로 가 볼까 합니다."

남자는 갈 곳이 뚜렷하게 정해지지 않은 것 같았다. 연민이 몰려왔다. 소년이 악화되기 전에, 여자가 죽기 전에, 이사를 갔다면 좋았을 거라는 내 생각은 말할 수 없었다.

"학생 방 유리창이 매우 더럽군요. 이사 오면 유리창부터 닦아야겠어요. 안방 화장실과 세탁실도 좁고요. 커튼은 또 왜 이렇게 어두운 것으로 했을까. 남향집인데도 집이 어두워 보이네. 세상에, 이 화초들 좀 봐. 어마어마하네. 이걸 다 어떻게 관리할까."

집을 보러 온 중년의 부부는 집안 여기저기를 돌아다니며 흠을 잡았다. 실내 쪽으로 설치한 알루미늄 방범창 때문에 유리를 닦을 수 없었는지 소년의 방 유리창은 불투명유리가 되어 있었다. 빗물이 창에 흐르고 나면 바람은 먼지를 데려다 그 위에 켜켜이 얼룩을 입혔을 것이다.

집을 모두 둘러본 부부가 현관을 나가자 부동산 중개소 사람은 거실 한가운데 멍하니 서 있는 나에게 작게 소곤거렸다.

"기운이 다 쇠한 오래된 집은 새로운 주인을 만나, 다른 집이 되어야 합니다."

그들이 다녀간 후, 나는 새삼스럽게 소년의 집을 둘러보았다. 아침까지 정갈해 보이던 집은 온데간데없이 사라지고 온통 허점투성이인 집이 되어 있었다. 집의 문제들은 여태도록 그 모습을 숨기고 있다가 복병처럼 나타난 것 같았다. 고선직으로 느껴졌던 낡은 피아노는 뚜껑 위에 보얗게 먼지를 뒤집어쓰고 폐품처럼 거실 구석에 웅크리고 있었다. 부드러웠던 원목 마루에서 군데군데 검은 반점들이 나타났다. 누수탐지기로 살펴보았어야 할 크기의 반점이었다. 그들이 지적한 것처럼 거실 커튼은 어두운 황금빛 몸에 소년의 머리보다도 더 큰 갈색 장미들을 어지럽게 품고 있었다. 실내를 바라보고 있는 장미의 표정은 소년의 집을 삼킬 듯이 위압적이었다. 보일러 기계는 소년이 샤워를 할 때마다 삐익, 반복적으로 경고음을 냈다. 무엇보다 가장 어두운 풍경은 베란다의 말라 가는 식물들이었다. 그동안 자세히 살펴보지 않아 몰랐던 사실이었다. 식물들은 박제나 화석처럼 제 모습을 지닌 채 말라 가고 있었다. 언니의 마지막도 그랬다. 시립병원에서 언니를 퇴원시키라는 연락이 왔다. 언니의 몸에서 결핵균이 발견되었다고 했다. 슬퍼할 여유도 없이 또 다른 시립병원을 수소문했다. 결핵병동이 있는 한 시립병원에서 입원을 허락하는 연락이 왔다. 하지만 조현병 결핵환자는 24시간 간병인을 두어야 한다고 하였다. 나는 모든 것을 체념하고 보호자가 필요 없는, 예전 시설이 있던, 먼 곳으로 언니를 호송하였다. 언니는 결핵을 다 치료하고도 그룹홈으로 돌아오지 못했다. 패배자처럼 시설에 재입소했다. 34킬로그램의 체중이 되기까지 온몸의 수분을 하루하루 거두고 있었다. 언니는 합병증으로 시달리다가 시설과 가까운 소읍의 병원에서 마지막 삶을 연명해 주던 산소 호흡기를 떼었다.

나는 베란다 구석에 걸린 호스를 들었다. 분사 버튼을 눌러 죽어 가는 식물들을 향해 물줄기 세례를 퍼부었다.

서재에는 책보다 여자의 물건으로 보이는 화구들이 더 많았다. 굵기가 다른 붓들과 연필, 과슈[4], 그리고 가지런히 놓여 있는 펜촉과 작은 상자에 든 콘테[5]. 수채물감과 팔레트와 드로잉 스케치북. 책장은 화실

4 고무를 수채화 그림물감에 섞어서 그림으로써 불투명한 효과를 내는 물감.

의 사물함처럼 칸칸이 그림도구들로 채워져 있다.

서재에서 프린터기를 찾아 용지함에서 종이 한 장을 꺼낸다. 소년과 대화는 어려울 것이다. 의사가 가르쳐 준 대로 객관식 문항을 순차적으로 작성한다.

소년의 약 처방전에 낯익은 약이 있다. '리스페달 퀵릿 정' 이라고 쓰인 약은 입안에서 금방 녹아 물 없이도 먹는다고 했다. 언니가 복용하던 '리스페리돈' 이라는 약명과 비슷하다. 소년은 한 컵 가득 찬 물을 다 비워 내고서야 겨우 알약을 삼킨다. 소년은 가벼운 자폐증상을 제외하고는 알약을 먹을 일도 없이 무척 건강했다고 한다. 적당한 양의 물로 재빨리 꿀꺽 삼킨 다음, 남은 양의 물을 마저 마시세요. 두 달 전, 책상 위에 내가 써 준 메모가 아직 붙어 있다.

"약 먹을 때마다 힘들어했는데, 덕분입니다."

남자는 조금씩 병원치료에 익숙해지는 소년의 일상에 마음이 놓인다고 했다.

"선생님, 머리카락 건강해요? 자, 이거 가지세요."

소년은 테디베어 모양의 플라스틱병과 종이 한 장을 내민다. 샴푸 제조법이 적혀 있다. 에스피노질리아3g, 로즈마리15방울, 페퍼민트15방울, 등등. 굵은 글씨로 쓰인 에스피노질리아는 인디언들의 약초로 머리숱이 새로 나게 하는 신비의 약초라고 쓰여 있다. "어떻게 만들었어?" "비누 하우스에서 만들었어요."

---

5 소묘용 연필.

소년이 체크한 질문지를 본다.

1. 집에 아무도 없고 혼자 있는데 어떤 소리가 계속 귀에서 들린 적이 있습니까?
   ① 예　　② 아니오

2. 소리가 난다면 그것은 어떤 소리입니까?
   ① 기계 소리　　② 동물 소리　　③ 사람 소리

3. 만약 그것이 사람의 목소리라면 어떤 사람의 목소리입니까?
   ① 남자어른　　② 여자어른　　③ 친구들　　④ 많은 사람

4. 그 소리는 어떤 내용의 소리입니까?
   ① 지시 또는 명령하는 소리　　② 칭찬하는 소리
   ③ 욕하는 소리　　④ 간섭하는 소리

8

소년의 집은 고요 속에 잠겨 있다. 나는 소파에 앉아 식물들을 바라보며 죽은 여자의 시간 속을 더듬는다.

여자는 그만 하루를 놓고 싶다. 지루해. 위안을 생각할 수 없이 답답하다. 손질하지 않은 여자의 머리는 윤기 없이 까슬까슬하다. 입술은 팥죽색으로 변해 있다. 립스틱을 발라 본 지가 언제인지 모른다. 취미가 너무 심하다고 생각지 않아? 베란다만 보면 숨이 막혀. 저것들이 가슴을 짓누른다고. 남자는 여자를 비난한다. 하지만 꽃들은 행복하다고 말하고 있잖아. 그만해, 이건 병이야. 꽃보다 애를 좀 쳐다보라고. 남자

는 소리를 지른다. 알았어, 그만할게. 여자는 매번 다짐을 하지만 외출하고 돌아오는 손엔 어김없이 화초가 들려 있다. 여자는 이른 새벽에 일어나 식물들 하나하나의 컨디션을 살피며 시간을 보낸다. 여자는 식물 중에서 타라를 제일 염려한다. 병아리의 눈물처럼 작은 얼굴을 가진 타라. 타라는 눈물을 떨어뜨리며 곧 죽을 것 같은 불안감을 준다. 소박한 햇빛과 신선한 바람결을 원하는 타라. 어느 날 소년의 집에 한 번도 만나보지 못한 이상한 햇빛이 찾아온다. 소년의 귀에서 낯선 사람의 목소리가 들려온다. 여자는 안간힘을 쓰며 소년에게 목장의 신선함이 살아 있는 우유를 마시게 하고 꽃들의 즐거운 소란을 그림에 담아낸다. 남자는 속도감 있는 삶을 살고 싶다. 남자는 만취하여 비틀거린다. 남자는 퇴행하는 소년의 이야기를 버리고 싶다. 아침이 될 때까지 현관에 남자의 구두가 보이지 않는다. 당황한 여자는 식물들의 물주기 리듬을 잃어버린다. 여자는 땅속으로 가라앉는다. 의사가 묻는다. 아이를 키우면서 언제가 가장 힘들었습니까? 여자는 두 손으로 얼굴을 감싼다. 지금요. 바로 지금요. 여자의 눈물 줄기는 볼을 데일 듯이 굵고 뜨겁다. 여자는 그날 오후 노랗게 혼자 피는 바람꽃 하나를 화분에 심는다.

9

창밖 은행나무가 긴 가지를 뻗어 소년의 창문을 때린다. 저녁부터 비바람이 내리친다. 눅눅하고 습한 기운이 창문을 통해 소년의 방으로 스며든다. 춥다. 소년의 방은 굵은 인터넷 전용선 때문에 통창이 제대로 닫히지 않는다. 창틀 새시 밑으로 전선용 홈이 뚫려 있는데도 설치 기사는 이를 무시하고 새시 위로 대충 설치한 모양이었다. 여자는 겨울이 오면 꽃들에게 알맞은 온도를 맞춰 주었지만, 소년은 오랫동안 한기가 도는 방에서 지냈을 것이다.

"엄마는 죽었어요."

소년이 침대에 엎드려 중얼거린다. 하나의 존재가 하나의 감정으로 또 하나의 존재를 기억하는 순간이다. 엄마는 왜 죽었어요? 잔혹한 질문을 던져 놓고 나는 멈칫한다.

"몰라요. 죽었어요."

소년의 영혼은 아직 파괴되지 않았다. 최소한 언니와 같은 분열은 아니다. 아무리 경증의 자폐라고 하지만 조현병까지 중복장애로 온다면… 나는 세차게 도리질을 한다. 결혼하고 싶어. 아이도 낳아 보고 싶어. 좋은 직장에 취업도 할 거야. 그룹홈에서 재활에 성공한 듯 보였던, 증상이 나타나기 전의 언니는 종종 결혼에 대한 꿈을 꾸었다. 예전에 간호사 할 때 말이야, 가족이 많은 환자들의 병상은 참 따뜻하게 느껴졌어.

나는 마흔이 다 되도록 결혼을 생각해 본 적이 거의 없었다. 젊어서 남편을 사별한 엄마는 중도장애를 입은 큰딸을 견뎌 내지 못해 이른 치매가 왔다. 죽기까지 오랜 시간을 요양원에서 보냈다. 유언은 없었다. 엄마에게서 듣고 싶은 말이 있었다. 언니를 내게 맡기고 가는 것에 대한 아주 사소한 당부 같은 것. 나는 엄마가 차마 천국에 가지 못하고 하늘에 걸려 있을 거라고 믿는다.

죽은 여자도 나의 엄마처럼 저 세계로 가지 못하고 하늘에 걸린 채 소년을 내려다보고 있다. 남자가 이사 간다는 C시는 습도와 안개가 지독하다. 습한 안개는 계절도 구분 없이 집을 휘감고 돌며 소년의 목을 조를 것이다. 호흡기 질환을 일으키는 안개. 무지한 습도를 몰고 오는 안개를 이겨 내기 위해서는 담 밖에 커다란 흙벽을 쌓아 올려야 한다. 집과 안개는 상생이 어렵다고 '집 짓는 이야기' 강사는 말했다.

"괜찮을 거야. 자 똑바로 누워 봐. 그리고 잊으려고, 나쁜 소리를 무시하려고 노력해 봐."

나는 손바닥으로 소년의 눈을 쓸어 감기며 천천히 양을 세어 준다.

"양 한 마리, 양 두 마리, 양 세 마리……. 그리고 양 네 마리……. 또 양 다섯 마리…… 양 여섯 마리……."

나는 소년의 얼굴에서 손을 거둬 올린다. 소년의 손을 가만히 잡는다. 엄마. 소년의 가느다란 잠꼬대가 내 귀에는 그렇게 들린다. 엄마. 엄마.

웡, 웡. 고막 깊숙한 곳에서 바람 소리 같은 파장이 울린다. 가끔 몸이 노곤해지면 스트레스 때문인지 희미하게 이명이 울렸다. 언니가 그렇게 빨리 죽을 줄은 몰랐다. 겨우 마흔여덟이었다. 소읍의 내과 의사는 말했다. 문제는 결핵이 아니라 그동안 앓아 오던 합병증입니다. 언니의 죽음은 내게 일종의 쇼크였다. 쇼크는 슬픔의 두께를 겹겹이 쳤다. 풀리지 않는 피로의 고단함이 오래 지속되었다. 몇 달 사이에 초로의 노인처럼 확 늙어 버린 느낌이다. 온종일 소년을 데리고 걸어 다녔는데도 쉽게 잠이 오지 않는다. 거실로 나와 진열장의 먼지 앉은 물건들을 바라본다. 사물들은 인간과의 접촉을 통해 의미를 갖는다. 나는 수면에 도움이 되는, 작은 국화 모양의 카모마일이 담긴 유리병을 꺼낸다. 남자는 오늘 돌아오지 않을 것이다.

달그락, 달그락. 찻잔들이 걸어 다니는 소리가 들린다. 마루가 쩍쩍 갈라지고 창틀이 뒤틀린다. 소년의 방, 작은 액자 그림 속에서 민머리의 여자가 걸어 나온다. 여자는 진열장 속에 가득 찬 소품들을 꺼내어 먼지를 닦고 다시 정리한다. 째깍째깍, 촉촉촉. 꽃잎이 시간으로 옮겨 간다. 시침과 분침 끝에 분홍색 꽃잎이 매달려 있는, 진열장 옆에 걸린 커다란 시계다. 정리를 끝낸 여자는 베란다로 나가 식물들의 건강 상태를 하나하나 살핀다. 그동안, 집 안의 사물들은 오늘처럼 밤마다 죽은 여자와 함께 움직인 것이다.

여자의 그림자가 소파로 다가온다. 여자가 내 곁에 조용히 앉는다. 샴푸, 효과가 좋아요. 써 보세요. 아이랑 비누 하우스로 천연화장품을 만들러 다녔거든요. 탈모가 되어 머리카락이 한 올도 남아 있지 않은 흉한 모습인데도 어둠 속 여자의 얼굴은 맑고 해사하다.

10

새벽, 남자가 출장지에서 돌아왔다. 소년을 봐 주기로 약속한 시간은 정오까지였다.

"잠을 깨워 죄송합니다."

비틀거리는 몸에서 알코올 냄새가 났다.

"약도 잘 먹고 잘 자고 있어요. 오셨으니 저는 이만 가 볼게요."

나는 사무원처럼 남자에게 소년의 일을 보고한다.

"수고하셨습니다. 힘드신데 더 주무시고 아침에 가세요."

취한 남자의 목소리는 좌절한 사람처럼 힘이 꺾여 있다. 소년에게 받은 질문지 이야기는 다음에 해야 할 것 같다. 지금 남자에게 필요한 것은 지독한 일상을 겁내지 않는, 용기 같은 것일까. 가족을 잃은 내가 되찾고 싶은 신념과도 같은. 나는 현관으로 나가려던 발걸음을 되돌려 남자의 방으로 향한다. 불 꺼진 방문의 열린 문틈 사이로 TV 화면의 불빛이 일렁인다.

"드릴 말씀이 있어요."

나는 남자의 방으로 들어간다. 침대 맞은편 벽걸이 모니터에서 군인들이 의미 없는 전투를 벌이고 있다. 남자는 리모컨을 들어 벽 속의 사람들을 해제시킨다. 나는 웃옷을 모두 벗고 알몸으로 등을 보인 채 누워 있는 남자의 침대 발치로 다가간다.

"아이가 자위하는 방법을 모르는 것 같아요. 스스로 자위를 하도록 가르쳐 주세요."

남자가 침대에서 일어난다.

"자위는 본능만은 아니에요. 몸의 위로예요. 그리고…… 이 빌라 건물에 균열이 보이는데 알고 있었나요?"

남자가 침대에서 내려와 나에게 다가왔다.

"그리고 또, C시는 안개 때문에 지내기 힘들 거예요."

나는 남자의 눈을 똑바로 바라보았다. 남자의 눈에는 이미 오래전부터 울고 있었던 듯이 눈물이 가득 고여 있었다.

나는 하아, 하아, 크게 한숨을 내쉰다.

남자는 입술로 나의 몸 뜨거운 곳에 난화[6]를 그린다.

"……괜찮은가요?"

"……괜찮아요."

나는 두 손으로 꽉 움켜쥐고 있던 남자의 허리를 손톱으로 힘껏 누른다. 남자는 외로운 맹수처럼 나의 몸속을 휘젓는다. 아득하다. "죽지 마, 제발 죽지 마." 남자는 내 속에 자신을 넣고도 죽은 여자를 향해 애원한다. 남자의 움직임은 거칠어서 견뎌 내기가 힘겹다. 나는 남자의 몸을 온 힘을 다해 힘껏 조인다.

소년의 집 베란다 통창을 열고 율마를 바라보다 아, 하고 탄식을 한다. 푸른 율마 옆에서 긴 머리를 늘어뜨리고 있던 타라. 붉은 줄기에 여린 잎들을 촘촘하게 매달고 있던 타라는 밤사이 잎들을 모두 떨어뜨려 놓았다. 마른 흙에 벌건 줄기가 노출된 타라의 모습은 황폐했다. 돌이킬 수 없이 탈모가 진행되어 버린, 꿈속 여자의 두피 같았다.

바닥에 우수수 떨어진 잎들을 손끝으로 줍는다. 비틀어져 말려 들어간 작은 잎들은 이내 손끝에서 부서진다. 동그란 잎이 형체도 없이 먼지가 되려고 한다. 나는 떨어진 잎들을 모두 주워 창밖으로 날려 보낸다. 문득, 고개를 돌려 아침 햇살이 비치는 실내를 바라본다. 나는 진열장 모서리에 걸린 여자의 앞치마를 발견한다. 소년을 깨워 학교에 보낼 것이다.

6 어린아이들이 연필이나 크레파스를 이용하여 선으로 긁적거리는 그림.

11

누군가 어깨를 툭, 친다. 육십쯤으로 보이는 초로의 신사다.

"힘들게 서 있지 말고 저기 앉아요."

신사는 나의 뒤쪽 빈자리를 가리킨다. 나는 고개를 숙여 관심에 대한 인사를 한다. 눈두덩이 뜨거워진다. 문이 열린다. 나는 열차에서 내린다. 친절한 당신. 의식은 아직 지하철 속의 신사에게 머물러 빠져나오지 못하는데 몸은 어느새 개찰구 앞이다. 의식하지 않아도 몸은 길을 알고 있다. 개찰구를 빠져나온다. 지하상가를 지나고 사물함을 지나 어디론가 나간다. 나와 보니 그곳이었다. 한밤중에 찻잔들이 달그락거리는, 늘어진 타라가 천사의 눈물을 떨어뜨리고 아침이면 마른 꽃들이 아우성치며 생을 요청하는, 어쩌면 수평 크랙으로 곧 무너져 버릴, 그 집으로 가는 길.

건널목에서 푸른 신호를 기다린다. 건널목 저편의 남자는 검은 자전거에 음악이 나오는 라디오를 실었다.

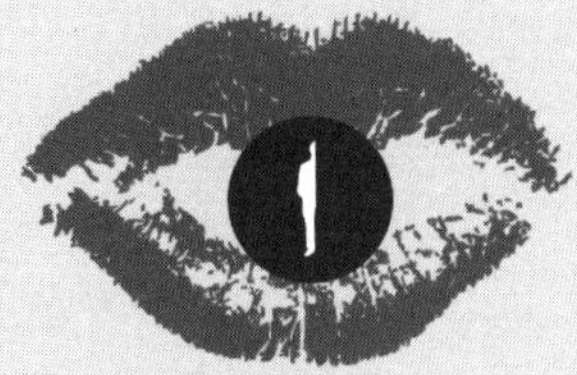

주체성

4는 0이다[1]

이정식*

파울리나[2] 내 몸은 이제 성숙해. 두 개야. 사슴들. 윤곽은 상아처럼 매끈해. 그림들을 보면 화가들이 그렇게 그리잖아. 오, 성모야. 나의 가슴. 예쁜 내 젖가슴. 너희들은 두 마리 사슴이로구나. 산으로 가고 싶니? 아니. 우린 여기 있고 싶어.(35쪽)

* 1987년 대전 출생. 병역거부자. 독립 영상 제작 및 연출 작업을 하고 있으며 2013년 12월 9일 HIV 양성 확진 판정 이후 HIV/AIDS와 관련된 활동도 하고 있다.

1 성욕망과 갈등, 방황과 외로움을 고백하는 목소리 4가 있다. 4의 언어는 파울리나(피에르 장 주브의 소설 주인공)의 메타포이기도 하다. 흩어지고 반복되는 감정들로 이어지는 고백을 통하여 4는 0으로, 무의 존재로 회귀하고자 한다. 그리하여 4는 새로운 시작을 갈망하고 있는 것이다.

2 피에르 장 주브, 『파울리나 1880』, 문학과지성사, 2012. 19세기 이탈리아, 자산가의 딸로 엄격한 통제 속에 자랐으나 '새끼 사슴' 같은 생명력을 지닌 파울리나는 주체할 수 없는 열정으로 유부남과 사랑에 빠져 종교의 빛을 갈구하면서도 쾌락을 탐닉하게 된다. 결국 그녀가 다가가는 종교의 빛에는 늘 어둠이 드리워지고 그녀를 사로잡은 사랑의 쾌락에는 언제나 죄의식이 어린다. 인용문의 괄호안은 쪽번호.

30 어린아이들도 알지. 매음굴이 어디에 있는지. 매춘, 갈보, 창녀, 걸레들이 누구인지 알지. 빨간 조명과 침대가 있는 작은 방들의 여자들을 손가락질하며 우습게 여긴다는 것도 알지. 아이들은 남자들의 욕망의 크기가 같다는 것도 알지. 젊은 청년들만이 아니라 걸음걸이가 불편한 노인들도 욕정을 풀기 위해 그녀들을 찾아간다는 걸. 그런데 게이사우나가 있다는 건 소수의 사람들만이 알지. 건물의 지하나 상가 건물 한 층에 위치한 게이사우나는 간판이 드러나지 않고 창문은 모두 닫혀 있다는 걸. 사람들이 알 수 없는 욕망의 공간에서 사람들은 동물이 되지. 사회의 어둠, 인간의 그림자에 이성이 들어설 자리가 없지. 사람들은 개, 원숭이, 돼지가 되어 숨을 헐떡이며 하나의 몸이 되지. 어둠 안에서 인간의 몸은 하나의 어둠에 불과할 뿐이라는 것을, 아이들도 알고 있지.

29 게이사우나로 들어가기 전에는 항상 잠시 망설이게 된다. 들켜서는 안 될 것을 들킨 듯 수치심이 들기도 한다. 혹시라도 입구 계단에서 누군가를 마주칠까 봐 황급히 계단을 걸어 올라가 문을 열고 들어간다. 실내는 어둡고 습하다. 카운터에 입장료를 내밀면서도 수치심은 사라지지 않는다. 나는 무엇 때문에 이곳에 오게 된 것일까. 섹스가 하고 싶어서일까 아니면 외로웠기 때문일까. 누군가와의 입맞춤, 누군가와의 포옹, 누군가와의 손과 손목과 어깨를 단단히 움켜잡고 싶었던 것인지도 몰라. 날 아껴 달라고 그리고 천천히 부드럽게 쓰다듬어 달라고 말하고 싶었던 것인지도 몰라. 락커룸에서 옷을 벗고 가운을 걸친다. 샤워실에서 샤워를 하고 문이 없는 복도의 방들 어딘가에 눕는다.

심장이 빠르게 뛴다. 누군가 내 옆에 눕는다. 손이 다리 위로 올라온다. 천천히. 그리고 나의 성기를 잡는다. 나는 단단히 발기되어 있다. 숨이 가빠진다. 내 손을 자신의 성기로 가져다 대는 그 누군가. 어둠 속에서 나의 외로움은 누군가의 욕망을 받아들이는 하나의 덩어리일 뿐이다. 허벅지의 마찰. 나의 엉덩이 사이로 들어오는 성기.

28 복도에 들어서면 왼쪽으로 첫 번째 방이 있다. 방의 커튼을 살짝 들춰 봐. 중년 남성의 나체가 보인다. 벌려진 남자의 다리 사이로 음낭이 아래로 늘어져 있다. 방을 지나 앞으로 걸어가면 복도는 환기구가 있는 벽에서 왼쪽으로 꺾인다. 그 복도를 좀 더 들어가면 왼쪽과 오른쪽으로 복도가 나뉘어져 있다. 오른쪽에는 두 개의 방이 있다. 하나의 방에는 화면에서 일본 게이 포르노가 나오고 있고 다른 하나의 방에는 일반 지상파 방송을 볼 수 있는 텔레비전이 있다. 어두운 복도 오른쪽으로 텔레비전에서 나오는 화면의 빛이 복도 바닥에 어른거리고 있다. 난 왼쪽의 복도로 들어간다. 복도에는 양옆으로 세 개씩 방이 있다. 오른쪽 방 하나를 지나가면 두 개의 엉덩이가 누워 있다. 왼쪽 방 하나를 지나가면 사람이 없는 빈방에 어둠만 있다. 오른쪽 두 번째 방을 지나가면 두 몸이 헐떡이며 살을 부딪치고 있다. 그 두 몸 옆으로 하나의 몸이 서성이며 자신의 성기를 부여잡고 있다. 왼쪽 두 번째 방에는 두 개의 성기가 누워 있다. 하나는 잠들어 있고 다른 하나는 딱딱하게 팽창해서 위로 서 있다. 오른쪽 세 번째 방에서 신음 소리가 나오고 있다. 부끄러움을 모르는 목소리. 난 거칠고 높은 교성이 듣기 싫어 그 방을 쳐다보지도 않는다. 왼쪽 세 번째 방을 보니 어떤 남자가 누워 있

다. 난 그 남자 옆에 눕는다. 그리고 기다린다. 내가 아닌 내 몸 덩어리가 필요한 그 남자의 욕망이 깨어나기까지.

27　　　내 항문은 예뻐. 특별해. 엉덩이 골 사이, 손가락으로 만지기 좋은 곳에 있어. 아이 축축해. 두 개의 손가락이 들어갔다 나왔어. 어떤 남자가 혀끝으로 미끄러지듯 원을 그려 주었어. 다른 꽃들은 시들었어. 시큼한 향기가 나는 꽃들. 어둡기만 한 푸른 꽃잎, 보랏빛의 꽃잎들 중에서도 나는 붉은 꽃잎을 피었어. 내 붉은 꽃잎은 매혹적이야. 다가오는 코들을 위해 나는 두 다리를 벌렸어. 너도 들어오고 싶니? 신은 나에게 우주를 주었어. 확장하는 어둠. 그 안으로 떨어지는 빛들과 뜨거움. 남자의 힘들은 내 안에서 폭발하고 난 그것을 바다처럼 받아들여. 아아. 아름다워. 내 항문. 내 엉덩이. 벌려진 가랑이 사이. 가련한 자의 영혼을 잠시나마 달래 줄 수 있는 나의 운명은 신의 축복을 받았어. 난 날개를 달고 천국으로 날아갈 거야. 난 남자들을 어둠 속에서 위로해 주었고, 안아 주었고, 사랑을 주었으니까. 난 천사였어. 사람들이 외면하고 혐오하는 어둠 속에서. 난 천사였어.

26　　　천장의 조명이 신의 계시처럼 나체들 위로 떨어지고. 나체들은 사람의 품속에서 껍질이 깨지길 기다리는 알이었고. 천국의 맛은 달고 텁텁해. 난 삼키고, 배꼽 아래 털들에 엉킨 하얀 거품을 손가락으로 문지르고. 구겨지고 주름진 시트, 바닥에 떨어진 젖은 휴지들, 수건과 콘돔들, 담배와 땀 냄새가 배긴 가운들. 천국에서는 모두 누워 잠들어도 좋아. 혼자 들어와 혼자 남겨지고 혼자 나가는 여긴 외로운 자들

의 천국이니까.

25 하느님, 저를 구원해 주세요. 이 어둠 속에서 발가벗겨진 저의 육체를 지옥 불에 던져 주세요. 살이 타오르는 뜨거운 고통에 비명을 질러도 당신의 이름을 찾는 깨어 있는 영혼을 주세요. 여긴 너무 추워요. 어떤 손가락, 수염이 난 입술, 단단한 두 개의 성기가 제 창자를 꿰뚫고 나갔어요. 하느님, 이 어둠 속에서 저는 불면의 상태로 네 시간이나 당신을 기다렸어요. 환기구 사이로 푸른 새벽빛이 들어오네요. 악이 저를 찾아오려고 해요. 저는 곧 시들고, 빛이 바라고, 떨어질 거예요. 여긴 여전히 춥고 전 메마른 신음을 내뱉고 있어요. 주름진 손이 저의 다리 위로 올라오고 있어요. 아, 난 어쩔 수가 없어. 내 위로 올라오는 저 몸, 거부할 수 없어. 저 가련한 영혼을 내가 안아 줘야지. 난 꼭 지옥으로 떨어질 거야. 영원히 타오르는 불꽃 속으로 떨어질 때 내 손으로 붙들고 갈 거야. 나를 발가벗기고 이 어둠 속으로 오게 한 자들. 나를 만지고 덮고 올라오는 저 몸들을 이 어둠 속으로 몰아낸 자들. 같이 갈 거야. 저 불 속으로 떨어져 같이 심판 받을 거야.

파올리나 고독이 날 떠나갔다. 아픔, 슬픔도 떠나갔다. 난 몇 번이나 나 자신을 놓아버렸다. 처음에는 부드럽게, 다음에는 미친 듯이 그렇게 했다. 이제 모든 걸 가졌고, 모든 걸 잊었다. 스스로를 놓아버릴 필요가 있었다. 오늘 나는 저 너머에 있다.(182쪽)

나는 타오른다. 나의 환한 사막에는 아직 새 한 마리 살지 않는다.

여전히 닫혀 있는 문, 나는 앉아 있고, 계단들, 땅, 발걸음이 지나간 자국, 재. 인간의 것은 모두 헛되고, 모든 것이 이 뜨거운 재로 돌아온다. 우리는 길을 잃었다. 하지만 하늘, 작고 불타는 땅 위에 하늘은 크고 순결하고 얼어붙어 있다.(214쪽)

24 2013년의 늦은 가을. 내가 문래동 대안 공간 〈정다방〉에서 나왔을 때, 시간은 새벽 두 시였다. 바람은 차가웠다. 택시를 타고 집으로 돌아가는 길에 몸에 열이 나고 심한 어지러움을 느꼈다. 그저 감기 기운이겠지 생각하며 여의도를 빠져나가는 차의 뒷좌석에서 몰려오는 피곤함에 눈을 감았었다. 그러다 요도염 증세로 비뇨기과를 찾아갔다. 소변검사를 하고 혈액검사를 받았을 때에 불현듯 어떤 사람 얼굴이 생각났다. 지난날 잠자리를 갖고 같이 담배를 피울 때 유심히 들여다본 그의 모습이 선명하게 그려졌다. 피곤해 보이는 기색과 전에 없던 얼굴 위로 올라온 피부 염증. 나는 그의 모습을 보곤 어떤 말을 하고 싶었지만 담배 연기를 뱉으며 삼켜 버렸었다. 그리고 찾아온 긴 감기. 몸에 갑자기 찾아오는 열과 심한 피로감, 어지러움과 피부 염증. 아마도 그는 감염인이 아니었을까, 그렇다면 나도 감염된 것은 아닐까 하는 생각도 들었지만 그래도 그저 심한 감기일 거라 생각하며 지나갔다. 혈액검사 결과가 나오기까지 1주일이 지나감에도 몸은 더 나빠지는 것 같았다. 그리고 병원에서 전화가 왔다. 혈액검사 결과가 나왔으니 병원에 방문해 달라는 간호사의 전화였다. 나는 아, 하고 벌어진 입을 다물지 못했다. 나에게 어떤 질병이 찾아왔을 거라는 확신이 들었다. 그렇게 병원에 찾아갔을 때 담당의는 나에게 HIV 1차 양성이 나왔다는 말을 건네

며 2차 검사 결과에서는 음성이 나오는 경우도 있으니 너무 상심하지 말라는 말을 덧붙였다. 하지만 그때 나는 2차 결과는 달라지겠지 하는 기대는 하지도 않았었다. 단지 나와 관계를 맺었던 그 남자의 얼굴을 떠올리며 '당신은 괜찮아요?' 라는 말을 해 주고 싶었다. 지금도 그 사람. 괜찮은 걸까?

23 누나에게 먼저 전화를 걸었다. 누나 내가 요즘 몸이 이상한데 병원에서 HIV 1차 양성이 나왔어. 2차 검사 결과는 아직 안 나왔지만 2차도 양성 확진이 나올 것 같다는 생각이 들어. 갑자기 찾아온 먹먹함. 적막. 누나와 나는 말이라는 것을 잃어버린 사람처럼 서로 아무 말도 하지 못했다. 그 침묵은 몇 분이었을까? 사라진 몇 분의 시간을 깨고 들려온 건 "아니겠지, 아닐 거야, 걱정하지 말고 기다려 보자" 라는 누나의 대답에 나는 긍정도 부정도 하지 않았었다. 바람은 점점 차가워졌다. 도중에 병원에 가서 다시 채혈을 했고 계절은 겨울 초입에 들어섰다. 15시, 일 문제로 용인 에버랜드에 있을 때 병원에서 전화가 왔던 시각이다. 검사결과가 나왔으니 병원에 오셨으면 좋겠다는 말을 듣고 HIV 양성 확진 판정이 나온 것 같다는 생각이 들었다. 전화를 끊고 그 자리에 가만히 서 있다 콘 아이스크림 하나를 샀다. 찬바람에 혀까지 얼어붙은 듯 아이스크림의 단맛을 잘 느낄 수 없었다. 마치 아이스크림을 녹여서 사라지게 하려고 먹고 있는 기분까지 들었다. 밤에는 눈이 내렸고 난 바이킹을 타러 갔다. 높은 곳으로 올라갔다 떨어질 때 보이는 풍경, 어둠 속에 보이는 빛들 아래로 추락하는 느낌. 올라갔다 내려가고 다시 올라갔다 떨어지는. 놀이기구의 정해진 탑승 시간이 끝

나면 나는 다시 타길 반복했다. 허공에서 떨어질 때의 속도와 감각들을 되새겨 보고 싶었다.

22 2013년 12월 9일. 광화문에 위치한 비뇨기과를 다시 찾아갔다. 1차 결과가 나오고 두 번의 채혈을 하고 나서의 3주동안 나는 너무 담담해져 있었다. 의사의 입이 양성이라는 말을 내뱉었을 때에도 놀라거나 슬프지 않았다. 요즘은 치료제가 잘 나오고 관리를 잘하면 된다는 식의 위로를 하려는 의사의 말이 불편하게 들릴 뿐이었다. 병원을 나와 담배를 하나 물고 서 있는데 엄마 생각이 났다. 쌍꺼풀이 짙은 엄마의 눈과 어깨까지 내려오는 곱슬머리. 우리 아들이라 말 할 때의 목소리가 귀에서 들리는 것 같았다. 갑자기 눈물이 핑 돌았다. HIV 같은 거 무섭지도 놀랍지도 않은데, 앞으로 살아가야 할 시간이 두렵지도 않은데. 우리 엄마가 나로 인해 삶의 무게가 더 늘어나겠구나. 이 사실을 알면 얼마나 슬퍼하실까 하는 생각에 눈앞에 서 있던 거리의 모습이 뿌옇게 사라지는 것 같았다. 건물 사이를 오가는 광화문의 직장인들과 주차된 차. 세종문화회관 사거리로 보이는 정차된 차들이 일시에 사라지고 시간이 멈춰 버린 것 같았다. 엄마에게 하고 싶은 말들이 목에 걸리며 눈과 가슴이 뜨거워졌다. 그리고 누나에게 전화를 걸었다.

누나. 나 지금 병원에서 나왔어. 확진판정 나왔어.

파올리나 난 파멸이야. 난 파멸이야. 우리 이제 말하지 마요. 우리 이제 말하지 마요. 우린 죽을 거니까. 그녀는 계속 기도했다. 그녀는 밖에서, 옆에서, 기도했다. 이제 하나가 될 수 없고, 하나가 되리라는 희망도 없다. 영원한 찢김. 삶은 파멸의 폭풍우이다. 나의 마지막 순간이 온 거야. 나뭇가지가 전부 부러지고, 길이 막히고, 집들이 무너지고, 그리스도는 땅바닥에 쓰러져 있다. 한 번 더 내리치세요. 그리고 바로 그 손으로, 하느님, 끔찍한 행복을 주세요. 단 한순간도 저를 분노 없이, 시련 없이 그냥 두지 마세요. 전 아무리 고통을 받아도 지치지 않아요. 제 존재는, 아직까지, 고통에 짓눌려 터지지 않은 부분이 많아요.(224쪽)

21 국립중앙의료원에 갔다. HIV 감염 확진 이후 첫 진료를 받는 날이었다. 내 담당의는 눈빛에서 타인에 대한 호기심과 단호함이 느껴지는 40대 중년의 남성이다. 그는 나에게 앞으로의 치료 과정에 대해 간략하게 설명해 준다. 치료제 사진을 보여 주며 복용방법에 대해 말하면서 나에게 스트리빌드라는 약을 복용하길 권유한다. 하루에 한 알, 규칙적으로 먹을 수 있는 시간대에 식사를 하고 먹으면 되는 약입니다. 하루에 한 알만 먹으면 되니 불편함이 적을 거고. 우선 채혈을 하고 면역력 수치와 바이러스 검사를 합시다. 채혈실에서 채혈을 했다. 채혈 담당자는 내 채혈이 끝나자마자 손을 씻었다. 그 모습에 환자를 다루는 사람으로서 참 좋은 습관이라는 생각이 들면서도 불편한 생각이 들었다. 혹시 내가 HIV 감염인이기 때문에 채혈이 끝나자마자 손을 씻은 것이 아닐까? 그는 속으로 나를 혐오하고 있진 않을까? 어떤 간병인의 증언이 생각났다. 에이즈 환자의 검진을 끝내고 병실을 나가는 간호사가 했다는 말.

어떻게 날 만졌어.

HIV 바이러스는 공기 중으로 전파되지 않습니다. 신체적인 접촉만으로 전염이 되는 질병이 아닙니다.

면역력은 350, 바이러스 6000.[3] 면역력은 낮았지만 바이러스 수치는 생각보다 높지 않았다.
병원을 나오면서 나는 단단하게 살아가야겠다는 생각이 들었다. 흔히 사람들이 생각하는 환자의 어둡고, 슬픈 기색이 전혀 보이지 않는, 나는 밝은 모습만을 보여 주며 살아야겠다고 생각했다.

20 지나간 밤을 잊고 낮을 맞이할 때의 시간들. 물 한 컵을 마시고 담배를 피운다. 거울 속 내 모습을 들여다 보다가 따뜻한 물로 몸을 씻는 시간은 종교적인 의식을 체험하는 순간이다. 내 몸이 성스러워진 느낌, 신 외에는 그 누구도 나를 건드릴 수 없는 엄숙함이 생긴다. 젖은 몸의 물기를 훔치고 그날의 날씨와 만날 상대에 따라 달라지는 옷을 입는다. 다시 물 한 컵을 마시고 담배를 피운다. 그리고 늦은 아침이나 점심에 무엇을 먹어야 할지 고민한다. 끼니를 해결하면 푸른 알약을 한 알 먹는다. 내 하루는 그때 시작하는 것이다. 그전까지의 나는 밤이 아니면서도 꿈을 꾼 사람처럼, 무의식 속에서 의식을 차린 사람이 되어

3 비감염인의 면역력 수치는 800~1,000 정도이다. 바이러스 수치는 감염인에 한정되며 높게는 몇만에서 10만, 20만의 수치를 보이는 감염인도 있다.

그제야 시간이 내 앞에서 움직이고 있음을 깨닫는다. 가끔은 집에 약통을 두고 나오거나 점심을 먹고 약을 먹었는지 기억이 안 나는 날에는 하루가 무척 복잡해진다. 난 초조해지고 불안에 떨며 내 신체와 영혼이 삶과 죽음의 경계에서 흔들리고 있음을 생각한다. 죽음을 체험했다고 생각하는 사람들이 있다. 자살을 기도했거나 사고로 의식을 잃었던 나날들이 있었던 사람들이 쉽게 그런 생각을 한다. 하지만 사람은 죽음을 선택할 수 없다. 죽음이 나를 선택하고, 나를 찾아오는 것이다. 우리가 생각하는 죽음이란 우리가 경험하지 못했던 죽음의 가시적인 모습들에 대한 단편적인 이야기들이다. 그런데 난 죽음이 내 옆에 있다는 것을 안다. 내가 저 알약을 삼키는 것을 중단하면 내 피 속에서 증식을 멈춘 바이러스들이 다시 증식하면서 내 몸을 파괴할 것이다. 그러면 난 병들고 결국 내 몸은 삶으로부터 멀어져 저 어둠 너머로 사라질 것이다. 내 하루는 푸른 알약과 함께 시작한다. 난 약을 삼키면서 오늘 하루의 내 건강함에 대하여, 신의 축복을 생각하면서 희망이라는 것에 대해 고민한다.

19 누가 날 좋아할 수 있을까? 누가 날 사랑할 수 있을까? 내가 HIV 감염인이라는 것을 말해도 나의 병을 의식하지 않고 만나 줄 사람이 있을까? 지금 내 옆에 누워 잠들고 있는 남자가 내 감염 사실을 알고도 내 옆에 누워 있을 수 있을까? 나의 등과 엉덩이를 쓰다듬던 남자의 단단한 팔이 내일도 나를 안아 줄 수 있을까? 모두 두려움에 질릴 것이다. 그리고 나를 욕하고 혐오할 것이다. "왜 말하지 않았어", "무슨 생각으로 병들어서는 사람들을 만나고 다니는 거야?" 내 옆에 누워 자

고 있던 남자는 침대에서 일어나 몸을 씻고 있다. 침대 옆 샤워실로부터 바닥으로 떨어지는 물소리가 들린다. 모텔 밖을 나가면 다시는 잡지 못할 남자의 팔과 몸을 붙들고 싶다. 좀 더 옆에 앉아 있어 봐. 침대 끝에 엉덩이를 걸치고 앉은 너의 넓은 등과 어깨를 내가 뒤에서 껴안을 수 있도록, 거기에 좀 더 앉아 있어 봐. 두려움이 생겼다. 내가 좋아하는 사람이 나의 감염사실을 알고 두려움이 생겨 나를 미워하고 증오할까 봐. 어렸었던 내게는 혼자였던 시간이 많았음에도 익숙해지지 않았던 혼자라는 시간을. 이제는 좀 더 익숙해지도록 노력할 필요가 있다. 이 병은 면역력이 떨어지는 게 무서운 병이 아니다. 사람을 혼자 남겨지도록 하는 병, 사람과의 만남을 잊도록 만들게 하는 병, HIV는 지독한 외로움의 질병이다.

18 좋아하는 사람이 생겼다. 피곤한 기색의 지친 낯빛으로도 나를 보면 눈을 동그랗게 뜨고 호기심이 많아지는 남자. 사람들이 많은 인도에서도 내 어깨 위에 스스럼없이 손을 올려 옆에서 발걸음을 맞춰 주는 남자. 내 목소리가 좋다고, 내 표정이 좋다고 말해 주는 남자. 내가 담배를 피워도 담배 연기가 싫은 내색을 안 하는 남자. 무엇보다 손이 따뜻한 남자. 따뜻한 손으로 내 손을 잡아 주는 남자. 그런데 그와 함께 보내는 시간이 늘어날수록 나는 슬퍼졌다. 어떻게 말하면 좋을까. 언제 말하면 좋을까. 그리고 어떻게 헤어지면 좋을까.

17 내가 9를 만나던 겨울이었다. 겨울이면 추위에 약한 내 몸 중에서도 핏기 없이 붉게 변하는 왼손의 손가락들이 눈에 거슬렸다. 손

은 항상 차가웠다. 기온이 더 내려가기라도 하면 뼛속 깊이 시리고 저려왔다. 내 왼손은 냉소적이고 무감각해져 버린 내 내면의 형상이었다. 나는 9의 하얀 목덜미를 생각했다. 그의 목에 내 손을 대어 겨울바람보다 더 차가운 내 손의 감촉에 놀란 그의 모습이 보고 싶었다. 그러면 9의 목에 붉은 손가락 자국이 남아 지워지지 않을 것 같아서. 해마다 겨울이 오면 겨울바람처럼 차가웠던 나의 몸을 기억하지 않을까 생각했고 그랬으면 좋겠다는 생각이 간절했다. "사랑한다."는 9의 목소리도 떠올랐다. 난 그 말에 이렇게 답했었다. "네가 사랑하는 건 내가 아니라 네 경험이야." 그러면 9는 나에게 이해할 수 없다는 눈빛으로 설명을 요구하였지만 나는 대답하지 않았었다. 9가 사랑하는 건 환희와 같은 감정에 차서 나를 경외의 시선으로 바라보는 것이다. 그 순간의 엄숙함과 숭고함을 사랑하는 것이다. 순수하게 있는 그대로의 내 모습이 아니라 네가 보고 싶은 것, 네가 원하는 감정을 불러일으키는 모습만을 사랑하는 것이다. 지나가는 시간과 기억들로 남겨지는 나를 사랑하는 것이다. 그리하여 사랑했었다고, 감상에 젖어 말하는 너의 모습만을 사랑하게 될 것이다. 중요한 건 내가 9를 사랑한다는 것이었다. 추위도, 손의 통증도 문제될 건 없었다. 날카로운 바람을 맞으면서도 내 속에 견고하고 단단하게 자리 잡은 9를 생각하고 있으면 알 수 없는 따뜻함이 몸에 퍼져 나갔다. 그렇게 나는 집 앞 공원 벤치에 앉아 있었다. 바로 거기에서 낙엽 하나가 내 무릎을 스치고 떨어졌다. 가볍게 소리 없이 떨어진 낙엽으로부터 어떤 말로도 표현하기 부족한 무거움을 느꼈다. 나를 스치고 무거움을 안겨 준 낙엽 한 장의 무게엔 나무가 서 있었던 시간과 그 시간 사이를 지나가던 무수히 많은 존재들의 흔적들이 남긴 무거움이 있다고 나에게 말하는 것 같았다. 낙엽이, 낙엽이 쌓이고 으스러지며 가루가 되어 흩날리는 길이 나에게 그렇게 말하는 것 같았다. 낙엽 한 장의 무게를 알아야 한다. 지나간 과거의 시간들을 보지 않는 도시는 처음엔 가벼워서 소리 없이 떨어지다가 깨달은 뒤에는 가루가 되어 부서져 있을 것 같다는 이미지들이 떠올랐다. 내가 그런 것이 아니라 낙엽 하나가 내게 그렇게 전해주었다. 그렇다면 종말이 올까? 아직 도시는 파멸하지 않았다. 언제나 인간의 문명이 그래 왔던 것처럼 종말의 전조들, 붕괴의 징후들만 보였다. 9와 나의 관계는 끝났다. 나는 지금도 그를, 그와 함께했던 시간과 공간들을 기억하고 추억하지만 그도 그럴지는 모르겠다. 지난 겨울, 집 앞 공원 벤치에 앉아 있던 자리에 나는 다시 혼자가 되었다. 여기 이곳에서 나는 또 다른 사람과의 흔적을 새기고 또 그 위에 다른 이의 흔적을 남겨 둘 것이다. 시간이라는 것이, 이 길이 그래 왔던 것처럼. 다시 또. – 기억 9

16 9를 생각했다. 자신이 없다고. 내 가족과 친구들이 나에 대해 아는 것이 두렵다면서 그만 만났으면 좋겠다고 말했던 9를 생각했다. 난 그를 진심으로 아끼고 사랑했다. 미워할 수 없었다. 그래, 네 마음이 편하다면 네가 하고 싶은 대로 네가 가고 싶은 대로 가라며 그를 놓아주었다. 시간이 지나도 9가 있던 자리는 여전히 비어 있다. 그랬던 9를 생각하니 난 내가 만날 사람에게 자신이 없다는 말로, 두려움이라는 감정을 내 앞에 내세워 대하고 싶지 않았다. 난 내 질병 사실 때문에 사랑할 권리를 잃지 않을 것이다. 사랑은 나의 힘이다. 나를 뜨겁게 하고 일으키고 살게 하는 힘이다. 그래서 9에게 고맙다. 네가 나를 두고

떠나갈 때의 그 감정이, 지금 나에게 다시 사랑할 수 있을 거라는 믿음을 주고 있단다.

15 내가 HIV에 감염된 건 그 사람 때문이 아닐지도 모른다. 만약 그 사람이 지금 감염인이라면 나로 인해 감염된 것인지도 모르는 일이니까. 어떤 새벽과 밤의 시간들이 있었다. 나의 침대 위에서, 한남대교를 달리는 차 안에서, 지하철 역사 화장실 안에서도 함께했던 하얀 가루와 싸한 연기들이 있었다. 걸음은 느려지고 빛들은 선명했으며 소리는 맑게 들렸다. 내 몸이 느끼는 시간은 잠에 빠져드는 사람처럼 천천히 하지만 깊게 흘러갔다. 약간의 흥분과 편안함이 교차했다. 몸은 떨려왔고 발작적으로 경직된 다리는 튀어나가듯 위로 올라가기도 했다. 나는 부화를 기다리는, 어미 새가 품고 있는 알이기도 했고 서늘한 바람 아래로 떨어지는 한낮의 태양이기도 했다. 그런 시간들을 함께 했던 남자가 있었다. 그 남자의 손가락 하나만으로도 나의 온몸은 깨지기 직전의 흔들리는 유리처럼 자극을 받고 있었다. 핏속으로 전류가 흐르는 것 같았던 침대 위의 시간들. 콘돔을 씌우지 않은 14㎝의 그 남자의 성기는 나의 엉덩이 안에서 기어 다니는 한 마리의 뱀이었다. 그 뱀은 얼마나 천천히 그리고 오랫동안 나의 어둠 속을 기어 다녔던가. 그때였을지도 모른다. 내게 이 병이 찾아온 것은.

14 HIV/AIDS 인권연대 나누리+ 활동가로부터 연락이 왔다. 수동연세요양병원에서 치료방치로 인해 사망하셨던 분의 1주기 추모제를 여니, 그 자리에서 추모시 한 편을 낭독해 주면 좋겠다는 부탁 전

화였다. 난 그러겠다고 대답하고 전화를 끊었지만, 전화를 끊고 나니 얼굴도 모르고 이름도 모르는 사람을 위해 어떤 글을 쓸 수 있을지 망연했다. 죽어서도 이름을 밝힐 수 없어 김무명이 된 남자. 영정사진이 없어 액자에 검은 음영만을 남긴 김무명을 위하여 내가 어떤 말을 담아낼 수 있단 말인가. 평등하지 않은 사람들은 죽음에서조차 평등하지 못했다. 죽음 앞에서조차 삶의 계급에 의한 차이는 확연했다. 누군가의 죽음은 위로와 기도를 불러오지만 그런 사람들보다 외면받고 지워지는 사람들의 죽음이 절대적이다. 아픈 사람을 치료하고 보호해야 할 의무가 있는 사람들은 그를 방치하여 죽음으로 밀어 넣었는데도, 그의 죽음에 대해 책임 있는 사과 한마디 없었다. 난 이제 한 마리의 개다. 덩치 큰 것들을 보고 으르렁거리며 짖어 댈 것이다. 그런 나를 보면서도 위협을 멈추지 않는 것들을 향해 울부짖기를 멈추지 않는 한 마리의 개. 난 이제 사람이 아니다. 여기 이 땅 위에는 사람이 들어와 쉴 자리가 없다.

13 8월에 떨어진 별

빛나기가 다른 별들과 깊이가 다른 바다들이 있어
엄마는 우주에 떨어진 별 하나 자신의 바다에 담으면
별은 두 다리로 땅을 딛고 일어서네
별들은 한 해의 생을 지구를 빛내기 위해 머물다
몸이라는 허물을 벗고 우주로 떨어져
어둠을 밝히기 위한 또 다른 별이 되지

인간의 운명이란 병에 걸린 별 하나 있었어
기대 없는 내일에 대한 두려움
그림자에 어린 죽음과
자기 의지와 다르게 변하는 몸에 대한 불안함
병원 침대 위에 별이 누워 있을 때
거기 인간의 운명이 놓여 있었네
별은 지구를 떠나고 싶지 않았어, 여기 어딘가에 남아 빛나고 싶었어
아픈 몸으로도 생에 대한 의지는 뜨거웠지
인간들에게 별은 버려야 할 쓰레기였고
별을 침대 밖으로 나오지 못하게 했어
별은 떠나야 했네, 다시 우주에서 빛나는 별이 되었어
빛 하나 꺼진 그해 8월
지구는 어두웠고 인간의 삶도 어두워졌네
어두워진 지구에 곰팡이가 피어
인간의 삶은 얼룩으로 더럽혀졌지
타인의 고통, 살아 있는 것의 아름다움을
살아 있음은 소중히 여겨져야 한다는 게
지구에서 지워져 가던 것이
별이 지구에서 버림받고 나서였지
그때 8월 한 병원의 침대 위에서
별이 우주로 떨어질 때

12 약을 복용하는 것에 피로감을 느끼기 시작했다. 살기 위해

약을 먹는 게 아니라 점점 약을 먹기 위해 살고 있다는 기분이 든다. 가끔은 치료를 중단하고서 변화가 찾아올 내 몸의 이상 징후를 관찰해 보고 싶다는 생각도 든다. 바이러스는 어떤 속도로 증식하는지, 면역력은 어떤 주기로 떨어지는지, 내가 이 병을 두려워해야 할 이유가 생길 것인지. 푸른 알약 하나를 삼킬 때마다 난 매일 나락으로 떨어지고 싶은 내 의지와 싸우고 있다는 것을 사람들은 짐작하지 못할 것이다. 방황하던 시간들도 생각이 났다. 머물 곳이 없어 아파트의 옥상이나 계단, 집 밖의 거리에서 잠들었던 어린 나를, 때로는 사람들이 새벽기도를 올리던 교회의 예배당을 전전하며 떠돌아다녔던 시간들을 생각하니 부모님의 얼굴이 떠올랐다. 모든 게 나를 방치하고 거리로 내몰았던 그들의 잘못이라는 원망이 들었다. 내가 병에 걸린 것은 내가 사랑받지 못했기 때문이다. 그래서 나 자신을 사랑하지 못해 날 함부로 대하는 손가락들에게 나 자신을 허락했기 때문이다. 차라리 처음부터 내게 집이 없었다면, 부모가 없었다면, 나 자신을 보호하기 위해서라도 모든 관계들을 조심했겠지. 나 자신을 아끼며 사랑하려고 더 노력했을 거야. 그랬다면 나는 병의 두려움이나 병이 주는 상실감으로부터 자유로웠을지도 모르지. 가족이라는 것은 내게 울타리가 아니었다. 모두 태워 사라지게 하고 싶은 죄와 수치심의 기억들뿐이다. 다 사라져라. 내 앞에서, 내 기억에서 나가 없어져라. 처음부터 내게 없었던 것처럼. 그리고 나도 당신들에게 없었던 것처럼. 우리 앞에 남겨진 원망과 증오의 시간들을 피하기 위해서라도.

11 두통, 설사, 무기력감, 피로.

집에 가고 싶다. 다섯 살의, 내 엄마, 아빠의 그 아이로 돌아가고 싶다. 2014/06/12

10 기관지 염증이 귀로 전이되었다. 나의 감각은 두통, 나의 지각은 두통, 나의 이성은 두통. 토할 것 같다. 서 있는 것도 잠드는 것도 싫다. 어지럽다. 비틀거린다.
이비인후과에서 처방받은 약은 다섯 개 분이 남았고 다음 주엔 종합병원으로 간다.
143번을 타고 동숭동에 가고 있다. 마로니에 유리빌딩에 두고 온 내 자전거를 찾고 거기서 월곡역까지는 자전거를 타고 가야지. 걷고 숨 쉬고 멈추고 달리는 것보다는 머리가 덜 아플 것이다. 2014/06/25

9 언덕 위에 집이 있다. 유난히 창문이 큰 그 집에서 나는 창밖을 보는 시간이 많았던 거 같다. 창밖으로 보이는 마당에 하얀색 페인트를 칠한 버스가 들어섰다. 버스가 하얀색이 아니라면 내가 있던 집 외관이 하얀색이었을지도 모른다. 버스는 집시 여인의 집이었다. 집시는 나를 자신의 집으로 초대했다. 난 거절하지 않았다. 내색은 하지 않았지만 뭔가 신기하면서 두려운 것을 만나리라는 기대도 있었다. 그 집 안에서 나는 빨대들을 보았다. 단면이 비스듬히 잘려나간 빨대들도 보였다. 하얀색 가루가 들어간 작은 비닐들도 있었다. 난 그것이 뭔지 잘 알고 있었다. 그녀는 탁자 위에 쌓인 백색가루 뭉치의 절반을 내 손에 들려주었다. 난 어떤 방에 있었다. 손바닥에 가루를 덜어 내고 있었다. 난 빨대를 사용해 코로 세 번 가루를 흡입하였다. 빛들이 흔들리고 걸음은 느려

졌다. 난 누이에게 말했다. 다 태워. 집에 있는 백색 가루를 다 태워. 가루는 검게 타들어 갔다. 집 마당에서 연기가 피어오르고 있었다. 난 늪에서 막 빠져나온 사람처럼 마음을 놓았는데 집시 여인이 나를 보며 웃고 있었다. 경찰들이 집으로 들이닥쳤다. 가루가 타고 재만 남은 자리를, 의자 밑을, 탁자의 서랍을 뒤지기 시작했다. 어머니는 울음을 터트렸다. 난 곤혹스러운 표정으로 입술을 깨물며 집에서 달려 나왔다. 난 언덕에서 멀어지며 골목 사이를 뛰어다녔다. - 꿈. 2014/07/14

8　　　　15시부터 어지러움을 느끼더니 3시간 뒤에는 열이 나기 시작한다. 집에 가서 누워 있고 싶다. 불 꺼진 집, 열린 창밖으로 들리는 거리의 소음과 빛들만 내 곁에 있었으면 좋겠다. 스트리빌드 복용 6개월 동안 면역력은 근소하게 올랐다. 피부 트러블은 여전하다. 가라앉은 것 같으면 턱과 볼 주변에 오돌토돌한 여드름들이 올라온다. 바닷가에 가서 한 달 동안 지내 보면 좋겠다는 생각이 든다. 바다가 내려다보이는 집. 파도 소리. 밤이면 내 몸도, 집도, 바다와 하늘도 어둠 속에 잠겨 드는 바닷가에 있고 싶다. 고요함, 일정한 규칙성을 보이는 파도와 바람 소리. 그 사이에 혼자 있고 싶다. 2014/08/05

7　　　　두 개의 엉덩이가 있다. 누워 있는 엉덩이에 올라 탄 엉덩이가 움직임을 멈추더니 누워 있던 엉덩이 옆으로 떨어진다. 누워 있던 엉덩이 사이에서 하얗고 끈끈한 정액이 흘러나온다. 그러니까 항문에서 정액이 흘러 바닥으로 떨어지고 있는 엉덩이는 내 친구의 엉덩이다. 두 개의 엉덩이를 실제로 본 적은 없다. 단지 읽고 있는, 표지가 파란

책을 덮으려는데 갑자기 떠오른 생각이다. 보고 싶은 친구가 있다. 엉덩이, 교미가 끝난 말의 엉덩이, 야생에서 사라진 말 한 마리. 다시는 만날 수 없는 친구가 있다. 외로움으로 사라지는 엉덩이를 드러냈기 때문이다. 일본에 가서 친구의 흔적이라도 찾아봐야겠다는 생각이 들었다. 파란 표지의 책을 책장에 올려놓기 위해 일어나는데 엉덩이가 무거워졌다. 2014/08/06

6 택시 안에서 눈을 감는다. 비요르크(Bjork)의 「Hyperballad[4](Subtle Abuse Mix)」를 듣고 있는데 바람이 얼굴을 기분 좋게 만지며 지나간다. 감은 눈 어둠 속에서 빛들이 춤을 추고 있고, 난 눈을

---

4 1996년 2월에 발매된 아이슬란드 가수 비요르크의 노래. 굉장히 불규칙적인 멜로디와 가사들로 이루어져 있고 조용하고 몽환적이며 역동적인 편곡이 이이지는 노래이다. 가사는 다음과 같다.
we live on a mountain/right at the top/there's a beautiful view/from the top of the mountain/every morning I walk towards the edge/and throw little things off/like car parts, bottles and cutlery/or whatever I find lying around//
it's become a habit/a way/to start the day//
I go through all this/before you wake up/so I can feel happier/to be safe up here with you//
I go through all this/before you wake up/so I can feel happier/to be safe up here with you//
it's real early morning/no-one is awake/I'm back at my cliff/still throwing things off/I listen to the sound they make/on their way down/I follow with my eyes 'til they crash/I imagine what my body would sound like/slamming/against those rocks//
and when it lands/will my eyes/be closed or open?//
I go through all this/before you wake up/so I can feel happier/to be safe up here with you//
I go through all this/before you wake up/so I can feel happier/to be safe up here with you//
I go through all this/before you wake up/so I can feel happier/to be safe up here with you//
safe up here/with you/safe up here/with you/safe up here with you/safe up here with you

감고 웃고 있고, 어둠 속에서 내 영혼이 춤을 추고 있다. 모든 게 춤을 추고, 어둡고, 웃고 있는 밤. 2014/08/23

5　　　막힌 강물이 길을 찾아낸 것처럼 터져 나와 흘러내렸다. 난 참을 수 없었다. 내가 떠돌아다니며 사랑받지 못했던 시간들이 기억나 견딜 수 없었다. 나의 가족들, 친구들, 과거의 기억들과 나 자신을 생각하는 것만으로도 머리가 아프고 속에서 구토가 치밀어 올랐다. 내게 남은 생의 시간들을 잘라 버리고 싶었다. 어제 나는 약을 먹지 않았다. 그리고 오늘도 먹지 않았다. 내일도 약을 먹지 않을 것이다. 긴 밤, 새벽의 시간. 나는 좁은 골목길을 걷고 또 걸었다. 그렇게라도 하지 않으면 내 피가 내 몸을 뚫고 사방으로 솟구칠 것 같았다. 분노로 몸이 떨렸다. 난 계속 욕을 중얼거리며 걸었다. 낮의 시간, 사람들이 만났던 나는 그림자였다. 나는 외롭고 상처받은 영혼의 그림자에 숨어 있었고 그들을 만난 적이 없었다. 내 생은 내 그림자의 시간이었고 나는 거기에 없었다. 2014/09/12

4　　　마마, 날 그렇게 쳐다보지 말아요. 내 방문을 열고 들어오지 말아요. 난 당신의 삶을 이해하지만 당신은 나의 삶을 이해할 수 없어요. 당신은 나에게 나무였어요. 거칠고 단단한 껍질로 연약하고 부드러운 자신의 속살을 감추고 살았어. 모진 말과 삶의 고난에서 쓰러지지 않고 당신의 영혼 깊이 단단히 뿌리박고 살았어. 날 그렇게 쳐다보지 말아요. 내 마음에 불안과 동요를 일으키지 마요. 따뜻한 말 한마디 당신의 입에서 나올 때면 나는 바닥에 누워 울고만 싶어요. 쓰다듬어 주

지 말아요. 내 방문을 닫고 영원히 열지 말아요. 당신과 떨어져 있던 시간들, 당신과 내가 서로의 삶을 외면했던 시간들이 생각나요. 그러면 난 악을 쓰고 억지를 부리며 소리치고 싶어. 내 알약들, 하수구에 모두 쏟아 버리고 나 자신을 불태우고 싶어. 안녕. 마마. 이제 서로를 떠날 준비를 해요. 당신은 이제 나무가 아닌 열매와 씨앗이 되고 난 재로 사라질 준비를 해요. 안녕. 나의 마마.

3 떠났다. 그리고 떠나갔다. 사랑했던 사람들 모두 잊고 놓기로 했다. 난 혼자 있을 필요가 있다. 그런데 여기는 어디지? 여긴 지옥이야. 지옥에 떨어져 매일 같은 벌을 받는 죄 많은 영혼들. 오늘 난 다 부서졌다고 생각했는데. 내일이면 다시 부서지고 그 다음 날에도 난 부서지길 반복하는 거야. 여긴 지옥이야. 끝이 없는 절망의 반복. 모두 심판 받아야 해. 영혼이 영원히 잠드는 그날까지 모두 매일 심판 받아야 해. 그런데 여긴 어딜까? 난 항상 같은 자리에 서 있다고 생각했는데. 여긴 익숙하면서도 낯설어. 하지만 길 잃은 내가 있는 여긴 고요하고 평온해. 모든 것을 체념한 사람처럼 난 서 있고. 내가 서 있는 곳은 태풍이 지나간 후의 바다처럼 평화로워.

2 약간의 수면장애가 생겼고 난 매일 제각기 다른 시간이지만 하루도 빠짐없이 스트리빌드를 복용하고 있다. 새로운 삶에 대한 다짐이, 나에 대한 애정이, 사람에 대한 사랑이 솟아나 내 시선과 손끝에 희망이라는 것을 보는 것이 아니다. 단지 내일도 오늘과 같은 몸으로 잠에서 깨어나는 것이 신이 나에게 내리는 파멸이라는 것을 안다. 그래서

견뎌 내고 살아남아 매일의 순간 나에게 내려지는 고통을 느껴야 한다.

1 　　　기다린다. 내가 하지 못한 말들이 보이지가 않아 어두운 곳에서, 뱉어내고 불어내어 털어 버려야 할 말들이 눈과 귀를 막아 찾아온 적막 안에서, 넘어지고 쓰러질 듯 비틀거리다 허우적거리며 구부러진 마음을, 오므라든 마음, 오므라든 내 세계를 손을 말아 들여다 볼 그대를 기다린다. 어젯밤, 오늘 저녁, 내일 밤에도. 걸어가는 집 아래 언덕길에 그리움이 쌓여 있다며 쓸쓸함을 내뱉어 야지 하고 잠들어 버린 다음 날, 오므라든 나. 다시 오므라든 나, 점점 오므라든 나, 작아지는 나의 세계를, 그대. 말았던 손을 펴고 나를 들어 감싸 쥐는 그 섬세함을 느끼고 싶다. 오므라들었지만 밀도가 높아진 말들, 작아진 만큼 그대와 함께 나눌 수 있는 세계가 있기에. 나 오직 그대를, 사랑만을 기다리고 있다.

0 　　　마마. 내 핏속에 다른 하나가 더 들어가 있을 뿐이에요. 당신의 피도, 다른 사람들의 피도 모두 빨강인 것처럼 제 피도 같은 빨강이에요. 단지 이 피를 병들고 오염된 것처럼 말하는 사람들이 있을 뿐이에요. 마마. 당신은 어둠이 두려울 때가 없었나요? 늦은 밤, 혼자 있는 집. 어두운 길을 걸을 때 길의 어둠 속에서, 무언가 불쑥 튀어나올 것 같다는 생각에 느끼는 두려움이요. 생각해 봐요. 우리는 떠오르는 태양과 밤에도 빛나는 도시에 익숙해져 어둠이 낯설잖아요. 반대로 어둠이 더 길고 밤에는 도시보다 하늘이 더 밝아 보이는 곳에서는 빛이라는 게 낯설 수도 있잖아요. 그런 차이에요. 낯선 것이라 두려움을 느끼

는 거니까 슬퍼하지 마세요. 혹시라도 누군가 저에게 손가락질하며 욕을 한다고 상처받지 말아요. 화내지도 말아요. 그저 우리 아들 피도 당신처럼 뜨겁고, 붉고, 흐르고 있다고. 모든 피는 빨강이라고 말해 주세요. 마마. 동성애자인 자녀를 둔 부모들에게, 동성애자인 가족을 둔 많은 사람들에게 당신이 먼저 다가가 그들을 격려해 주세요. 나의 아이들을, 나의 가족들을 더 사랑해야 한다고. 그래서 그들이 자신을 사랑하는 법을 배울 수 있도록 도와달라고. 저처럼 낯선 어둠 속으로 자신의 몸을 던져두고 방치해 스스로를 병들게 하는 슬픈 일이 일어나지 않도록. 마마. 당신이 그들에게 하나의 길이 되어 주세요. 사랑해요. 나의 마마.

파올리나 정말이에요, 정말이에요, 난 불행하지 않아요. 알잖아요… 정말 난 모든 걸 받아들였어요. 난 내 자리에서 기다리고, 다른 사람들과 똑같이 심판받게 될 거예요… 잘 가요. 날 잊지 마요. 잘 가요… 그의 귀에 다시 말소리가 들렸다. 잘 가요. 날 잊지 마요.(251쪽)

나는 성소수자의 부모입니다[1]

성소수자부모모임*

게이 아들을 둔 어머니 – 하늘[2]

우리 애는 참 여자애들 하고 잘 놀았고, 여자애들에게 인기가 많았어요. 그리고 성당에 다닐 때 재롱잔치를 하면 교리 선생님들이 꼭 우리 애를 여자애들 맨 앞 한가운데 세워 율동을 하게 했어요. 보러온 방

* 성소수자부모모임은 2013년 12월 '성소수자자녀를 둔 부모모임'이란 네이버 카페에서 출발하여 2014년 3월 이후 매월 성기모임을 갖고 있으며, 퀴어행사에 적극 참여하고 있다. 홈페이지 http://www.pflagkorea.org.

1 여기에 실은 글들은 성소수자부모모임에서 펴낸 『나는 성소수자의 부모입니다 – 동성애자, 양성애자, 트랜스젠더 자녀를 둔 부모들의 진솔한 이야기들』(1, 2쇄)(2015, 2016)에 실린 심층인터뷰 가운데 선별하여 부모님들의 이야기체로 재정리한 것입니다.

2 저는 서른세 살 게이 아들을 둔 엄마입니다. 7년 전 아들이 게이임을 알게 됐는데, 힘들어하던 아들을 위해 아픈 마음은 꽁꽁 숨긴 채 한강에서 혼자 목 놓아 울었습니다. 7년 전만 해도 성소수자의 부모들을 찾을 수 없어 혼자 힘들어 했습니다. 같은 고민을 하고 있는 부모가 있다면 먼 곳이라도 찾아가서 이야기를 들어줄 수 있습니다. 남자 둘이서만 사는 아들네가 음식을 잘 못해서 자주 사먹는 것이 제일 큰 불만이며 아울러 요리에 관심 많은 남자로 변신하길 바랍니다.

청석의 부모님들은 여자애들을 보는 게 아니라 다 우리 아들만 보는 거예요. 춤추는 제스처라든지 표정이라든지. 그런 것에서 교리 선생님도 완전히 얘한테 푹 빠졌고 제가 봐도 푹 빠지게끔 하더라고요. 분위기도 그렇고 한번 살짝 웃어 준다거나 하는 몸짓이. 그리고 애 위로 누나가 있는데 다들 "누구엄마"라고 부를 때 큰애 이름에 엄마를 붙이잖아요? 그런데 우리 아들을 본 사람들은 다들 작은애(아들) 이름을 붙여서 부르더라구요. 그리고 공부도 이 녀석이 더 잘하고 오히려 누나가 치이면 어떡하나 조심스러웠어요. 아들 때문에 스트레스 받는 건 전혀 없었어요. 남들 배려 잘하고 총명하고 선생님들도 부러워하는 자랑스러운 아들이었어요.

그리고 아들은 누나 친구들이랑 잘 놀았어요. 아파트 같은 라인에 누나하고 친구인 자매는 지금도 아들과 친해요. 누나보다 더 가까워요. 그리고 소꿉장난 이런 거는 뭐… 기본적으로 잘 했어요. 가끔 여자 옷 입혀 놓으면 참 예쁘더라고요. 자기도 좋다고 잘 입고 애교부리고 사진도 찍은 것 보면 표정이 살아 있어요. 그래서 전 '예술성이 풍부한 애인가 보다' 라고 생각했죠.

아들이 게이인 걸 알게 된 것은 제게 가슴 아프고 슬픈 일이에요. 애가 대학 4학년 끝날 때쯤, 같은 과의 친구를, 이성애자를 짝사랑 했던 거죠. 그 애도 우리 애하고 많이 친했어요. 그런데 그 애는 우정인거고 우리 애는 사랑의 감정으로 다가간 거지요. 우리 애는 사랑의 감정을 감추지 못하고 "나 너 좋아한다"며 친구한테 다가갔었던 것 같아요. 그 때부터 그 애는 아들이 싫어졌겠죠. 그래서 그런지 우리 애가 우울증도

앓고 많이 힘들어 했었어요. 대학 졸업하기 바로 직전이 최고로 힘들었던 때 같아요. 졸업 작품을 할 때가 돼서 밤새며 매달려야 하는데, 생각은 딴 데 가 있고 작품 할 생각도 안 했어요.

그러는 중에 그 친구가 저한테 전화를 했어요. 실은 우리 아들하고 자기가 싸워서 말은 안 하고 있는데 우리 아들이 졸업하고 싶은 마음이 없는 걸 알았는지 마지막에 "졸업은 해야 됩니다." 하더라고요. 도대체 이게 뭔 소리야, 처음에는 무슨 일이냐고 물어도 대답을 안 해주더라고요. 자기는 말을 할 수가 없다고, 그러더니 며칠 있다가 그 애가 또 저한테 전화를 했어요. "도대체 뭐니? 왜 싸우니? 우리 아들은 싸우는 애가 아닌데, 싸울 일이 없는데 왜 싸우는 거야." 저는 그 친구가 우리 애한테 뭔가 잘못한 게 있는 줄 알고, "네가 혹시 뭐 잘못한 거 있니?" 하고 물었죠. 그런데 자기는 그런 게 아니래요. "그럼 뭐니?" 그랬더니 그제서야 걔가 얘기를 해주더라고요. 아들이 동성애자라고…. 그걸 듣는 순간… 그냥 멍 하더라고요. 무슨 생각을 할 수도 없었고, '어 이게 뭐지? 이게 뭐지?' 생각과 심장이 하얗게 멈추는 게 느껴졌어요.

그때 머릿속에 떠오르는 사람이 있었는데 미국에 사는 여동생 부부였어요. 이들한테는 제가 그런 얘기를 할 수 있을 것 같더라고요. 그래서 바로 전화해서 "우리 아들이 동성애자라는구나." 했더니, 동생이 그걸 듣자마자 "사람의 성향은 다양하다, 한쪽은 이성애자고 다른 한쪽은 동성애자고 그 사이에는 다양한 인간 성향이 있는 거다, 그리고 우리들은 이성애자에 속하지만 아들은 동성애자에 속한 거다, 언니 그렇게 생각하면 돼." 그렇게 동생이 표현을 해주더라고요. 그러니까 이해가 되고, '어머 그 말이 맞다! 그렇게 모든 걸 하나하나 풀어가자.' 라고 마음을 진정시켰어요.

그러고 나서 무턱대고 아들에게 "너 무슨 고민 있지? 엄마는 들을 준비 돼 있어. 그러니까 고민이 있으면 나한테 얘기해다오." 라고 했어요. 이틀을 기다렸는데도 이 녀석이 대답을 안 하는 거예요.

아들이 먼저 말할 때까지 기다리는 게 힘들어서 이틀 뒤에 편지를 썼어요. 편지에다가 우리 동생이 얘기한 거, 한쪽은 이성애자고 다른 한쪽은 동성애자고 그 안에 다양한 성향이 있다더라… 사실 '있다더라' 가 아니라 '있다' 라고 썼어요. 내가 생각한 것처럼. "너는 여기(동성애자)에 속해 있는 것뿐이다! 그러니까 괜찮아! 나는 괜찮다. 그런데 다만 네가 이성애자인 친구와 우정은 좋지만 걔는 이성애자고 너는 동성애자잖아, 그러니 걔가 싫다고 하는 건 어쩔 수 없는 거다. 걔는 아니라고 생각해." 그렇게 편지를 썼어요. "같은 동성애자 안에서 너하고 맞는 애들 찾아보면 얼마든지 있을 거야." 그리고 맨 마지막에다가 "이 세상이 뒤집어져도 엄마는 네 편이야." 라고 쓰고 거기다가 밑줄까지 그어 놨어요.

애가 그 편지를 보고 있더니 아무 소리 안 하고 한참을 가만히 있다가 그동안 안 먹던 밥을 달라고 해서 먹더라구요. 그래서 '이제 됐나보다, 어쨌든 졸업만 시켜야 되겠다.' 고 생각했는데, 이 녀석이 작품에 매달리는 게 아니라 걔를 또 만난 것 같았어요. 어쨌든 졸업은 했죠. 그렇게 해서 알게 됐어요.

그 당시 저는 제 감정을 추스르기보다 아들 감정이 회복되는 게 더 우선이었어요. 그러면서 '참 나는 내 감정도 내 맘대로 표현 못하네'

하는 생각도 들었지만 아들이 힘들어하고 있는 걸 빨리 회복을 시켜줘야 되겠다는 생각이 더 커서 거기다가 온 정신을 쏟았어요. 그러면서 많은 걱정을 하고 있었지요. 사회가 성소수자에 대한 인식이 안 좋으니까, '우리 애가 어떻게 하면 상처 안 받고 살아갈 수 있을까?' 라고 걱정했죠. 그렇게 그냥 막연하게 혼자 생각만 하고 누구하고 이야기를 못하겠더라구요. 동생이 내 옆에 있어 줬으면 수시로 만나면서 이야기했을 텐데. 그게 많이 힘들었어요. 이야기 할 사람이 없는 게… 이 세상에 혼자 갇혀 있는 기분이었어요.

책이라든가 전문가상담 이런 걸 들어보면 대체적으로 "0살에서 6살까지 환경적인 요인도 있다. 그러나 정확하지 않다."고, 꼭 뒤에는 "정확하지는 않다." 요딴 걸 붙여 놓더라구요. 사람 헷갈리게. '그럼 날보고 어떡하라는 거야.' 앞쪽에 써 놓은 걸 믿게 되지 뒤에 있는 "정확하진 않다."에 초점을 두지는 않게 되거든요. 그러니까 '내가 혹시라도 잘못한 게 뭐가 있을까.' 하며 그걸 찾겠다고 에너지를 정말 많이 쏟았죠. 탈진이 되는 거죠. 그러면서 '정말 부모 되기 힘들다.' 라는 생각이 들었어요. 어떻게 부모가 자식한테 요만한 거 잘못 하나도 하지 않고 키울 수가 있냐는 거죠. 어떻게 완벽한 엄마가 될 수 있냐는 거죠. 그건 아니잖아요. 내가 혹시라도 아들한테 야단쳤을 때 좀 막 대했을 수도 있을 거 아니에요? 그렇다고 애가 이렇게 되는 건가? 자식 키우는 게 겁나더라구요. 그렇게 힘들어하고 있을 때 동생 말이 많이 힘이 되어 줬죠. 의사나 전문가의 말보다는 의식이 깨어 있는, 편견 없는 사람의 말이 위대하다고 느꼈어요.

저는 천주교 신자인데, 처음엔 정말 성당 맨 뒤, 그것도 구석에 앉아서 미사할 때마다 맨날 울었죠. 십자가를 못 쳐다보겠고. 그런데 막연하게 뭔가 '이건 아닌 것 같은데.' 하는 생각은 있었어요. 제가 아들이 게이인 걸 안 지 7년이 돼 가는데 지금까지 가톨릭에서 성소수자를 비하하는 건 없었어요. 내 주변에서 우리 교우들 간에서도 아직은 없었어요. 제가 처음 몇 해는 '내가 이것에서 벗어나 영적으로 자유로워져야 한다.'는 생각에 영적인 서적을 다시 보았어요. 제가 아주 존경하는 어떤 신부님의 강론이랑 책을 다시 들여다봤어요. 그걸 보면서 마음속으로 답답함이 해결됐어요. 그러면서 하느님이 우리들을 내려다봤을 때 사랑하는 감정이 무엇인가를 더 깊게 느껴요. 이제는 미사를 하면서도 내가 마음이 조여든다거나 그런 건 전혀 없어요. 십자가를 쳐다보면서 '성소수자들도 하나님께서 만들어주신 소중한 자녀들이니 지금은 제가 이 사람들을 위해서 이 나이에 뭐가 도움이 될지는 모르겠지만 제 선에서 할 수 있는 게 있다면 도움 되는 일을 하면서 살겠습니다, 하나님도 좋으시죠? 좋으시죠?' 그러면서 대화를 해요. 눈에 보이는 가톨릭 교리, 저는 그거 중요하지 않다고 생각해요. 교리는 사람이 만든 거예요. 하느님과 저와의 관계는 그전보다 더 돈독해졌어요. 아픈 만큼 더 성숙해졌다고 할까요.

아들이 커밍아웃하고 나서, 저는 강제로 우리 식구 다 상담 받게 했어요. 남편도 강제로 받으라고 했어요. 남편이 "내가 왜 상담 받아야 돼?" 했는데 "0살에서 6살까지 뭘 잘못했는지 당신도 찾아봐야지!" 하면서 막 겁을 줬죠. "안 하면 이혼이다!" 하면서. 제가 무서워서 남편까지 다 상담 받았는데, 뭐 없어요. 잘못한 게 없어요. 상담사가 뭘 딱 찍어서 이게 잘못됐다 어쨌다 이야기를 해줘야 되는데, 상담에서 기억에 남는 게 없어요. 쓸데없이 돈 버리고 마음 상하고 시간 허비하고…. 상담사 찾을 필요 없고 부모모임에 나오면 유명한 상담사 찾는 것보다 훨씬 나아요. 시간이 지나고 나서 이게 선천적인 거라는 걸 스스로 깨달았는데, 그러고 나니까 내가 상담사들한테 사기 당한 느낌이 들어요. 선천적인 거면 뭐 하러 시간이랑 돈 들여서 상담을 했나. 그냥 받아들이면 되는데 혹시 1%라도 정체성을 바꿀 수 있는 것이 아닌가 하는 미련에 결국은 그러한 일을 하고, 그래서 마음이 상했죠.

게이인 걸 엄마가 안 뒤에는 아들이 자기 하고 싶은 대로 하더라구요. 엄마가 그런 편지를 쓴 것에 대해서 어떤 마음인지 잘 모르겠어요. 사실 섭섭하긴 하더라구요. 좀 더 이해하고 가까워지고 싶은데 얘는 그냥 자기 하고 싶은 대로 하고 엄마의 기분을 맞춰주진 않으니까. 얘는 그 이성애자 친구한테 꽂혀 있어서 그게 해결이 안 되니까 자기 하고 싶은 대로 하는 거죠 뭐. 자기 아픈 감정이 우선이니까. 그냥 마음가는 대로 하게 두고 기다렸어요.

아들이 게이인 걸 알게 된 뒤에, 엄마인 저는 우선 편견이 없어졌어요. 아들이 대학 졸업을 하고 무슨 공부를 하고 자격증을 따고 좋은 데 취직을 하고, 그런 바람이 있잖아요. 저 역시 그랬거든요. 그런데 아들이 성소수자라는 걸 알면서부터 바뀌었어요. 욕심도 없어졌어요. 욕심을 내려놓으면 이렇게 편해진다는 것을 아들의 엄청난 고통을 알고 난 뒤에 깨달았어요. 세상을 다시 보게 되고 또 다른 세상에서 새 마음으로… 가톨릭은 고해성사가 있어요. 하느님께 고백하고 잘못한 것을 용서받는 것이에요. 지금은 아들에게 미안해요. 게이로 태어나게 해서…

요즘은 가끔 물어봐요. 행복하냐고. 행복하대요. 참 다행이에요. 같이 지내는 파트너가 고마워요. 그래도 가끔은 눈물이 나요. 우리 아이들이 혐오하는 세상 속에서 살아간다는 것이 슬퍼요. 지금은 바람이, 오래 살고 싶어요. 늙은 할머니가 되어도 아들이 외롭지 않게 곁에 있어주고 싶어요.

이제는 아들과 훨씬 더 가까워졌어요. 아들이 파트너와 같이 산 지 4년이 넘어가는데 걱정 안 끼치고 서로 아껴주며 사는 모습이 안심이 돼요. 남편과 누나의 많은 지지도 힘이 됐겠죠. 자연스럽게 가까워진 거예요. 가족이 파트너를 반겨주니 고마워해요. 그전에는 보이지 않는 벽이 있었는지 잘 모르겠어요. 물어보지는 않았으니까. 커밍아웃 당하기 몇 달 전까지만 해도 제가 여자 친구 얘기를 했거든요. 그때 얘는 멀쩡하게 "네"하고 대답했거든요. 그러니까 보이지 않는 벽이 있지 않았을까 하는 생각이 드는 거죠.

저는 아들의 파트너와 아직 따로 만나지는 않아요, 아들이랑 같이 봐요. 가끔 남편이랑 아들이 파트너랑 사는 집에 가긴 해요. 그 파트너가 형인데, 그 애가 우리 아들을 잘 챙겨줘요. 직장 생활할 때 생기는 애로사항 같은 거 있으면 충고도 해주고 그러더라고요. 아들에게 형이 있는 게 듬직하다고 할까, 그런 얘기를 해요. 아들이 집에 오면 형 얘기를 시시콜콜하게 하는데 그 얘기를 듣다 보면 파트너가 아들을 아끼고 있다는 게 느껴져요. 제가 얼마 전에도 아들한테 "내가 너한테 10년 안에 집 사주는 게 꿈인데 그 집에서 형이랑 할아버지 될 때까지 잘 살아야지?" 그랬더니 "네 당연하죠!" 그러더라고요.

파트너가 처음에 우리 집에 왔을 때 "너네 집은 알고 계시니?"라고 물어봤는데, 아버지는 어렸을 때 돌아가셨고 어머니는 연세가 많으신데 저랑 나이 차이가 많이 나시더라고요. 그 애가 다섯째에요. 위로 누나가 네 분이 있고. 엄마는 모른다고 하더라고요. "그래 엄마 연세 많으시면 얘기 안 해도 되겠다, 하지 말아라."라고 했었어요. 그건 내가 굳이 해라 말아라 할 필요는 없지만 말이죠.

여전히 걱정되는 게 있어요. 우리 애가 요리에 관심이 없어요. 기본적으로 자기가 먹고 싶은 건 배워야 할 거 같아요. 보통 사 먹더라고요. 전 그게 너무 마음에 안 들어요. 좀 배웠으면 좋겠어요. 건강 해칠까 봐. 그게 걱정이에요. 김조광수 커플은 같이 주방에서 요리해 먹고 시장에 장 보러 가고 하더라고요. 우리 애도 시장도 가고 그러겠지만, 예전엔 뭐라도 해 먹는 거 같았는데 직장을 다니고부터 전혀 안 하더라고요. 그건 필수조건인 것 같아요. 여자가 없으니까 자기가 할 수 있는 게 있어야지. 그냥 아무 인스턴트 음식이나 사 먹더라고요. 게이들도 요리 좀 배웠으면 좋겠어요. 건강하게 살았으면 좋겠어요.

주변에 성소수자를 혐오하는 친구가 있었어요. 그 친구는 평생을 바쳐서 아프리카 오지에서 활동하는 개신교 선교사였어요. 그 친구가 난데없이 "너희들은 동성애에 대해서 어떻게 생각하니."하고 물어보더라구요. 그 친구는 간음보다 더 나쁜 게 동성애라고 생각하더라구요. 저는 "사람들이 아무리 비난해도 동성애자들은 선천적으로 타고 나는 거기 때문에 어쩔 수 없는 거잖아. 그렇게 태어난 애를 가지고 이랬냐 저랬냐 하면 안 되지. 그래서 난 옹호하는 입장이야." 라고 했어요. "아무리 선천적이라고 해도 난 아닌 거 같아."라고 얘기를 안 좋게 하더라구요. 그 선교사 친구는 며칠 있으면 다시 출국을 했어야 하는 상황이라서 그날 우리 아들이 동성애자라고 얘기를 하려다가 아직은 아닌 거 같다는 생각을 했어요. 그런 식으로 얘기를 하고 싶진 않았고 좀 더 준비를 해야겠다 싶었어요. 그리고 한 일주일 있었나? 그 주가 '인권주일'이었어요. 그때 부모모임의 한 분이 쓰신 '아들에게 보내는 편지' 를 메일로 받아서 복사해서 그 친구한테 메일로 보내면서 "이거 어느 엄마가 쓴 글인데 감동받아 보낸다."라고 했어요. 답이 없더라구요. 아마 살짝 눈치를 채서 답장을 안 한 거 같기도 해요.

종교 없는 다른 친구에게는 얼마 전에 퀴어퍼레이드 끝나고 아들 얘기를 했어요. 얘기한 지 한 달 조금 넘었는데 그 친구는 정말 내가 얘기한 걸 다 받아들이더라고요. 제가 물어보고 싶은 거 있으면 물어보라고 했더니 "난 진짜 그런 건지 몰랐어."라고 하면서도 "동성애(동성간 성관계)는 좀 그렇지 않니?"라고 하더라고요. 성소수자 교육을 받지 않고 생각해 본적이 없으니, 그 친구마저도요. 그래서 나는 "너, 이성애자들도 결혼하잖아. 혼인신고만 해 놓고 성관계 하지 말라고 하는 거랑 똑같은 거야."라고 해줬어요. 역시 내 문제랑 남의 문제는 생각이 돌아가는 속도가 다르더라고요.

교회에 아주 열심히 다니던 또 다른 친구가 있어요. 늘 생각이 깨어 있는 그 친구에게 그동안 알아왔던 정보들, 그리고 유인물도 다 보여줬어요. 그리고는 "난 내가 알고 있는 걸 최대한 설명해줬어. 여전히 동성애자를 혐오스럽게 생각하는 건 너희들 자유지만 만약 그런다면 난 너희들이 편협한 사람이라고 생각할 거야." 라고 말했어요. 당황스러웠겠지만 아무 말도 못 했죠. 그러면서 교회에서 얘기하는 그런 문제들, 에이즈 같은 거, 물어볼 건 다 물어왔어요. 거기에 대해서도 다 얘기를 해줬죠. 마음이 시원했어요. 나중에 얘기를 들었는데 그 친구 둘은 나에 대해서 뭐든지 마음이 넉넉하고 내 의견 내세우지 않는 친구로 알고 있었는데, 그 얘기를 듣고 나서는 "굉장히 똑똑한 친구다. 그리고 어쩜 그렇게 대처를 잘 했나. 정말 대단한 친구다. 내가 평소에 생각했던 것보다 더 괜찮은 친구다."하고 말하더래요. 그래도 몇 십 년 동안 개신교에서 나쁘다고 세뇌 당한 게 몇 시간 얘기한 걸로 바뀌지 않을 거라는 걸 알아요. 그래도 이렇게 정보를 전달해주는 건 꼭 필요한 거 같아요. 여전히 제 친구는 소중하고 좋은 친구이기에 마음 놓고 얘기했죠. 들어준 친구에게 고마워요. 교회와 이 사회가 바뀌어야 하겠지요.

그리고 게이 관련하여 제가 인터넷을 좀 찾아봤어요. '친구사이' 라는 게이인권단체가 있길래 거기에 전화를 했죠. 그 당시 우리 아들은 파트너를 만나고 있는 거 같았어요. 만나고 있는 애가 궁금하기도 하고 혹시 안 좋은 친구를 만나면 어떡하나 걱정도 됐어요. 마음이 복잡했을 때였어요. 아들이 커밍아웃을 하고 나서는 한참 후에 제가 힘들더라고요. 무조건 저를 돌봐야 될 것 같았어요. 저를 돌보려면 여기에 가서 친구나 동생, 언니, 남편한테 말하지 못한 속상했던 걸 말하고 속풀이라도 해야겠다고 생각했어요. 그렇게 가게 됐는데, 거기에 나온 젊은이들이 무의식적으로 행동하는 것을 보니까 우리 애랑 참 똑같았어요. 손짓이라든가, 말투라든가, 어휘라든가, 목소리 아니면 웃을 때, 걸음걸이 등등, 보면 똑같아요. 하는 행동이 순간순간 같더라고요. '아, 이렇게 타고나는 거구나. 이거는 의심할 것도 아니구나.' 라고 생각이 들고,

'책에서 봤던 거, 전문가들이 얘기한 거 다 필요 없구나, 정말 선천적으로 타고나는 거구나.' 라고 확신이 들었어요. 그때부터 마음이 편해지더라고요. 환경적인 것도 아니고 내가 잘못한 것도 아니라고 생각하니까 죄책감에서 해방됐어요.

퀴어문화축제에도 참여하였는데 축제 하는 곳 밖에서는 기독교인들이 정말 많이 반대하고 있었거든요. 그전에 국제성소수자혐오반대의 날 행사 때 서울역에서 처음 봤을 때는 이상한 사이비 기독교 사람들이 그러는 줄 알고 신경을 안 썼어요. 오히려 '이 사람들 참 불쌍하다.' 라고 생각했어요. 그런데 퀴어문화축제 때는 멀쩡한 사람도 어린애 데리고 나오더라고요. 그거 보고 '아, 이러면 안 되겠구나. 주변에 제대로 된 정보를 알려야 하겠구나.' 하고 생각이 바뀌게 됐죠. 저는 남편한테도 "주변에 남자들끼리 술자리를 할 때 동성애자 비하하는 사람들 있을 수도 있을 거다. 그런 사람 있으면 그 사람 이름이랑 전화번호 좀 알려줘요. 그럼 내가 그 사람 따로 만날게." 라고 했어요. 우리 남편은 마음이 여려서 선뜻 못 하거든요. 남편도 동의했구요.

레즈비언 딸을 둔 어머니 – 뽀미[3]

내 딸이 어렸을 때는 '남자애로 태어났어야 됐나?' 라고 생각할 만큼 인형을 갖고 논 적이 없고, 4살 이전에만 분홍색 빨간색을 가리지 않고 치마를 입었어요. 그 이후에는 거의 남자애들이 입는 옷을 입고 노는 것도 남자애 같고, 뭐라고 해야 하지? 걸음걸이도 그랬어요. 별로 말리지는 않았지만… 어렸을 때, 영화를 보고나서 화장실에 가야 하면 여자화장실에 사람이 너무 너무 많았는데, 딸아이는 짧은 커트머리를 하고 옷차림도 소년처럼 하고 있어서 아빠가 너는 남자화장실에 갔다 와도 된다며 데리고 들어갔다 나왔어요. 그럴 만큼 딸아이는 "너 남자니? 여자니?" 그런 질문을 항상 받으면서 자랐어요.

딸애는 중학교 들어가자마자 좋아하는 남자아이가 있다고 했고, 금방 헤어졌지만 고등학교 때도 남자친구를 사귄 적이 있어요. 아마도 저 나름대로 파악하려고 이것저것 시도를 했던 것 같아요. 스스로 본인의 지향을 명확히 하기 위해서 했던 실험이라고 할까요?

딸은 고등학교 1학년 때 어떤 여자아이를 무척 좋아했어요. 같은 반 친구였는데, 그냥 친하게 지내는 친구로, 사춘기 때 우정 싸움이니 뭐니 이 정도로만 생각했죠. 그런데 조금 우울한 모습을 며칠 보이길래, "너는 요즘 할 일도 많고 학교생활에 집중해야 하는데 왜 그렇게 친구와의 관계 때문에 흔들리니?" 라고 약간 질책을 했더니, "엄마는 아무것도 모르면서!" 라고 소리를 지르더라고요. 그리고 나서 책상 위에 있는 편지를 보게 됐는데, 편지 내용이 연애편지 비슷한 거예요. 그래서 "지금 이런 거에 네가 몰두하면 안 되지." 그랬더니, 그때 자기가 좋아했던 여자 친구 이름이 송이였어요. "엄마 그거 송이한테 보내는 거야.

3 저는 레즈비언 딸을 둔 엄마입니다. 딸의 커밍아웃에 엄마는 쉽게 지지했습니다. 부모의 지지를 받은 딸도 기뻐했습니다. 하지만 레즈비언인 딸을 지지하는 것과, 딸이 살아갈 세상을 이해하는 것은 다른 것이었습니다. 어느 날 지하철에서 문득 딸이 세상으로부터 느낄 고립감을 경험한 엄마는 그날 밤 딸의 손을 잡고 엉엉 울었습니다.

잘 알지도 못하면서. 날 이해하지도 못하면서." 이러고서 확 토라지더니 울더라고요. 그때도 전 "이 편지를 네가 여자한테 보내든 남자한테 보내든 그것이 중요해? 지금은 네가 할 일이 너무 많아." 하면서 진지하게 안 들었어요.

지금 애가 커서 하는 이야기가 "사실은, 엄마 그때 나는 여자가 좋다고 커밍아웃한 거야."라고 말을 해서 '아 그때가 그거였어?' 라고 생각했죠. 저는 그것이 커밍아웃이라고 진지하게 받아들이지 않았어요. 일반적으로 사춘기에 겪는 친구와의 갈등 정도로만 파악했지, 애가 레즈비언이라고는 전혀 생각하지 못했어요.

송이라는 아이의 엄마가 저한테 전화를 해서 "당신 딸이 이상하다. 당신 딸이 아마 여자를 좋아하는 것 같은데, 그래서 내 딸을 괴롭히고 있다. 내 딸은 아니다. 전학을 가 달라." 그래서 제가 "전학 가려면 당신들이 가. 아이들이 아직 어리고 앞으로 어떻게 확립되어갈지 전혀 모르는데. 당신 딸을 위해서 내 딸보고 전학을 가라고 하는 거는 폭력이다. 당신이 가라." 그랬는데, 결국 그런 소문이 은연중에 학교에 다 퍼지게 된 거예요. 딸아이는 예고를 다녔는데, 만화과 인원이 30~40명 되는데 1, 2, 3학년에 반이 그대로 올라가는 거였어요. 그래서 1학년 때의 소문이 그대로 3년 동안 유지되면서… 지금 생각하면 생활을 잘 해내기가 어려웠고 친구를 사귀기가 너무 어려웠을 텐데, 참 용해, 내 딸!

사실 저는 애가 17살 때 어떤 여자애를 좋아하면서 굉장히 힘들어하고 사춘기를 너무 혹독하게 지낸다고 판단을 하면서도, 말은 차갑게 했어요. "네가 네 말을 인정받으려면 지금 네 할 일을 열심히 하고 진지하게 얘기를 다시 하자." 이 정도까지만 얘기를 하고 그런 말을 안 들은 척하고 지냈던 거 같아요. 그런데 부모들은 그런 말을 들으면 절대 잊혀지지가 않지요. 열일곱 때는 신경을 쓰지 않았고 열여덟, 열아홉? 계속해서 애가 재미있고 즐겁게 고등학교 생활을 하지 않았기 때문에 마음에 남아 있었고, 사실은 '바뀌겠지, 달라지겠지, 한때의 치기어린 생각과 행동, 이런 거겠지.' 라고 생각을 했고, '스스로 덮어두려고 애썼다.'는 표현이 맞을 것 같네요. '꿈일 거야.' 라고 생각한 적도 많아요.

그러고서는 20살이 되면서 대학엘 갔죠. 자기 실력으로 당당하게 대학을 가면서 암울한 고등학교 생활을 청산하고, 훨씬 자신을 표현하더라구요. 그동안 연애니 뭐니 이런 게 금지되었었는데 성인이 되면서 그 금기를 스스로 풀더라구요. 술도 마시고 여러 여자아이들을 만나고 다니고. 그때 정식으로 "엄마, 나는 진짜 여자가 좋아. 여러 가지 경험을 했는데 여자가 좋아."라고 하더라구요.

진짜 안 바뀌는 건가? 그리고 그때부터 성소수자나 동성애자나 이런 거에 관심을 갖게 됐는데, 처음부터 제게는 동성애가 비난의 대상이 아니었기 때문에 그게 '그렇게 큰 문제인가?' 이렇게 생각한 거 같아요. "너의 성생활에 대해서 누가 그렇게 궁금해 하니? 상관없지 않아?" 생활은 생활대로 섹스는 섹스대로 그렇게 분리할 수 있다고 전 딸에게 얘기를 한 거죠. 삶과 섹스라이프가 분리될 수 있는 것처럼. 구조적인 문제라는 걸 그때는 몰랐어요. 이 아이가 자기가 소수자이기 때문에 세상에서 배척되는 느낌이 있다는 사실을 몰랐던 거죠.

성소수자에 대해 알아보려고 하지 않았어요. 왜냐하면 딸을 바꾸겠다는 생각도 안 했고 딸이 그렇다고해서 그렇다는 걸로 받아들인다는 거죠. 그런데 제가 진짜 하고 싶은 말은 받아들인다는 말의 농도를 말하고 싶은 거죠. 우리 집안에서 "그래 네가 레즈비언이야? 괜찮아. 그렇게 살아도 돼."라고 말한다고 해서 그게 온전히 받아들이고 끝나는 게 아니라는 거죠. 물론 제 딸은 그것만으로도 "행복한 아이야." 라고 말을 했어요. 엄마도 오케이, 아빠도 오케이, 동생은 어렸으니까 크게 반응을 안 했고, 그래서 자기는 우리 집에서 숨길 이유가 없으니까 행복한 아이였던 거죠. 그래서 그것만으로 저는 좋은 엄마고 우리는 좋은 부모라고 생각하며 20살, 21살, 22살을 보냈어요. 그리고 그 아이가 누구랑 만나서 연애를 하는지, 얼마 만에 깨지는지, 몇 명의 아이를 또 만나는지 들었고, 왜 그런 식의 연애 스타일을 가져야 하는지 그거에 대해서는 많이 안타까웠고 조언도 해줬어요. 너무 누구를 사귀는 것에 집착했어요.

연애하는 대상이 없으면 애가 불안해하고 외로워하고 우울해 했어요. 그걸 저는 많이 나무랐어요. "네 인생에 연애가 전부야?" 사실 동성애자든 이성애자든 한 사람을 사귀고 헤어지면 곧바로 또 다른 사람을 사귀지 않는 게 정상인데, 헤어지면 또 얼마 안 가서 커뮤니티에 가서 상대를 찾고. 누가 옆에 없으면 마치 불안한 것처럼 애가 사람에 집착을 했어요. 뭔가 결핍되어 있는 것처럼.

어느 날 문득 지하철을 탔는데, 사람들이 좌석에 꽉 차 앉아 있었고 그렇게 붐비지는 않았어요. 집으로 돌아가는 길인데, 마치 나와 저들이 다른 세계에 사는 것처럼 느꼈어요. 그때 나의 사회생활이 너무나 힘들어서 그랬던 것 같아요. 그 많은 사람들이 있는데 내가 고립되어서 저들 속에 섞이지 못했다는 괴리감이 들었어요. '아, 내 딸이 이런 걸 느끼겠구나.' 라는 생각을 하면서 깨달음이 온 거죠. 너무너무 미안했어요. 내가 뭘 잘못했을까 생각을 했어요. 딱 이거야. "너의 성생활을 누가 그렇게 궁금해 해? 그냥 여자랑 만나서 연애를 해. 걔랑 섹스를 해도 괜찮아. 그런데 다른 건 다른 사람들과 똑같이 정상적으로 하고 살아." 제가 그렇게 주장했는데, 그게 얼마나 오류였는지 알게 된 거죠. 그 오류는, 성생활이 자기의 삶의 중요한 부분인데 마치 그것을 그냥 하나의 행위로 치부하고 분리시키라고 말한 거죠. 누구를 사귀고 누구를 좋아하는 정서가, 누구에게 사랑을 받는 감정이 삶을 풍요롭게 하는 것인데, 생활은 정상적으로 하고 연애만 소수자의 행위를 하라고, "아무도 너의 연애에 관심을 가지지 않으니 뭐 별로 특별할 것 없지 않느냐."고 설득한 거지요.

아마 제 딸은 절망했을 거예요. 이해한다며 받아들인다며 결국은 엄마가 하는 말은 숨어서 드러내놓지 말고 그렇게 살라는 말이었으니 얼마나 막막했을까요? 차라리 이해 못 한다고 했으면 말이나 안 하지, 그렇죠? 딸이 포기하지 않고 엄마에게 수없이 자신이 느끼는 감정을 설명하려 애썼던 기억도 있고, 본인이 살면서 다른 다수와 달라서 겪는 괴리감, 격리감, 차별과 편견 때문에 당당할 수 없어서 왜곡된 시각으로 세상을 보기도 하고, 예를 들면 대학 친구들에게 커밍아웃 했을 때 받아들이는 친구하고만 이야기한다든지, 수업의 창작과제물 내용이 한쪽으로 쏠리는 현상이라든지. 그래서 자기를 이해해줄 수 있는 어떤 사람에게 집착했고, 자기를 이해 못할 것 같고 충분히 사랑받지 못하는 거라고 생각하면 헤어지고 또다시 다른 사람을 찾느라 많은 에너지를 쏟는 생활이 반복이 되는 게, 결국은 '이 구조 안에서 제 자리를 잡아주지 않으면 앞으로도 계속 되겠구나' 라는 깨달음을 얻게 된 거죠.

지하철에서 성적 지향과는 다른 처절한 외로움을 느끼고 돌아오는 길에 카페에서 딸을 만나 사과했어요. "단지 그대로 살아도 돼. 엄마가 지지를 한다고 말을 했지만 온통 너를 이해하지 못했구나. 이 사회 안에서 소수자로서 갖고 있는 불안감, 그래서 네가 누구라도 빨리 자기를 이해해주고 사랑하는 사람을 만나고자 했던 열정. 그리고 잘 안 됐을 때의 슬픔. 그런데 그걸 이해 못하고 마치 연애중독자처럼 몰아붙이고, '연애질만 하다가 너는 언제 성장할래?' 라고 비난도 했었고, 그래야 아이를 잘 키우는 거라고 생각했던, 너를 온전히 이해하지 못했던 것에 대해 엄마가 미안해." 라고 사과했어요. 둘이 손을 잡고 펑펑 울었어요.

마음이 정말 아팠어요. 내 딸이 진짜 울더라고요. "엄마가 그거를 이해해줄 줄은 몰랐어. 사실은 엄마한테 뭔가 말을 하면 깊이 들어가지 못하고 엄마는 겉으로만 이해한다고 하는데 나는 뭘 이해해 달라고 말을 하지 못하고 핵심을 끄집어낼 수가 없었어." 무지 답답했대요. 그런데 자기가 하지 못했던 것을 엄마가 깨달아주고 말해줘서 자기는 너무 고맙다고 펑펑 울었어요. 긴 시간이, 커밍아웃한 17살 이후 내가 그걸 진정으로 이해하게 된 게 23살 때니까 6년이 걸린 거죠.

그렇게 이해를 하고서 딸과의 관계가 달라졌어요. 그렇다면 우리는 우리의 진정한 자리를 찾기 위해서 문제가 사회의 구조라면 구조를 우리가 원하는 대로 만들어가기 위해서 힘을 써야 된다. 그 방향으로 딸하고 대화를 하기 시작했어요. 성소수자의 인권뿐 아니라 여성의 인권, 사람답게 제대로 사는 게 뭔지, 자기의 삶을 어떤 색으로 칠해나가면서 사는 게 잘하는 건지, 과연 뭐가 행복한 건지, 삶의 본질에 대해 이야기하게 됐어요.

딸하고 인권에 대해서 이야기하고 소수자에 대한 편견, 차별에 대해서 이야기하고, 딸이나 나나 여성이니까 여성의 인권에 대해서 말을 하는데, 말로만 하면 무슨 소용이냐 이거죠. 결국은 그리고 딸에게도 "네가 앞으로 살아갈 사회이니 너도 앞으로 나서서 운동을 해야 한다. 할 일이 얼마나 많은데 연애 타령이나 하고 찔찔 울래? 할 일이 너무 많기 때문에 너는 주저앉아 있으면 안 돼."하고 독려를 했어요. "생각보다 너네 너무 왕따지? 너희끼리 모였을 때는 즐거운데 흩어져 있으면 방콕하고 있지? 홀로 자기만의 섬을 만들고 있더라고. 그래서 혼자 있는 시간이 길면 우울해져. 그리고 생각이 너무 많아져. 그래서 부추긴 거야. 할 일이 너무 많아, 네 방에서 뛰쳐나와야 해. 그리고 네가 제대로 인권운동을 하려면 네 목소리가 커지려면 너는 네 이름을 다른 사람들에게 알려야해. 그렇게 하려면 어떻게 해야 해? 네가 하려는 거는 뭐야? 그러면 만화가로서 너는 유명한 사람이 되어야 해. 유명한 사람이 하는 커밍아웃과 유명하지 않은 사람이 하는 커밍아웃은 엄청난 차이야. 너는 영향력 있는 사람이 되려고 하니? 그렇다면 돼야지. 되려면 어떻게 해야 돼? 그 자리에서 발딱 일어나야지." 이렇게 이야기했어요.

내 딸의 꿈은 만화작가가 되는 건데, 만화를 그리는 것도 스토리가 있어야 되고 그것을 채우는 건데, 자기가 실질적으로 그리고 싶은 것, 인간이 인간답게 사는 것이 뭔지, 정의가 뭔지 이런 쪽으로 이야기의 방향을 잡게 된 거죠. 전에도 항상 어떤 작품을 내고 공모전에서 당선이 될 때도 운동권적인 시각이 있었어요. 소외되고 남과 같지 않은 것에 대해서 쉽게 받아들여지지 않는다고 하면서. 그래서 우리는 서로에게 꼭 필요한 멘토와 멘티 사이가 되면서 친구가 됐어요. 엄마의 삶에 대한 이야기도 훨씬 더 풍부하게 하고, 대화를 하며 위로를 주고받는 사이가 된 거지요. 소수자의 문제만 바라본 것이 아니라, 훨씬 깊게 친구가 됐어요. 그래도 이 아이를 엄마가 다 채워주지는 못하죠.

자기 짝을 찾고 싶어 하는 거죠. 전에는 오래 못 가고 또 찾아 나서고 이랬다고 한다면, 파트너를 찾는 방법도 바뀌었어요. 자기와 대화가 되는 사람, 자기가 이념도 갖고 혹시라도 인권운동을 하더라도 같이 동참해 줄 수 있는 사람을 찾기 시작한 거죠. 왜 그동안 그토록 놀고 떠들고 웃고 이랬던 친구들 하고 오래 못 갔는지를 알게 됐어요. 자기가 어떤 류의 사람을 좋아하는지를 찾아가는 과정이었죠. 지금은 짝이 몇 개월 없다고 해서 죽을 것 같아 보이지 않아요. 물론 주기적으로 외로움은 있어요. 본연적인 외로움이니깐 어쩔 수 없는데, 그래도 이제는 안정을 찾은 것 같아요. 지금은 좋은 친구를 만났고, 같이 성장하고 있고, 잘 지내요. 예쁘게. 그 영향을 성소수자 부모모임에서 받았어요. 자기 목소리를 내면서 자기 이야기를 하고 남의 이야기를 듣는 진지한 모습들을 보면서, 자기도 '그런 이야기를 서로 나누면서 지낼 수 있는 파트너를 원했구나.' 이런 걸 느낀 것 같아요.

딸은 다른 사람들에게 스스로 커밍아웃하기를 원해요. 그래서 졸업과 무관하게 자기가 하고 싶은 일에서 한자리를 얻어내고 당당하게 가족 이외의 다른 가족들에게 밝히고 싶다고 해서 기다리고 있는 중이죠. 할머니가 걱정이 되나 봐요. 할머니가 기독교에 너무 빠져 있고 연세도 있으셔서. 만약에 할머니한테 커밍아웃을 하면 매일 교회 가서 내 손녀를 구원해 주소서 하며 울고불고 할 것 같아서 아빠도 일단 할머니는 모르게 하고 싶다고 하시죠. 작은아버지, 삼촌, 이모한테도 스스로 커밍아웃을 하려고 하죠. 눈치를 챈 사람도 있어요. 그런데 어느 누가 부모가 괜찮다는데 토를 달겠어요. 토를 달더라도 무슨 영향력이 있겠어요. 전혀 걱정하지 말고 네가 원할 때 커밍아웃을 하라고 했지요. "시끄러워지면 어떡해?" 하면서 본인이 걱정을 해요. 소수자 친구들은 남의 배려를 너무 많이 해요. 자기 때문에 불편해질까 봐, 자기 때문에 시끄러워질까 봐.

그리고 제가 인터넷에서 부모모임을 찾았어요. 왜냐면 작년에 퀴어퍼레이드에서 부모모임 플래카드를 처음 봤어요. 어? 부모 모임이 있네? 깜짝 놀랐어요. 퀴어퍼레이드에는 딸이 초대를 해서 엄마, 아빠, 막내까지 행진을 같이했지요. 딸은 이런 인권단체가 있는지도 몰랐어요. 부모모임에서 너무 멀쩡하고 너무 사랑스럽고 너무 재능 있는 많은 당사자들을 만났어요. 만나다 보니까 '이건 내가 꿈이 아니어도 되는 거구나.' 라고 저 치유를 받았어요. 있는 그대로 잘 살게 하자. 그런데 마음으로는 '지가 먼저 죽을 텐데, 그래서 얘는 일상적으로 남편이나 아기나 혈연의 가족을 만들어내지 못할 텐데, 물론 애인을 사귀겠지만 그 애인이라는 것이 너무나 참을 수 없는 정도의 가벼움으로 한바탕 싸우고 "헤어져!" 하고 끝나는 관계가 되고 말면, 그러면 얘 혼자 남으면 어쩌지?' 하는 불안이 아직 있어요.

논바이너리 트랜스 맨 자식을 둔 어머니 – 나미[4]

딸 얘기를 하자면, 큰 애가 동생을 낳아달라고 많이 조르기도 했고 평소에 딸을 키우고 싶었던 욕심이 있었기 때문에 8살 터울로 둘째를 낳았는데 딸이어서 굉장히 기뻤어요. 그래서 알콩달콩 잘 키웠어요. 그 당시에도 '좀 그러네.' 하고 느꼈던 것들이 몇 가지 있었어요. 애들이 보통 애니메이션을 보잖아요. 그럴 때, 둘째는 공주 이야기 같은 걸 안 봐요. 뭐, 라이온 킹이나 정글북이라던가 토이스토리는 반복해서 봤는데, 백설공주나 신데렐라는 관심이 없었어요. 그리고 놀이를 한다고 해도 자기가 라이온 킹이 되던가 이런 식이었고 또 오빠랑 사이도 굉장히 좋았고 나이 차이도 많이 나니까 키우다시피 했는데 칼싸움을 같이 즐겨하기도 했고, 특히 기억에 남는 건 옷 가게에 옷을 사러 가면 가기 싫어하는 것은 물론이고 옷을 입어보는 것도 싫어했고 한두 번 보면 그냥 가자고 했어요. 여자 옷 같은 데에 관심이 없었어요.

초등학교 저학년 때는 남자애들이랑 막 뛰어 놀다가 헉헉거리면서 집으로 돌아왔고, 고학년 때는 철봉이나 줄넘기 같은 걸 하는 서클을 만든다고 했어요. 그런데 그 서클이 여자애들 대상이어서 그랬는지 몇 명 안 모여서 잘 안됐어요. 고학년 때부터 남자 애들이 같이 어울려 놀아주지 않고 여자 애들이랑은 관심사가 달라서 교우관계에 힘들어 했

4 저는 논바이너리 트랜스 맨(Non-binary Trans Man) 자식을 둔 엄마입니다. 딸이 결혼해서 아이도 키우고 직장도 다니는 것을 꿈꿨던 저는 1년 반 전에 아이의 커밍아웃을 경험했습니다. 딸인 줄 알고 여태껏 키운 아이가 아들이라는 것을 알게 된 이후 힘든 것도 많았지만, 아이의 트랜지션 과정을 거치면서 지금은 더 친밀한 관계를 유지하고 있습니다.

어요. 고등학교 와서는 교복을 맞추는데 치마를 안 입고 바지를 입겠다고 해서 3년 내내 바지를 입고 다녔어요. 학교 행사 있을 때만 스커트를 입었어요. 그때는 자기도 뭔지는 모르지만 그냥 편했던 거죠. 자기 속에서 나오는 대로 하는 건데 기존 여자애들이 평소 하고 다니는 것과는 달랐던 거죠.

딸이 어렸을 때에는 나중에 커서 결혼하고 가정을 꾸려 애 낳아서 잘 키우는 꿈이 있었어요. 첫째랑 둘째가 나이 차이가 많이 나다 보니까 제가 집에서 굉장히 재미있게 놀아줬어요. 집에서 게임을 하면서 영어, 일본어도 배우고 책 읽고 얘기 나누고, 이런 것을 서로 깔깔거리면서 했기 때문에, 그런 꿈을 가졌던 것 같아요. "예전엔 네가 그랬었지." 하면서 그 얘기를 하면 "그냥 그때는 몰라서 그랬지." 해요. 그리고 제가 세뇌를 시켰어요. "너는 공부를 해서 네가 하고 싶은 것으로 직업을 가져서 사회생활을 하는 게 좋을 거 같으니까 애는 내가 키워줄게, 걱정 마." 그래서 애가 앞으로 뭐하고 살 것인가에 대해서 꿈도 갖고 계획도 갖게 만들었어요. 전 그런 가정을 꾸리는 게 행복이라고 생각했지만, 제가 직업을 가지고 있지 않은 사람이라서 직업은 가졌으면 했거든요.

딸은 대학 2학년 중간쯤 되어서 자기가 좀 뭐가 다르다고 자기 안의 욕구와 현재 처해 있는 위치와의 차이를 느끼고 글이나 성소수자 뉴스를 접하면서 하나씩 표출했던 거 같아요. 그리고 긴 머리가 예쁘다고 주위에서 얘기하고 저도 긴 머리가 더 예쁘다고 하면서 "머리를 기르면 되겠네." 하니까, "이제 머리 기를 일은 없을 거예요."하고 말하더라고요. 그때가 어느 정도 느꼈을 때인 거 같아요. 2학년이 끝날 때쯤 휴학을 하고 싶다고 했어요. 그때 본격적으로 가슴앓이를 하고 현실을 알아가고 했던 것 같아요. 그즈음 머리를 짧게 잘랐었어요.

그 과정에서 세세한 얘기는 안 해줬지만 "전 남자 같아요." 하고 말했거든요. 그때는 '내가 이렇구나, 그러면 내가 어떻게 해야 하나.' 하는 고민 때문에 휴학을 해달라고 했는데, 그러지 말라고 했어요. 그래서 3학년을 다녔는데 다니던 중에 10킬로가 빠지고 과제도 제출하지 못 하더라고요, 따라가질 못하니까요. 그래서 학기말을 몇 주 남기고 휴학을 했죠. 휴학을 했던 시간이 본인 인생에서 가장 힘들었던 때였던 거 같고 부모한테도 가장 힘들었을 때였던 거 같아요.

사실 하루아침에 탁 던진 게 아니고 여러 번에 걸쳐서 천천히 커밍아웃을 한 거죠. 본인이 그렇게 느껴서 '내가 이래요.' 할 때 그 과정을 얘기해줬거든요. 그런데 그 과정 중에 남편이 "좀 참아라. 이때껏 살아왔던 것처럼 좀 견뎌라. 그리고 목표가 공부해서 연구하는 것이 희망이니까 자리를 잡고 나서 마음대로 해라. 다 알리고 트랜지션을 거치고 해라. 그게 더 유리하다. 어떻게 사람들 시선을 견디겠느냐?" 했어요. 계속 그러니까 말을 꺼내 봤자 반대를 하겠다는 생각에 호르몬 치료에 대해서 얘길 안 하더라고요. 본인이 나름대로 상처를 받았던 거 같아요. 조금 후회도 돼요.

우리 애는 21살쯤 얘기를 했기 때문에 부모한테 어떻게 해야 된다는 걸 나름 알았던 거 같더라고요. 그래서 부모모임 책자라던가 성소수자에 대한 자료를 많이 갖다 줬었어요. 그 자료들이 많이 도움이 됐어요. 저는 애가 겪는 걸 같이 옆에서 겪었어요. 정체성을 찾아가는 과정에 함께 했기 때문에 굉장히 수월했어요. 그리고 우리 애가 커밍아웃하고 나서 부정할 수 없었던 이유는 애가 어렸을 때 모범적이었고 윤리적이었고 사람의 올바른 도리를 잘 갖춘 아이였기 때문에 반박을 할 수가 없었어요. 그래서 전 성소수자 부모로서 상당히 복 받은 케이스인 것 같아요. 그 과정을 옆에서 쉽게 받아들일 수 있었고 그 과정이 당사자한테도 힘이 되지 않았을까 싶어요.

본인이 3학년 1학기에 휴학하고 트랜지션을 원한다고 얘기를 했고, 그래서 호르몬 주사 맞을 준비를 했어요. 정신과에서 진단 받고 피검사 받고 그렇게 해서 본인 계획에는 9월부터 시작하면 복학 이후에는 어느 정도 남성화 되어 있고 남자 같은 모습으로 학교를 다닐 수 있을 거 같다는 생각을 가지고 있었던 거 같아요.

그때 반대라면 반대인데 더 생각해 보라고 한다든지 "너에 대해서 더 알아볼게" 해서 9월에 부모모임에 처음 나가게 되었어요. 나가기 전에도 그럴 거라고 생각했지만, 나가자마자 '앤 좀 다르구나, 트랜스젠더구나.' 싶었어요. 그리고 '본인이 행복하고 자기의 정체성을 찾고 사는 게 자기한테도 더 행복하겠구나.' 하는 판단 하에 완전 적극 지지했어요. 호르몬 병원에도 같이 가서 의사도 같이 보고 그랬습니다.

물론 처음에 커밍아웃을 했을 땐, 제가 많이 울었어요. 생각만 하면 눈물이 나는데 이때껏 생각했던 애가 아니잖아요. 그 요인도 있지만 부가적인 것도 많았어요. 아이가 거쳐야 할 일, 학교에서의 시선, 교우관계, 나중에 공부할 때 불이익을 얻지 않을까, 나중에 하고 싶은 일이 생길 때 걸림돌이 돼서 포기하게 되지 않을까…. 굉장히 복잡한 것들 때문에 그랬죠. 울컥울컥 눈물이 났던 거 같아요. 한동안은 죄책감이 많이 들었어요. '그때는 그랬어야 하지 않았나.' 그런 생각이 많았어요.

대표적으로 남녀 역할 구분을 많이 안 시켰다는 거였어요. 첫째 아들한테는 설거지 같은 집안일을 많이 시켰고 둘째한테는 넌 딸이니까 나중에 많이 할 거라고 집안일을 잘 시키지도 않았어요. 그래서 그런 것 때문에 혼돈한 거 아닌가 생각했었죠.

그렇지만 애 앞에서는 커밍아웃하는 얘기를 그냥 들었던 거 같아요. "그러니? 생각해볼게." 애 앞에서 운다든가, 흥분을 한다든가 하지는 않았어요. 제가 혼자 생각을 하거나 남편이랑 얘기를 해서 방향 제시는 많이 했죠. 특히 진로 관련해서 그랬죠. "앞으로 몇 년만 더 참아라." 라고.

딸/아들과의 직접적인 마찰이 1년 반 동안 거의 없긴 했지만 아예 없진 않았어요. 아이가 호르몬 치료를 받고 어느 날 우울증 치료약을 복용했는데 그걸 저한테 얘기를 안 했어요. 전에 언급 정도는 했어요, 우울증인 거 같다고. 그때 "이겨내 봐, 정신을 튼튼히 해야 돼." 라고 한 것 같아요. 약을 복용하고 나서는 몸도 쳐지고 잠도 계속 자고 거의 폐인처럼 몇 달을 살더라고요. 자기 몸에 맞는 약을 찾아야 한다고 두세 번 바꿨는데도 나아지질 않았어요. 두 번째 바꿨을 때 좀 오랜만에 환해 보이고 기분이 좋아 보였는데 며칠 안 가 다시 힘들어 하더라고요. 우울증 환자가 예민해져 있는 걸 부모한테 푼 거 같아요. 사소한 것에 화도 내고, 그런 것 때문에 친구들 만나서 그거에 대해서 얘기하고 울고. 그때 트랜스젠더 부모모임에 갔었는데 그게 애가 뭐 잘못된 게 아니라는 걸 알고는 다행이다 싶었어요.

관련 상담을 받아본 적도 있었어요. 우리 애가 상담소에서 10회인가 20회 짜리를 두 차례 상담 받아봤고 교내에 있는 상담소에서도 받은 걸로 알고 있어요. 제가 그 이후에도 더하고 싶으면 하라고 했는데 더 하진 않더라고요. 한 6개월 이상 꾸준히 상담을 받았어요. 작년 초쯤에 저도 상담이 필요한 거 아닌가 싶었는데 힘들 때마다 그냥 인터넷에 있는 성소수자 관련 자료들을 찾아본다든가 주변 사람들한테 많이 털어놨었어요.

커밍아웃 이후에 가장 먼저 연락한 사람은 여동생이었어요. 가장 이해를 잘 할 수 있을 거라고 생각했어요. 여동생 둘째 애가 자폐증을 가지고 있는데 장애를 극복하고 잘 살고 있기 때문에 도움을 받을 수도 있겠다고, 편히 얘기할 수도 있을 거라고 생각했어요. "우리 아이가 호르몬 치료를 받고 싶어 해, 남자가 되고 싶어 해." 라고 했더니 "내가 바로 갈게." 하면서 당장 왔어요. 그 때 이런 저런 상황을 듣고 해준 얘기는 처음에 아이가 남자라는 얘기를 듣고 "정말 그럴까, 왜 이런 일이 생겼을까, 내가 뭘 잘못했을까." 같은 똑같은 이야기들이 나왔어요. "언니가 너무 애들을 자유롭게 키웠다, 그래서 다른 사람들이 생각 못 하는 생각을 했다, 애를 가졌을 때 태교가 잘못된 거 아니냐. 그리고 과거에 남자 여자를 떠나서 뭘 원하는 게 있을 때에는 그게 자기 성에 맞지 않았어도 원하는 내로 따라줬는데 그런 거에 영향을 받지 않았느냐." 라고 했고, "좋은 정신과에 가서 치료가 가능하면 해 보자." 라고도 했어요. 그리고 나중에 아이가 호르몬 치료하고 다 진행되는 걸 알려주고 나서는 별다른 말 없더라고요. '그냥 이렇게 사나 보다.' 하고 생각하는 거 같아요.

그리고 특히 큰언니한테 많이 얘기했어요. "언니, 우리 애가 이러이러해요. 그래서 지난 1년간 제가 마음고생이 많았어요." 라고 했을 때, 우리 언니가 '걔는 왜 그러니?' 라든가 '그런 일이 어떻게 생겼냐.' 같은 말들은 하나도 안 하고 "네가 마음 고생이 많았겠다." 그러면서 "드문드문 그런 애가 있는데 우리 집안에도 있는 거다." 라고 하시더라고요. "애가 뭐 원하는 게 있으면 다 해줘라." 그게 참 힘이 많이 됐어요. 옆에서 겪지 않은 사람이 같이 이해해준다는 것 자체가 저한테 너무 좋았어요.

그리고 가장 친한 친구 한 명한테도 얘기했어요. 근데 그분은 독실한 기독교인이고 부부가 전도사여서 희망적이라고 생각 안 하고 그냥 털어놓았는데 "그거는 타고 나는 거야." 라고 하더라고요. 아니 기독교 쪽에서는 그걸 고친다고 전환치료도 시도하고 감금도 시키고 그런다는데, 그분은 "그런 게 고쳐지는 게 아닐 텐데." 라고 하시더라고요. 평소에 저를 통해서 아이가 똑똑하다는 얘기를 들으셨겠지만 "그런 똑똑한 아이를 얼마나 큰 일에 쓰시려고 하나님이 그러시는지." 하셨어요. 그게 제 앞에서만 그러는 건지는 모르겠지만 어쨌든 인정을 한 거잖아요. 그리고 제가 살고 있는 곳에 동 대표 분에게도 말씀을 드렸어요. 육십이 넘으신 분인데 언젠가 저한테 자녀분이 아드님이냐고 물어보시는 거예요. 딸이었을 때의 모습도 보셨는데도요. 그분이 평소에 진실된 이미지가 있었기 때문에 흠칫했지만 사실대로 얘기를 했어요. "우리 애가 딸로 태어났는데 본인은 아들이라고 하네요. 그래서 호르몬 치료를 하고 아들로 살아요. 이름도 아들로 살려고 바꿀 준비를 하고 있어요." 하구요. 제가 "동네 분께는 처음 말씀 드리는건데…" 했더니, 그분이 "다른 사람한테 말 안 해요. 그런 애들이 있기도 하죠." 라고 아무렇지 않게 받아들여 주시더라고요.

커밍아웃을 통해 우리 아이를 거치고 나서는, 이가 빠진 상태로 둥그렇게 그냥 살고 있었는데 이제서야 이가 끼워 맞춰진 느낌이랄까요? 그러니까 보통 우리가 '이렇게 살아야 돼.' 라고 생각하는 것들이 다가 아니라는 걸 알게 됐어요. 그래서 전 똑똑해진 거 같아요. 뭔가 더 완전해진 느낌. 결국 막 안 좋게 얘기하고 반대하는 사람들은 몰라서 그런 것 같아요.

그리고 제가 남편보다 받아들이는 건 한 발자국씩 빨랐어요. "우리 애 상태가 이런 거예요."라고 하면 남편은 금방 수긍하더라고요. 어떻게 생각하면 나를 완전히 믿어서 그런 건가, 아니면 그냥 아니라고 생각하나 라고 생각할 정도로 제 얘기에 다 수긍을 해주더라고요. 그 와중에 한 번 우리나라에서는 옛날에는 성소수자를 막 없애야 하고 배척해야 할 대상으로 여기지 않았고 사람들이 본인의 생활권으로 끌어들이지는 않았지만 심하게 배척하지도 않았는데, 기독교 세력이 들어온 이후로는 차별이 심해진 것이라는 말을 저랑 밖에서도 했었어요.

이제는 여러 다른 처지에 놓인 사람들에 대해서 알게 되었어요. 내가 이제 뭘 할 수 있을까라고 고민을 많이 했고 또 그 방법이 우리 아이를 도울 수 있는 게 아닌가 싶었어요. UN이 인권헌장을 발표한다든가 미국에서 싱소수자 관련 제도가 바뀌는 걸 보고 희망이 있다는 걸 느꼈어요. "그러니 우리나라 기독교 사람들 큰일 났어요. 앞으로 그들이 그대로 밀고 가다가, 10년 후 20년 후에 이해하는 사람들이 늘어나고 성소수자 권리가 보장될 때 그들이 설 자리가 어디 있겠어요."

커밍아웃 이후 트랜지션 과정을 겪으면서 아이와의 관계는 훨씬 더 가까워졌다고 느껴져요. 이제서야 아이에 대해서 제대로 알게 된 것이고 남들과도 이것에 대해 알아야 더 가까워질 거라고 생각이 들거든요. 그리고 성소수자를 이해하지 못하는 사람들을 향해서 어느 순간부터 '네가 뭘 알아.' 라는 생각이 들더라고요.

제 친구 중에 초등학교 선생하다가 교감하다가 다른 게 해보고 싶어서 일찍 퇴직을 한 친구가 있어요. 그 친구에게 이야기를 했어요. "우리 아이가 이래." 하고 그랬더니, "어휴, 그래 타고나는 거야" 그러면서, 그 고등학교 때 지금 생각해보면 동성애자나 트랜스젠더 같았던 남자 같은 애가 있었는데 걔 이야기를 해주더라고요. 근데 그 애가 제 친구랑 같이 서울 교대를 나와서 선생님을 했는데 그 애는 교장이 됐고, 나중에 학교 모임이나 큰 일 있을 때마다 만나곤 했대요. "걔가 교장이 된 학교 애들은 굉장히 복 받은 애들이야." 그랬는데, 생각해보면 결혼도 안 하고 혼자 사는데 그 에너지를 다 학교에 쏟는 거잖아요. "너네 애도 이런 이런 롤모델이 있다고 이야기를 해주고 그렇게 살면 돼." 그렇게 이야기를 하더라고요.

아직도 어떨 때는 울컥하면서 눈물이 핑 돌아요. 왜 나의 행복과 불행이 다른 사람의 시선이나 그 사람이 나를 대하는 태도에 따라 많이 좌우되는지 그냥 그 걱정이 큰데, 지금 다행히 자기네 과 사람들이나 동아리 사람들이 이해를 해주고 같이 지내는 애들이 다 받아들여 주는 거 같아요. 그리고 교수님도 깜짝 놀라시기는 하지만 그냥 그대로 받아들여 주신다고 해요.

트랜스젠더는 자기가 '어 이렇구나' 하고 자각한 다음에 차후에 진행해야 하는 과정이 많아요. 애가 다 자리 잡아서 신체적인 게 해결이 되면 정신적으로는 뭐 좀 편해질 수는 있는데, 수술이 잘 안 되면 10년도 더 수술에 매달려요. 그래서 제가 한번은 "그렇기 때문에 성소수자인 네가 더 열심히 해야 해." 라고 했더니, 아이가 "똑같이 해야지 왜 더하냐."고 하더라고요. 수술이 10년째 안되고 아직도 어떻게 될지 모르는 상황에 계신 분께서 그러시더라고요. 저도 어머니 자녀분과 생각이 같다고. "왜 그렇게 제대로 인정받는 자리에 서야만 그게 제대로 산다고 말할 수 있나요?"

MTF 트랜스젠더 딸을 둔 어머니 – 라라[5]

제 아이는 4, 5살 정도 됐을 때부터 여자아이처럼 놀았어요. 남자아이들이 좋아하는 만화영화는 본 적이 없어요. 그 당시에 세일러문, 디즈니에서 만든 미녀와 야수 그런 것을 봤어요. 그리고 여자 아이들이 입고 신는 옷이나 신발 같은 것들을 갖고 싶어 했어요. 여자 샌들에 세일러문 그림이 있는 신발을 갖고 싶어 했어요. 언젠가 신발가게 앞에서 사달라고 떼를 썼는데, 안 사준 것 같아요. 여자 아이 옷을 사달라고는 안 했는데 색깔이 예쁜 걸 좋아했어요. 그거는 예쁜 모습이고 자기가 본 만화 영화의 주인공이니까 갖고 싶어 할 수 있다고 생각을 했지요.

우리 아이 머리를 제가 남자처럼 깎았다고 생각을 했는데, 뒷집에

5 저는 20대 초반의 MTF트랜스젠더 딸을 둔 엄마입니다. 젊었을 적부터 퀴어영화를 봐서 성소수자에 대한 거부감은 없었습니다. 그래도 힘든 일이 많았지만 부모모임에 나오면서 많은 힘을 얻었습니다. 이제는 그 힘을 부모모임을 새로 방문하는 다른 부모님들께 전해주고 싶습니다.

있는 친구에게 우리 애랑 놀라고 했더니 그 친구가 "얘 여자 아니었어요?" 라고 물어봤어요. 남들에게도 여성적인 모습이 많이 보였던 것 같아요. 그리고 6살 쯤 아빠하고 대중목욕탕을 처음 보냈었는데, 들어가지 않겠다고 해서 목욕탕에 못 데리고 갔었어요. 초등학교 때는 자기 여동생 스커트를 입고 뮤직비디오 보면서 걸그룹 댄스를 추고 놀았어요. 동생들을 잘 돌봐주고 음식 같은 것들 챙겨서 동생들 먹이고 하는 걸 굉장히 즐거워 했어요.

초등학교 때 친구들은 대부분 여자아이들이었어요. 제가 직장생활을 해서 친구들을 많이 만나보지 못했지만요. 아이가 어릴 때, 방과 후에는 거의 동생들 하고 많이 놀았고, 우리 아이한테 들어보니까 자기는 여자 친구들과 잘 통해서 여자 친구들과 놀았다고 하더군요. 초등학교 때까지는 학교도 잘 다니고 성적도 좋고 의욕적이고 자존감이 굉장히 높았다고 생각이 들어요. 저희 아이도 자기 정체성에 대해서 알게 된 게 초등학교 6학년 말 정도라고 하거든요.

이상하다는 생각은 저희 아이가 중학교 1학년이 되면서 들었어요. 초등학교에서는 여자랑 남자가 같은 반에서 공부를 하는데 중학교에서는 남학생들만 있었어요. 중학교 1학년 한 학기 정도를 다니면서 굉장히 힘들어했어요. 그 당시에 저는 아이가 말을 적게 하고 성격도 소심한 편이고 해서 '학교에 적응을 못하는구나.' 이렇게 생각하고, 아이가 학교를 안 가겠다고 했는데 그 뜻을 들어줬어요. 등교거부를 한 이유가 같은 반에 짝꿍이나 주변 남자아이들의 언어폭력 때문이었어요. 말이 거친 걸 견디지를 못하고, 같이 어울려서 놀 여자친구가 주변에 없었던 것이죠.

아이가 처음 등교거부를 했을 때 아이랑 함께 청소년 정신과 상담을 받았어요. 그때는 성정체성의 문제를 알지 못했었기 때문에, '우리 아이가 많이 여자답다, 그런데 이것을 어떻게 해야 되나, 어릴 때부터 쭉 그래왔는데 어떻게 뜯어고치겠는가. 앞으로 살아가는데 이게 문제가 되지 않을까.' 걱정이 되었죠. 그런데 의사 선생님이 스트레스지수검사를 해주셨는데 아이는 스트레스가 하나도 없더라구요. 학교를 그만뒀으니까 너무 좋은 거죠. "어머니 요즘 세상은 다양성이 인정되는 시대이기 때문에 여성적인 성향이 어쩌면 강점이 될 수도 있어요." 그렇게 이야기를 해주셨어요.

그러나 저는 아이가 중학교 자퇴할 때 제일 힘들었어요. 그때 너무 힘들어서 매일 새벽에 예배를 드리러 가서 소리 지르며 기도하고 그랬어요. 그때 슬프기도 하고, 힘든 부분도 있었죠. 평범한 건 아니기 때문에. 그러면서 신앙의 힘이나 이런 걸로 극복하려고 하면서, 이제 아이를 어떻게 도와줄까 생각했어요.

우리 아이가 중학교 때 학교를 그만두고 홈스쿨링을 해서 중학교 검정고시, 고등학교 검정고시를 마치고 미용을 배웠어요. 그래서 17살 때부터 집을 떠나 서울에서 직장생활을 하게 됐죠. 그런데 가끔 저희 집에 방문했을 때 어떤 선물 꾸러미랑 편지를 받아왔어요. 저희 집에 온 길에 누구랑 약속을 해서 반난다고 외출을 했었거든요. 그 편지가 뭔지 그때는 확실하게 몰랐는데… 나중에 걔 물건을 정리해 가지고 왔는데 그 안에 편지가 들어 있어서 몰래 보게 되었죠.

그때 걔네들이 헤어지기로 합의를 보고 그래서 짐 싸서 데리고 왔는데 일주일 뒤에 걔가 야밤에 우리 애를 데리러 왔어요. 애인이 있다는 걸 알게 됐는데 그게 남자더라구요. 그때까지는 트랜스젠더라고 생각하지 않고 '성소수자이구나, 남자를 사귀니까 이성애자는 아니다.' 라고 생각했죠. 아이와 대화를 하면서 게이니 성소수자니 하는 얘기를 한 적은 한 번도 없어요. '아이가 좋아하는 대상이 여자가 아니라 남자구나.' 라는 정도를 알게 된 거죠.

저는 아이가 남자를 사귀니까 동성애자라고 생각했었어요. 그 전에 트랜스젠더 영화를 봐서 그런 분들을 봤는데도 명확하게 모르겠고, 그게 궁금하더라고요. 남자아이를 사귀고 여자 같고 막 예뻐지고 싶어 하는 거는 알고 있었기 때문에, 만나는 사람들한테 "우리 아이는 많이 여자다워지고 싶어 하는 아이인데, 그래서 많이 여성스럽다."고 말했죠. 그러면서도 게이일까? MTF일까? 의문이 들었어요.

그래서 바로 아이에게 물어봤어요. 자기는 여자라고 하더라고요. 수술도 하고 싶다고. 아이가 트랜스젠더라고, 자기가 MTF라고 확실하게 말을 하였어요.

커밍아웃을 했을 때, 아이가 심리적으로 많이 힘든 상태여서 그런 것들에 대한 케어가 중요했어요. 직접적으로 아이에게 물어보지 않았고, 수용만 했지 대화를 하지는 않았어요. 인정해준다고 지지를 해줬어요. 옷도 사주고 귀 뚫고 싶다는 것도 하게 하였죠. 그전에 저랑 머리 기르고 화장하고 그런 걸로 트러블이 있었는데, 그런 부분도 적극적으로 하도록 했어요. 다른 사람들은 이상한 시선으로 보는 게 느껴지는데도 저는 그렇게 보지 않으려고 애를 많이 썼어요. 그전에는 남들의 시선을 의식해서 우리 아이에게 "하지 않았으면 좋겠다."고 한 적이 있는데, 커밍아웃 한 뒤에는 그렇게 한 적이 없어요.

저희 애기 아빠도 성향이 저하고 비슷해요. 그리고 자기의 생각을 강하게 표현하지 않는 편이에요. 속으로 생각을 하더라도 상대방 의사를 존중해서인지 왜 그런지는 모르겠지만, 우리 애기 아빠는 한 번도 아이를 혼낸 적이 없어요. 여태까지 살면서 오히려 제가 혼내면 혼냈지 애기 아빠는 항상 '예쁘다.' 라고 하면서 잘 해주는 편이예요. 아빠하고 외모적인 문제 이런 걸로 트러블을 일으킨 것도 한 번도 못 봤어요. 오히려 저하고의 문제로 아이가 이틀 동안 집에 안 들어왔을 때 막 아이 찾느라고 계속 밖에 다니셨고, 오히려 문제가 있을 때마다 해결해 주는 그런 역할을 해줬어요.

아이가 트랜스젠더라는 것을 처음 알게 되었을 때 아이와 함께 살고 있지 않아서, 생각을 좀 많이 할 수 있었던 것 같아요. 아이가 학교에 적응 못하고 다른 평범한 아이들처럼 학교를 마치지 못하면서 일찍 사회생활을 하게 되고 그런 것들로 인해서 저도 마음이 아프고 속상한 부분이 있었거든요. 그런 부분들이 이제 성소수자라는 걸 알게 되면서 이해가 되었죠. 즉 원인을 알게 되어서 가졌던 의문이 풀렸다고 해야 하나. 커밍아웃을 들은 처음부터 성정체성 문제는 한 개인의 문제는 아니니까 아이한테 원인이 있는 게 아니라고 생각하였어요. 그래서 마음이 오히려 편해졌어요. 제 마음을 안정시키는 데는 신앙생활이 도움이 많이 되었어요. 우리 아이가 성소수자라는 이유로 제가 비참해지고 슬퍼지고 그럴 필요는 없다. 이것도 어쩌면 감사할 일일지도 모른다. 그런 생각들을 하고, 나쁘고 안 좋은 거라는 생각을 갖지 않았어요.

수술하기로 같이 이야기를 한 뒤에, 친정어머니가 미리 아셔야 걱정을 안 하실 것 같아서 어머니에게 "우리 아이는 자기를 여자라고 생각한다. 본인이 수술을 계획한다."고 이야기를 했어요. 그랬더니 친정엄마가 "야 너는 그걸 이제 알았니? 빨리 해줘야지." 이렇게 이야기 해주셨어요. "해야 된다면 빨리 해줘라." 라고 하였어요.

그후 관련된 영화를 보면서 '트랜스젠더이면서 동성애자도 있구나.' 하는걸 알게 됐어요. 그리고 트랜스젠더가 꼭 자기를 여성이라고 생각한다고 해서 몸을 여성으로 바꿔야 된다는 성별이분법적인 생각도 없앴어요. 작년에 아이가 수술을 안 하고 트랜스젠더로 살겠다고 선언했어요. 그렇게 하면 처음에는 '굉장히 힘들지 않을까.' 이런 생각을 했는데 요즘 생각이 바뀌었어요. 성소수자부모모임 하고 트랜스젠더 부모모임에 나가면서 성소수자의 삶도 구체적으로 알게 되었던 것 같아요. 트랜스젠더 세미나도 갔었고 우리 모임 대화 속에서도 정보를 많이 얻어요.

그러면서 이전에는 개인적으로 우리 아이가 사회에 잘 적응해서 살면 된다고 생각했는데, 거기서 그치는 게 아니라는 걸 느꼈어요. 그것만으로는 행복하지 않겠구나. 사회가 바뀌어야 한다고 생각을 하게 됐어요. 사람들의 성소수자에 대한 시각이 우선 바뀌어야 편하게 다닐 수 있을 것 같아요. 우리가 같이 외출을 해서 택시를 타면 기사 아저씨가 너무너무 궁금해 하시거든요. 물어보고 싶어서. 막 어찌 할 줄 몰라 해요. 식당에 가도 "여자에요, 남자에요?" 하고 꼭 물어보고 싶어 하시거든요. 그런 마음을 제가 알아요. 왜냐하면 제가 여기 행성인(행동하는 성소수자 인권연대)에 와 보면 행성인 당사자 분들의 정체성이 궁금했었어요. 처음에는 그래서 속으로 '아, 저분들은 레즈비언일까? 게이일까? 아니면 트랜스젠더일까?' 뭐 이런 궁금증을 갖고 있었기 때문에, 그 분들도 우리 아이를 볼 때, 똑 떨어지지 않는 외모를 갖고 있으니까 '남자일까? 여자일까?' 그런 생각을 할 거라고 이해는 하고 있지만, 그런 시선을 우리 아이가 느꼈을 때 불편하잖아요. 그래서 자꾸 목소리를 내서 성소수자들이 살고 있다는 걸 자연스럽게 받아들일 수 있는 사회가 되어야 한다고 생각해요. 그래서 편안한 지인 분들한테는 "저희 아이가 성소수자입니다." 혹은 "MTF 트랜스젠더입니다." 라고 밝혀요. 그러면 반응들은 각양각색이긴 해요.

이렇게 밝히는 이유는, 노출이 되어야만 그 대상에 대해 생각을 하게 되고, 방향이 어떻든 간에 생각을 해야 그들을 보는 시각이 조금씩 변화될 수 있다고 생각하기 때문에요. 동기들 한테도 최대한 이야기를 하고요. 제가 소속된 모임 밴드를 통해서 이야기를 해요.

전에 우리 애를 교회에 데리고 가면 교회 분들이 나와 같은 눈으로 우리 애를 예쁘게 봐주진 않는다는 정도였지만, 우리 애가 거부감을 느끼게끔 이야기 하신 분은 없었어요. 교회의 동성애에 대한 태도와 같은 그런 문제에 대해서는 작년 퀴어문화축제에서 보고 기독교의 시각을 알았어요. '그렇게 강하게 또한 조직적으로 동성애를 반대하고 있구나.' 라는 걸 느꼈죠. 그 뒤로 교회 가서 모임을 할 때에는 이분들은 어떻게 생각하나 떠보고 싶더라구요. 교회라는 게, 화자가 설교말씀을 하면 일방적으로 화자의 말을 듣는 방식이고, 기도는 조용히 하고 돌아오잖아요. 내 말을 얘기하는 시간이 별로 없어요. 그런데 구역모임은 서로 대화를 하는 시간이 있기 때문에 그때 저는 "우리 아이가 트랜스젠더다." 라고 밝혔어요. 서울에 가서 퀴어문화축제에 갔는데 종교계에서 동성애반대운동을 굉장히 강하게 하고 있더라는 이야기까지 했어요. 그런데 대부분 트랜스젠더에 대한 생각은 우호적이시더라구요. 자기가 어쩔 수 없다고, 그리고 수술하면 자기가 여자로 돼서 남자를 좋아하는 거니까 동성애의 범주에 속하지 않는다고 생각을 해서인지 조금 우호적이라고 느꼈어요. 하지만 트랜스젠더 동성애자도 있잖아요. 동성애에 대해서는 몸은 멀쩡하면서 취향적으로 남성을 좋아한다고 생각을 하고 있어요. 쾌락을 위해서 동성애를 즐기는 거라는 인식을 갖고 있기 때문에 나쁘고 죄라고 생각을 하시더라구요.

그 뒤로 이사하고 나서 교회를 새로 정해야 되는데 미적미적하고 있었죠. 그러면서 우리 남편은 주일이면 계속해서 예전 교회 동영상을 듣고 예배를 드려요. 그런데 거기다가 대고 듣지 말라고는 안 했어요. 듣고 교회 가시는 건 좋은데 저는 안 가겠다고 선언을 하고 있던 차에 성소수자 친화적인 교회가 있다는 것을 알게 되었어요. 처음에 남편은 거리상의 문제가 있으니까 집에서 가까운 인근 교회에 등록을 하고 가족들은 거기를 다니고, 저만 성소수자 친화적인 교회에서 예배를 드려야겠다고 마음을 먹었어요. 그리고는 인근 교회에서 심방을 해주겠다고 하시는데, 그때가 한참 선거철이어서 기독자유당 메시지와 반동성애 천만인서명운동 등을 눈으로 본 시점이랑 겹쳐서 제가 도저히 그분들을 저희 집에 모실 수가 없었어요. 그래서 인근 교회 등록을 철회하고 남편하고 함께 성소수자 친화적인 교회에 등록했어요.

커밍아웃 이후 우리 아이는 그전보다는 좀 더 자기에 대해서 많이 이야기를 해줘요. 이제 트랜지션 과정도 함께하기로 했어요. 부모에 대한 신뢰, 그런 걸 좀 더 느끼죠. 우리 아이가 "우리 부모님은 이렇게 참 좋으시다."고 동생들한테 엄마 아빠 같은 사람은 없는 거 같다고 한대요. 자기 주변 친구들의 부모님들을 만나잖아요. 성소수자 친구들 많이 보니까 그런 이야기들 하곤 해요. 그런데 요즘 관심이 다 자기 연애 문제에 있으니까, 엄마인 제가 해줄 수 있는 게 없어요. 좋은 사람을 만나야 해결될 문제여서.

아이의 커밍아웃 이후 제 삶도 바뀌고 있지요. 작년에 트랜스젠더 세미나 이후에 트랜스젠더 친구들과 이야기를 나누는 과정에서 '자연적' 이라는 말을 썼어요. 그 말에 대해서 트랜스젠더 친구들이 굉장히 거부반응을 보였어요. 왜냐하면 걔네는 태어나면서부터 가진 게 트랜지션을 하고 싶은 건데 그 트랜지션 하는 걸 자연스럽지 못하다고 이야기하는 걸로 들은 거예요. '아 이런 말들 잘 선택해서 써야겠구나.' 그런 생각을 했구요. '내가 무심코 하는 행동이나 말로 인해 다른 사람들이 상처를 받을 수도 있구나.' 하는 생각을 더 갖게 됐어요. 조심스럽게 이야기하게 되고, 내 아이한테도 그냥 인정을 한다고 하면서도 거의 1년 동안 "아들아, 아들아." 하고 불렀던 것 등에 대해서 많이 생각하고, 그런 행동들이 작지만 변하면서 저도 생각이 바뀌어 가는 것 같아요.

트랜스젠더는 의료적인 과정이 남아 있잖아요. 그래서 트랜스젠더를 둔 부모님들은 정체성을 받아들이는 것도 힘드신데 그 이후에 아이와 함께 수술이라는 큰 과정을 거치고 호적정정이라는 과정을 거치고 일상에 적응하는 과정까지 거쳐야 하기 때문에 굉장히 힘들고 지쳐 계세요. 그래서 성소수자들의 목소리를 내는 행사라든지 이런 걸 할 여력이 없어 보였어요. 우리가 맨날 "트랜스젠더는 이상하게 가시화된 당사자들이 없다." 그러는데, 그 과정 속에서 너무 지치고 힘드시기 때문에 그냥 그렇게 사시는 거예요. 그리고 트랜스젠더 부모모임이 있어서 그곳에 모이죠. 거기에 가면 구체적으로 앞으로 수술하는 과정을 듣고 그렇게 하고 계시거든요. 호르몬 투여를 받고 구체적으로 트랜스하는 문제들을 공유할 수 있기 때문이죠.

우리 아이를 지지하지만 여전히 걱정되는 것들이 있어요. 우선은 아이가 자존감을 갖고 자기가 좋아하는 일을 더 열심히 했으면 좋겠어요. 장기간에 걸쳐서 상담을 받게 하고 싶거든요. 자존감 회복 프로그램 같은 게 있으면 참여시키고 싶어요. 그런데 안 하려고 해요. "내 문제는 내가 너무 예뻐지고 싶어 한다는데 있어. 수술만 하면 괜찮을 거야." 그렇게 이야기해요. 자기가 예뻐지면 모든 문제가 해결될 거라고 생각하는 거예요. 아닐 것 같은데.

옆집 남자

신경국*

1

서울 끄트머리에 작은 혹처럼 매달려 있는 그 동네엔 변변한 건물이 없었다. 구의 지원으로 삼층을 올리며 새로 단장한 행정센터 말고는 고만고만한 모습으로 꼬리에 꼬리를 물고 있는 다세대 주택들이 태반이었다. 그것들조차 지어진 지, 못해도 삼십 년은 더 된 것들이라 죄다 몰골사나웠다. 보기에 워낙 구차스럽기도 하거니와 터무니없이 작은 동네라 유일한 대중교통편인 마을버스를 타고 동네 한 바퀴를 도는 데에 이십 분도 채 걸리지 않았다.

* '퀴어(queer)'의 눈으로 퀴어들을 바라보고, 그들을 둘러싼 세상을 글로 풀어낸다. 『영순, 빛을 보다』, 『수호천사』, 『거울에 비친』, 『One Deadly Night』 외 다수의 전자책을 냈다.

동네는 그 자체로서 미궁이었다. 행정센터의 관내도를 보면 균열 같은 길들이 작은 동네를 갈가리 찢어놓은 모양새였다. 어지간히 좁은 길들은 얼기설기 뒤엉켜 서로 통했다. 여기가 저기 같고 이 집이 그 집 같아서, 그곳에 익숙하지 않은 사람들이 길을 잃는 건 유별난 일도 아니었다. 일을 막 시작한 마을버스 기사들은 운전하면서 '넋이 빠지고 정신이 혼미해지는' 경험을 했다고 토로하곤 했다.

외관상 동네는 가난의 표본이었다. 담 너머 혹은 창 안으로 엿보이는 살림살이들은 하나같이 궁색해 보였고, 더러 벽을 새로 칠했거나 계절마다 피는 꽃들로 멋을 부린 집들도 보였지만, 그런 노력에도 궁핍과 고단함은 감춰지지 않았다. '가난'과 '더러움'은 전혀 상관없지만 동네에서 두 단어는 같은 의미였다. 집들이 다닥다닥 붙어 있는 통에 해가 들지 않는 어둑한 골목마다 퀴퀴한 냄새가 진동했다. 전봇대나 기능을 상실한 가로등 아래엔 언제나 쓰레기들이 넘쳐났다. 그곳 사람들이 기억하는 한, 동네는 처음부터 그 모습 그 분위기였다.

육십 년대 말, 서울 한복판에서 이런저런 이유로 떠밀린 사람들을 수용하기 위해 급조된 그 동네는 행정구역상 엄연한 서울이었다. 하지만 그곳에 사는 어느 누구도 스스로를 서울 시민이라고 여기지 않았다. 선거를 앞둔 때처럼 자신들도 그렇다는 걸 드물게 깨닫는 적은 있지만 그것조차 어색했다. 사람들의 표정은 생기나 즐거움, 기쁨과 만족 같은 단어들과는 거리가 멀어 보였다. 가난 때문만은 아니었다.

그런 그들에게도 누가 봐도 생기발랄했다고 분명하게 말할 수 있는 시절이 딱 한 번 있기는 했다. 십사 년 전, 재개발이니 뉴타운이니 하는 말들이 동네에 붐을 이룰 때가 그랬다. 사람들은 금세라도 돈방석을 끼고 살마냥 설레발을 쳐댔다. 재빠르게 '주민대책회의'가 열렸고 월중 행사로 자리 잡았다. 그들 평생 그렇게 흥분되고 행복하며 미래에 대한 꿈과 계획으로 충만했던 적이 없었다. 하지만 문제가 있었다. 재정비 후에 다시 들어오려면 적지 않은 돈이 들었다. 사람들은 설왕설래했다. 셈도 가지가지였다. 그나마 여력이 있어 눌러 앉겠다는 사람들도 있었지만 약삭빠르게 모든 것을 처분하고 그곳을 떠나는 사람들이 점점 늘어갔다. 관련행정은 미적지근하고 지지부진했다. 남은 사람들은 가뭄에 단비를 기다리는 마음으로 다음 소식을 기다렸다. 그러는 동안 동네는 무덤처럼 변해갔다. 예스러운 '럭키 슈퍼' 간판이나 정육점의 붉은 조명엔 여전히 전기가 들어왔고, 흔적만 남은 재래시장 터엔 생선, 푸성귀, 옷가지 따위를 파는 상점이나 기름 짜는 가게가 아직 문을 열고는 있었지만 특별히 이윤을 남기려는 목적은 아니었다. 그렇게 하루하루 살아갔고 이러지도 저러지도 못 하는 삶의 아슬아슬한 테두리 안에서, 남은 사람들은 칼끝처럼 되어갔다. 조바심마저 바닥날 무렵, 모든 계획이 백지화됐다는 소식이 들려왔다. 쓰레기가 된 건 정부의 뉴타운 기획안뿐만이 아니었다. 사람들의 꿈과 희망은 좌절과 절망으로 바뀌었다. 매달 열리던 대책회의가 틈만 나면 열렸다. 고성과 주먹이 오가는 일도 허다했다. 젊고 용감한 한 가장은 시청 앞에서 일인 시위도 했다. 하지만 아무 소용이 없었다.

좌절을 겪고 가난을 실감한 사람들은 스스로를 섬처럼 고립시켰다. 동네의 모습은 그대로였고 집집마다의 곤궁도 여전했다. 그 사이를 어슬렁거리다보면 마치 고인 채 썩어가는 물 안에서 헤엄치는 기분이 들었다. 잔잔해 보이지만 검고 비밀스러운 물속만큼이나 사람들의 마음은 썩어가며 악취를 풍기고 있었다. 멀지 않은 곳에 아파트 단지와 대형 마트, 할인매장 등으로 북적이는 번화가가 새로 조성되었지만, 사람들은 출근을 하거나 학교를 가거나 이따금씩 다른 곳의 누군가를 방문하거나 하는 경우 외에는 거의 동네를 벗어나지 않았다.

태어날 때부터 그들에게 피부처럼 들러붙었던 가난이란 현실은 이제 그들을 공격하는 칼과 창이 되었다. 이젠 모두 달라졌다. 자신의 처지를 삶의 굳은살로 그럭저럭 견딜 수 있었던 사람들은 기회를 빼앗기고 농락당하고 궁지로 내몰려 분노하는 사람들로 변해 있었다. 사람들은 동네 밖에 사는 사람들에 대해 생각했다. 자신들과는 달리 가난하지 않고 별로 이문도 나지 않는 장사에 목을 매지도 않으며 엉터리 소문에도 눈 하나 깜짝하지 않을 사람들. 그들과 비교할수록 사람들은 안으로 더욱 움츠러들었다. 질투가 났다. 억울했다. 불공평한 세상을 향해 악다구니를 내지르고 싶었다. 사람들은 공연히 화가 났고 보이는 모든 게 불만스러웠고 트집을 잡고 싶어졌다. 마음 같아서는 아무나 붙잡고 두들겨 패주고 싶었지만 차마 그럴 수는 없었다.

하지만 공공의 적이라면 어떨까. 누가 봐도 사악하고 옳지 않은, 적개심과 분노와 저주를 있는 대로, 그것보다 훨씬 더 과장되게 쏟아부어도 괜찮을 악마라면. 사람들은 그 악마를 신문과 텔레비전 뉴스, 심지어 드라마 속에서 찾으려고 했다. 하지만 성에 안 찼다. 사람들은 주변으로 눈을 돌리기 시작했다. 시기와 질투, 삶에 대한 불만, 누구에게랄 것도 없는 원망과 증오심은 사람들이 마음 속, 혹은 의식 저 편에 꽁꽁 숨겨두고 줄곧 부정해온 어떤 본능을 일깨웠다. 그것은 안개처럼 은밀했지만 독을 품은 연기처럼 치명적이었다. 사람들은 희생양을 원하게 됐다.

그러던 지난해 말, 동네 안쪽의 오랫동안 비어 있던 고택(古宅)에서 목이 졸려 죽은 알몸의 여자가 발견됐다. 그 일은 온 동네를 뒤흔들었다.

2

그 고택은 한때 동네의 자랑거리였다. 백십 년의 세월을 견딘 기와와 반질반질한 대들보, 대청마루에 사랑채까지 딸려 제법 내로라하는 풍채에 괴괴한 우아함까지 갖추고 있어서, 방송에 나온 이후로 아마추어 사진가들이 심심찮게 들락거렸다. 하지만 관심은 오래 가지 않았다. 인간의 온기를 잃은 지 오랜 데다가 세월의 손톱이 할퀸 상처를 대책 없이 방치해둬 고풍이나 운치 운운하기 이전에 흉물스럽게 보였기 때문이었다.

아이들이 그 집에 숨어든 것도 우연은 아니었다. 사실 그 집은 오래 전부터 일부 아이들의 아지트였다. 그곳은 어른들이 아직 허락하지 않은 일들을 벌이기에 적당했다. 그런 아이들의 가방엔 담배와 알코올, 콘돔 따위가 들어 있었다. 덕분에 죽은 여자는 그 집, 정확히 안방의 다락 안에 오래 있을 필요가 없었다.

경찰 조사에 의하면 시체는 죽은 지 사흘 됐고, 실오라기 하나 걸치지 않은 상태였으나 성폭행의 흔적은 전혀 없었다. 죽은 여자가 몸에 지니고 있던 돈 되는 물건들은 그 부모나 친구들이 기억하는 한 그대로 남아 있었다. 여자의 죽음은 명백한 살인이었다.

시체의 신원은 곧 밝혀졌다. 옆 동네 백화점 근처의 원룸에 칠 년째 살고 있는 스물일곱의 독신으로, 강원도에 유일한 식구인 오빠 내외와 두 명의 조카가 있으며 서울에서 대학을 졸업했지만 변변찮은 스펙에 취업이 어려워 네일아트를 배우며 창업을 꿈꾸던 여자였다. 활달한 성격에 친구들도 많고 주변의 평판도 좋은데다 일 년 넘게 사귀어 온 참한 남자친구도 있어서 목이 졸리고 한겨울에 발가벗겨진 채 빈집에 내팽개쳐질 운명과는 거리가 있어 보였다. 하지만 사람 일은 모르는 거라 경찰 수사는 연애 문제에 초점을 두고 진행됐지만 동갑내기 연인 사이엔 아무 문제도 없다는 것으로 결론지어졌다. 무엇보다 그 남자친구에겐 사건 추정일의 행적이 분명했다.

그 비극은 동네 사람들에게 어떤 생기를 부여했다. 사람들은 열을 올리며 그 사건에 무척 적극적으로 반응했다. 대체 왜 죽였을까. 돈도 아니고 강제로 따먹으려고 했던 것도 아니었다니. 이유도 없고 목적도 없이 여자를 죽여? 어디서 흘러들어온 미친놈 짓일 거야. 미진한 경찰 수사와는 달리 활기를 띠며 마구잡이로 떠오르는 그런 생각들엔 공포와 잔인한 호기심, 이기적인 안도감이 실려 있었다.

사건은 신문의 일면을 장식하지는 못했다. 경찰들도 사건이 이슈화되어 자신들의 무능함을 알리는 것을 원하지 않았을 뿐더러 시끌벅적한 뉴스가 끊임없이 생산되는 연말의 분위기도 한몫했다. 사건은 미궁에 빠졌고 불행한 죽음은 곧 잊혔지만 동네에서만큼은 기억되고 회자되어, 죽은 여자는 망령으로 여전히 살아남았다. 사람들은 그 사건을 끊임없이 화제 삼으며 미지의 살인범을 갈가리 찢어 죽이고 다시 살려

내 거듭 죽였다. 갈피를 잡지 못한 증오의 화살이 이제야 표적을 만난 듯 살아 움직였다. 그리고 사 개월 후, 다른 여자가 사라졌다.

갓 스물을 넘긴 앳된 여자였다. 부모가 부유하다는 사실 말고는 그 동네 안의 또래들과 별로 다를 것이 없었다. 여자는 재수를 하며 지하철 역내 편의점에서 아르바이트를 병행하고 있었는데, 사라지기 전 여자의 비교적 명확한 행적은 일을 마친 뒤 친구들 몇 명과 어울렸던 맥줏집이 마지막이었다. 친구들과 헤어진 후에 행방이 묘연해지자, 여자의 가족은 다음 날 바로 실종 신고를 했다. 하지만 범죄의 흔적을 찾을 수 없었던 경찰은 단순 가출 이상은 아닐 거라 단정지었다. 가족은 경찰의 태도에 울분을 터뜨렸으나, 자신들의 딸 혹은 언니가 원하지 않는 재수를 하느라 죽을 것 같았던 속내를 소수의 친구에게만 털어놓았다는 사실이 나중에 밝혀지게 되자, 반박할 여지가 더 이상 없게 되었다.

사라진 여자는 실종된 지 보름이 지나 나타났다. 그 동네를 아우르는 나지막한 야산 끝자락에서 마치 애인에게 교태를 부리듯, 아니면 때마침 빨갛게 봉오리를 올린 철쭉의 봄소식에 화답이라도 하듯, 요염하게 손짓 하고 있는 하얀 손이 땅 밖으로 튀어나온 것을 발견한 것은 동네 노인들이었다. 그 길은 노인정이 있는 행정센터까지 버스비를 아끼려는 노인들에게 익숙한 통행로였다. 시체는 지름길 진입로 어귀, 늙은 아카시아 나무들과 철쭉들이 첩첩이 반원을 그리며 군락을 이루고 있는 둔덕 아래쪽에 얕게 묻혀 있었다. 무르익는 새 봄의 기운으로 시체는 막 부패하기 시작했으며 그 전에 살해된 여자와 마찬가지로 교살됐고 알몸이었으며 성폭행이나 강도의 흔적은 없었다.

언론이 보인 관심으로 동기가 부여된 경찰은 제 할 일에 열심히 임했지만 수사에는 전혀 진척이 없었다. 사건의 전말은커녕 용의자 한 명 잡아내지 못한 경찰은 온 국민의 비웃음을 샀다.

확실한 수사 결과 발표나 그럴 듯한 증거가 없음에도 동네 사람들은 두 여자의 죽음이 동일범에 의한 연쇄 살인일 것이라고 믿었다. 동네 사람들은 다시 증오를 불러 모아 그것을 키웠다. 증오의 불길은 사람들의 혀 위에서, 시선들 안에서, 머릿속에서 넘실대며 타올라 혐오감과 복수심을 부추겼다. 그러다 다시 반복되는 일상이 서서히 지루해질 무렵, 시장 안에서 수선도 겸하는 한복집 박씨네 둘째 딸이 시장 안, 지금은 비어 있는 방앗간의 창고 안에서 교살된 채 발견됐다. 방앗간은 망자의 부친이 운영하는 한복집으로부터 겨우 두 가게 건너에 있었다. 실종 십 일째였고 시체는 알몸이었으며 성폭행의 흔적은 없었다.

"세상에. 셋씩이나 죽어나가다니." 좀 더 분명해진 열기가 동네 사람들을 관통했다. 잔인한 호기심과 연민이 뒤섞인 비극적인 에너지였다. 앞의 두 여자는 시체만 동네에서 발견됐을 뿐, 자신들과는 상관없는 사람들이었다. 하지만 이번에 당한 사람은 그들의 이웃이었다.

결혼한 지 이 년 만에 이혼하고 친정 신세를 지고 있는 박씨네 둘째 딸은 이런저런 이유로 집안에서 골칫거리였다. 하고 다니는 꼴로 봐서 소박맞은 게 틀림없다고, 동네 사람들은 무려 세 가지나 되는 증거들을 들어가며 수군거렸다. 돌배기 딸을 (뺏기고) 전남편이 키운다는 사실, 무슨 일을 하는지 새벽녘이 되어서야 휘적휘적 '갈 지(之)' 자 걸음으로 집에 들어가기 일쑤라는 사실, 그리고 그때마다 항상 술에 엉망진창으로 취해 있었다는 사실이 바로 화냥기의 증거라는 주장이었다. 이혼 후에 노래방 도우미로 일하고 있었다는 사실이 밝혀지자 사람들은 '아니나 다를까.' 하는 반응을 보였다.

"어디 탬버린만 흔들었겠어? 돈만 쥐여주면 옷도 벗었겠지.", "옷만 벗었을라고? 더한 짓도 했을 거여.", "설마.", "설마라니. 옷 입는 꼴딱서니 한 번도 못 봤어?"

사람들은 제들끼리 모일 때마다 말에 말을 보탰다. 추측뿐인 말들이 이 입 저 입 부지런히 거치는 통에 어느새 죽은 여자의 실체가 됐다. 사람들 말 속에서 박씨네 둘째 딸은 노래방 도우미에서 어느새 돈 받고 몸을 파는 여자가 되어 있었다. 하지만 박씨네 둘째 딸이 어떤 여자였는지는 아무도 몰랐다. 심지어 가족들조차 친정으로 돌아온 딸이 무슨 일을 하고 있는지 전혀 몰랐다. 그 사실에 동네 사람들 모두 놀랐다.

"워떻게 그럴 수 있단 말여.", "왜, 그럴 수 있지." 한참을 떠들다 약간 미안해진 몇이 '그래도 이웃' 인 박씨네를 두둔하고 나섰다. "친정 식구들 입장에선 꼴도 보기 싫었을 거고, 딸년 입장에선 대면 안 하는 게 상책이었을 테니, 서로 피하고 말 안 섞다 보면 아무리 가족이라도 남하고 하나도 다를 게 없다니께."

진실이야 어떻든 죽은 여자는 사람들 입도마에 오르내리는 것에 화를 낼 수도, 억울해 할 수도, 창피해 할 수도 없었다. 하지만 산 사람은 달랐다. 남은 식구들은 딸의 장례를 치르자마자 동네를 떴다. 딸에게 미안한 마음이나 범죄 피해자의 가족으로서의 억울함은 그 다음이었다.

연이은 살인은 세인의 관심을 다시 불러일으켰다. 그 동네도 시선을 받았지만 약간 다른 방식이었다. 언론과 방송 관계자들이 들락거렸고 카메라가 갑자기 들이밀어졌다. 그러는 통에 동네는 가난하기만 한 것이 아니라 자고 일어나면 살인이 터지고 음습한 곳곳에 시체가 나뒹굴고 있는 위험하고 무섭기 짝이 없는 곳이 되어버렸다. 동네 사람들은 누명에 치를 떨었다. 그들 역시 피해자라는 사실에 화가 났다. 하지만 분노는 사실을 전달하기보다 자극을 일삼고 있는 언론의 작태가 아닌 미지의 살인범을 겨냥하고 있었다.

경찰의 무능함 역시 질타 당했다. 실제로 경찰은 용의자는 물론이고 제대로 된 증거 하나 확보하지 못했고, 세 건의 살인이 동일범에 의한 연쇄살인인지, 아니면 단순한 모방 범죄인지조차 밝혀내지 못하고 있었다. 게다가 가족의 가게에서 불과 몇 발자국도 떨어지지 않은 곳에서 실종자의 시체가 발견됐다는 사실은 사람들의 공분을 샀다. 거센 비난에 경찰의 고위 관계자가 기자회견을 열었고, 〈미스터리 실화 극장〉이라는 심야 시사 다큐 프로그램까지 나섰다. 방송에 등장한 범죄 프로파일러는 세 건의 살인이 동일범의 소행임을 확신하며, 범인의 모습을 이렇게 유추하고 있었다.

나이는 서른 살 전후로 크지도 작지도 않은 중간 키에, 보통 체격이거나 약간 건장한 편이며 혼자 살 가능성이 많다. 비정규적인 직업에 종사하거나 직업이 없을 확률이 높고, 조용하고 온순한, 수줍음이 많은 성격이라 사회관계가 지극히 제한적이다. 평소엔 유순해 보여도 가끔 걷잡을 수 없는 분노에 난폭해지기도 하며, 사건 발생 지점이나 시체들이 발견된 지점 가까이에 살 것이다. 전과는 없을 확률이 높고 최근에 가족이나 연인, 배우자를 잃고 실의에 빠져 있을 가능성이 농후하다.

방송의 효과는 실로 대단했다. 과학적이고 심리적인 분석이라지만 요모조모 뜯어보면 애매함투성인 그 말을 사람들은 맹신하게 됐다. 특히 그 동네 사람들은 서로 말을 하진 않았지만 범인이 이웃 중에 있을 거라 믿게 됐다. 동네 사람들은 제 주변에 '중키에 마르지 않은 체격을 가지고 말수가 별로 없는 30대 초반의 백수'가 누가 있을까 생각하며 모종의 흥분마저 느꼈다. 그러나 다음은 언제, 누굴까, 하며 다음 시체를 기다리는 것에 죄책감 따윈 갖지 않으면서도 자신이 잘 아는 누군가를 의심하는 것엔 괜히 미안해졌다. 그러다가 동네 사람들은 어떤 한 남자를 생각하기에 이르렀다. 지난겨울, 흉가에서 시체가 발견되기 직전에 이사 온, 이웃으로 일 년 가까이 살았지만 왕래는커녕 말 한 번 섞어본 적 없는, 그래서 거의 타지 사람, 이방인에 가까운 '그 남자'가 동네 사람들의 주목을 끌기 시작했다.

"좀 이상하지 않아? 하는 일도 거의 없는 것 같고. 통 집밖에도 안 나오고 말야.", "웬걸. 신새벽에 나댕기는 걸 내가 몇 번이나 봤는디."

이웃이지만 이방인인 남자에 대해 동네 사람들은 아무렇지도 않게 지껄여댔다. 그 남자라면 의심하는 것이 하나도 미안하지 않았고 오히려 그러고 있자니 눈이 반짝거리기까지 했다.

3

일을 하다가 벌렁 드러누운 남자는 허벅지를 긁으며 천장의 얼룩을 노려봤다. 곰팡이였다. 처음엔 손바닥만 했던 것이 이젠 천장을 온통 뒤덮고 있었다. 방 안에 배인 시큼한 냄새도 곰팡이도, 남자는 어떤 방법으로도 없앨 수 없었다. 이사 온 지 반 년이 넘어서야 남자는 그것을 그 집의 운명으로 받아들였다. 태생적인, 아무리 노력하고 애를 써도, 떼어 놓거나 사라지게 할 수 없는 것. 도무지 부정할 수 없는 것. 그 자신이 남자이면서 남자를 사랑하는 것처럼.

좁고 조악한, 말뿐인 원룸이었다. 그래도 '집'이었다. 그 돈에 구할 수 있는 유일한 곳이긴 했지만 남자는 대체로 만족했다. 게다가 그 곳에 오래 머물 필요도 없었다. 딱 일 년만 살 집이었다. 석 달 후에 남자는 애인과 살림을 합칠 거였다.

사실 남자는 당장이라도 애인의 아파트로 이사할 수도 있었다. 애인의 아파트는 혼자 살기에는 너무 넓었고 가족들이 함께 살고 있지도 않았다. 하지만 애인은 '일 년 후에' 라는 조건을 달았고, 남자는 이유도 묻지 않고 받아들였다. 남자는 집에서 쫓겨나다시피 했다는 사실로 동정 받고 싶지 않았다. 물론 제 발로 집을 나온 거였지만 상황은 쫓겨난 것과 별반 다르지 않았다. 삼십 년 넘게 숨겨온 게이라는 사실이 온 식구들에게 알려졌기 때문이었다.

컴퓨터 안의 '야동' 이 화근이었다. 그냥 포르노가 아니었다. 남자들끼리 서로 엉켜 뒹구는 영상에 대해선 뭐라고 변명할 거리가 없었다.

무엇보다 남자의 형이 문제였다. 게임을 한다고 졸라대던 조카 녀석이 한다는 게임은 안 하고 삼촌 노트북 안을 휘젓고 다니다가 발견한 것이니 그 입장에서는 그럴 만도 했다. 하지만 아무리 그래도 그렇지. 그건 형제끼리, 남자 대 남자로서, 보다 정확히 이성애자 남자 대 동성애자 남자로서 조용히 커밍아웃을 하고 마무리해도 될 일이었다. 하지만 남자의 형은 그런 사람이 아니었다. 있는 대로 호들갑을 떨며 온 집

안을 들쑤셔 놓는 꼴이, 마치 딴 놈 거시기를 물고 있던 제 마누라를 보고야 만 사람 같았다. 바득바득 기를 써가며 부모님 눈앞에 노트북을 펼쳐놓고 문제의 영상을 틀어준 것도 바로 그 인간이었다. 일이 그렇게까지 되자 남자는 모든 걸 털어놓을 수밖에 없었다. 필사적인 변명도 구차스러웠다. 남자는 믿을 수 없다는 반응과 설득, 원망과 욕지거리 등의 클리셰들을 순차적으로 겪었다.

남자는 평생 스스로를 가뒀던 벽장을 벗어났지만 그 여파는 혹독했다. 평생 함께한 가족들이 맞는지, 낳고 키운 부모들이 맞는지 의아할 정도였다. 풍파를 못 이겨 집을 나오며 남자는 최소한 엄마라도 작은 아들에게 손을 내밀 거라 기대했지만 어림 반 푼어치도 없었다. 실망을 넘어서 배반에 가까운 심정에 남자도 연락을 끊었다. 착잡했지만 현실이 그랬다.

한편으로는 커밍아웃을 하고 난 후의 후련함도 있었다. '아웃팅' 이라는 게 마음에 걸렸지만 누굴 탓할 문제는 아니었다. 노트북에서 그것을 왜 지우지 않았을까. 비밀스러운 연인 같다고 하면 미친 소리로 들릴까. 하지만 실제로 그랬다. 그 야동은 남자에게 일말의 위로였다.

뒤늦게 남자는 조카가 걱정됐다. 트라우마가 생겨 앞으로 사는 데 지장이 있지는 않을까. 우연한 클릭에 튀어나온 장면에 얼마나 놀랐을까. 아니면 신세계였을까. 피식 헛웃음이 나왔다. 후폭풍이 남았을지라도 당장 눈앞엔 없다. 남자는 앞날만 생각하기로 했다.

남자는 제 손을 바라봤다. 약지에 커다란 알반지가 어스름한 조명 아래 둔탁하게 빛나고 있었다. 남자는 불같이 뜨거웠던 여름밤, 질펀한 늪처럼 온몸을 집어삼키는 섹스 후에 애인이 그것을 끼워주던 순간을 생각했다. 가슴이 사춘기 소년처럼 뛰기 시작했다. 아직 설렌다는 건 분명 좋은 징조였다.

파랗고 커다란 알은 사파이어처럼 보였지만 착색한 유리였다. 노점에서 흔히 보는 그것은 비록 만 원도 들지 않았을 테지만 남자에게는 그 이상의 가치가 있었다. 그것은 둘의 완전한 결합을 의미했다. 육체에 탐닉하고 사정(射精)의 쾌락을 누리는 것만으로는 불완전했다. 두 육체가 하나가 되듯이 두 사람은 모든 면에서 완벽하게 하나가 되어야 한다.

발그레해진 얼굴에 미소가 번졌다. 머지않아 둘은 서로에게 가족이 될 것이다. 사랑하는 사람과 이룰 가족은 남자가 아웃팅과 함께 박차고 나오기 직전까지 속해있던 것과는 전혀 다를 것이다. 사랑과 신뢰, 이해와 따뜻함이 넘칠 것이다.

남자는 반지를 빙글빙글 돌리며 손가락을 애무하듯 오르내리게 했다. 애인과의 사이에서 그것은 섹스를 하고 싶다는 신호였다. 마치 실린더 안을 왕복하는 피스톤처럼. 애인은 그날 오후에 남자를 방문할 예정이었다.

남자의 애인은 방송대상을 세 차례나 받은 다큐멘터리 감독이었다. 감각은 물론 말발도 좋았다. 애인이 만든 영상들엔 사람들의 귀를 솔깃하게 만들고 마음을 움직이는 무언가가 있었다. 특히 그가 직접 쓴 내레이션은 한 편의 시(詩)였다. 언젠가 그 비결을 묻자 '깜이 좋아야 된다.' 는 말이 돌아왔다. 그건 비결도 아니었고 위로도 안 되었다. 자신은 타고난 '깜' 이 없어 지지부진 아마추어 작가를 벗어나지 못하는가.

남자의 실망한 강아지 같은 두 눈이 책상 옆 선반을 훑었다. 그 위는 헤드셋, 핸드크림, 주방용 세제부터 그날의 컨디션을 체온으로 알려주는 볼펜, 지퍼가 달린 속옷까지 남자가 사용 후기를 써야 하는 것들로 너저분했다. 남자의 시선이 거웃[1]까지 심어놓은 성인용 인형에 머물렀다. 남자는 이런 걸 과연 어떤 사람들이 살까 상상해 봤다. 의심스럽지만 분명 수요는 있다. 누군가의 지갑을 열게 만드는 것들. 그 필요와 욕구를 감히 상상할 수 있을까. 아니면 단순한 호기심일는지도. 남자는 서랍 안에 있는 딜도[2]를 상기했다. 누군가 남자에게 "이게 왜 필요해?"라고 물었을 때, 남자는 "꼭 이유가 필요해?"라고 반문했었다. 남자는 자신의 욕구와 필요에 대해서 이유가 궁금하지 않았다. 글을 쓰려고 법대를 자퇴했을 때처럼 그것들은 자연스럽게 왔고 자신도 당연하게 받아들였다.

교양으로 예술미학 강의를 들었을 때 남자는 글에 대한 욕망이 저절로 솟아나는 것을 지켜보며, 결국 그것이 자신을 고스란히 삼키도록 가만히 내버려두었다. 그건 너무나도 당연한 미래로 보였다. 법조항이나 외우고 판례나 뒤적거리는 일보다 훨씬 가치 있는 일로 보였다. 이 미쳐가는 세상에 필요한 것은 법에 의한 제한이나 구속이 아닌 자발적인 각성으로 인한 변화였다. 지식보다는 지혜가 더 절실했다. 남자는 세상이 자신의 글을 필요로 한다고 느꼈다.

소설을 쓰고 출판하고 베스트셀러까지는 아니더라도 스테디셀러 정도의 판매고를 올리고, 그 소설이 누군가의 눈에 띄어 드라마나 영화로

1 사람의 생식기 둘레에 난 털.
2 dildo. 남자의 성기를 본떠 만든 자위 기구.

제작된다. 이것이 남자가 갖고 있는 작가로서의 청사진이었다. 하지만 결국 남자는 '잡글' 을 쓰며 돈을 벌게 됐다. 모든 것이 여의치 않았다. 컴퓨터 안의 파일로 남는 이상 그건 습작에 불과했다. 생존은 현실의 문제였다. 습작에 허송세월하다가 굶어죽을 수는 없었다. 더군다나 판검사 대신, 부친 말마따나 "밥 빌어먹을 글쟁이"가 되려는 주제에 집에 손을 벌릴 수도 없었다. 그렇게 선택한 것이 '바이럴 마케팅' 이었다. 부러 입소문을 내고 검색을 유도해서 판촉을 돕는, 이른바 웹 광고의 바람잡이 역할이었다. 남자는 자신이 진짜 하고 싶은 일을 하기 위해 그 일에 매달렸다. 하지만 시간이 지날수록 모순이 드러났다. 글을 쓰며 버티기 위한 최소한의 경제력을 얻는 대신 재능과 시간을 낭비했다. 남자는 깊은 한숨을 내쉬었다. 그러자 다른 한숨 소리가 뒤따라 들렸다.

남자는 두 귀를 쫑긋 세웠다. 자신이 내는 게 아닌 다른 소리가 들릴 리 만무했다. 남자는 주변의 소음에 온 신경을 집중했다. 사방이 고요했다. 당연했다. 남자는 세 층, 열다섯 호를 통틀어 유일한 세입자였다. 젖은 옷을 입은 듯 남자는 등골이 서늘해졌다.

처음 그 동네에 집을 보러 왔을 때는 텅 빈 느낌이 마음에 들었는데 마냥 좋은 것만은 아니었다. 오싹한 적막함과 정체감은 일종의 전조였다. 이사 직후부터 시체 세 구가 동네에서 실려 나갔다. 그것도 그냥 죽은 게 아니라 살인이었다.

마지막 죽은 여자는 마주친 적은 없었어도 남자의 이웃이었다. 그 전의 두 시체도 동네 안에서 발견됐다. 살인이 또 터질까. 남자는 궁금했다. 누가 죽였을까. 대체 왜?

남자는 몸을 일으켜 무릎걸음으로 책상 앞으로 다가갔다. 무릎을 꿇은 채 손을 뻗어 책상 위 모니터를 다시 켰다. 책상 주변에 생긴 어스름한 사각형의 빛이 남자를 가뒀다. 그 불빛 때문에 몸이 따뜻해진 것도 같았다.

시계를 보니, 새벽 세 시를 막 넘고 있었다. 산책 나갈 시간이었다. 새벽의 산책은 주로 밤과 새벽에 깨어 있는 남자가 좋아하는 일이었다. 밤공기는 낮의 것보다 가뿐했고 별과 달은 신성(神聖)했다. 어둠 속을 걷고 있으면 몸과 정신이 정화되는 느낌이 들어서 좋았다. 하지만 당장은 별로 그럴 기분이 나질 않았다. 살해당한 건 여자들이었지만 모르는 일이었다. 우연히 그 현장을 목격한다면 자신이 다음 희생자가 될 수도 있다. 남자는 왜소한 체격에 주먹질엔 특히나 소질이 없었다. 그렇다고 무서운 건 아니었다. 남자는 오히려 용감한 사람이었다. 그리고 여자들을 존중했다. 남자는 점점 이기적인 괴물이 되어가는 요즘 사람들에게 질려가는 중이었다. '배려' 니, '양보', '존중' 따위는 사전 속의 단어에 불과하게 된 지 오래였다. 그런 와중에 가장 필요한 것은 '사랑' 이었다. 하지만 거의 야생(野生)에 가까운 세상으로 내몰린 사람들은 거칠고 이기적이게 되었고, 그렇게 사랑은 사치가 되어갔다.

남자는 자신이 사랑하고 있는 남자에 대해 생각했다. 남자는 그에게서 보호받길 바랐다. 그리고 사랑하는 상대를 보호하고도 싶었다. 사랑은 서로를 보호하고 보살펴주는 것이다. 눈에 보이지 않아도, 곁에 없어도, 누군가 자신을 항상 지켜주고 있다는 그런 느낌이 중요했다. 든든한 신뢰감. 사랑은 그런 것이다.

남자는 일을 마저 할까 잠깐 고민했다. 오후에 애인을 만난다는 기대감에 졸리지는 않았지만 장도 봐야 하고 청소도 해야 하고, 그 밖의 다른 일들로 바쁠 것이므로 일찍 잠자리에 들기로 했다. 남자는 자리에 다시 누우며 애인이 좋아하는 호박 고추장찌개에 돼지고기를 넣을까 두부를 넣을까 생각했다. 서랍 안에 여분의 콘돔이 있는지도 궁금했다. 그러다가 스르르 잠들었다.

4

발바닥에 불이 나도록 달리던 남자는 속도에 가속도까지 붙어 제멋대로 움직이던 두 다리를 겨우 멈췄다. 숨은 턱까지 차오르고 심장이 입 밖으로 튀어나올 것 같았다. 다리가 후들거려 남자는 아무 데나 몸을 부렸다. 정말 미친 듯이 뛰었다. 고추장찌개를 뒤집어쓴 제 꼴도 그랬지만 사람들 이목 때문에 그렇게 도망치듯 달리지 않을 수 없었다. 제가 사는 동네였다면 야반도주라도 해야 할 판이었다. 호흡을 고르며 둘러보니 야트막한 야산의 언저리였다. 저 멀리 '망할 동네' 가 보였다. 남자는 만세라도 부르고 싶었다. 드디어 벗어났다. 그 동네로부터. 그리고 그 새끼로부터.

미친 또라이 새끼. 남자 얼굴이 험악하게 일그러졌다. 밥상을 엎어버리는 그 성깔머리며, 밖에까지 쫓아 나와 고래고래 소리 지르는 꼬락서니하며, 미쳐 날뛰는 소가 따로 없었다. 그 지랄 맞은 성깔을 여태 숨겨왔다니 가증스럽기 짝이 없었다. 게다가 무슨 구경거리나 만난 듯 눈을 희번덕거리는 꼴들도 가관이었다. 구질구질한 동네에 어울리는 천박한 호기심이었다. 남자는 큰 소리로 가래를 끌어올리곤 힘차게 뱉었다.

크게 화상을 입은 것 같지는 않았다. 찌개는 꽤 식어 있었다. 아무튼 제대로 하는 게 없다니까. 식어빠진 걸 먹으라고. 하긴 그랬기에 망정이지 하마터면 심각한 화상을 입을 수도 있었다. 혹시 모르니 집에 가서 냉찜질에 화상 연고라도 발라야겠다고 남자는 생각했다.

차를 주차시킨 곳을 향해 발을 떼며 남자는 밥을 먹고 상을 물린 후 그 말을 하는 것이 나았을까 약간 후회가 들었다. 하지만 남자에게 밥상은 사랑과 친밀감의 상징이었다. 더군다나 그만 끝내자는 말을 하러 간 마당에 밥이 넘어갈 리 없었다. 밥까지 얻어먹고 그런 말을 꺼내는 건 몹시 비인간적인 행동이다. 남자는 스스로가 그렇게 몰인정한 사람이 아니라는 것에 약간의 자부심을 느꼈지만 상대방을 일방적으로 차버렸다는 것엔 일말의 죄책감도 없었다. 미안한 마음은 애초에 없었다.

어차피 이 바닥에선 다 그런 거 아니겠어. 만나면 헤어지고, 없었다가는 생기고. 결혼해서 애 딸린 것들도 이혼하는 판에 결혼의 '결' 자, 아니, 'ㄱ' 자 하나 관계없는 게이들의 관계가 오죽하겠냐고. 게이들의 관계는 그런 의무와 책임으로부터 자유로워야 한다는 게 남자의 생각이고 믿음이었다.

섹스로 말미암은 두 사람의 관계에 사랑은 없었다. 남자 자신은 그랬다. 섹스로 맺어져 섹스로 지탱된 관계가 몇 달 됐다고 특별한 것이 되는 것은 아니다.

"우리, 애인 아니었어? 우리 사랑했잖아." 케케묵은 영화 속 청순가련 여주인공처럼 그가 말했을 때, 남자는 하마터면 코웃음을 칠 뻔 했다. 유치하게스리, 애인? 사랑이라고? 웃기는 소리. 그딴 거 개나 줘버려. 굳이 그 관계를 정의할 단어가 필요하다면 '섹스 파트너' 정도가 적당하겠지. 그 말을 차마 입 밖으로 낼 수는 없었다. 기회가 없어서가 아니었다. 할 필요가 없어서였다. 초짜도 아니고 무슨 사랑? 오히려 그렇게 믿어왔다는 사실이 놀라웠다. 이 바닥에서 그런 걸 믿다니, 구제할 수 없을 정도로 어리석거나 완전히 미쳤거나, 둘 중 하나다.

남자는 그가 현실감각이 떨어진다는 것을 진작 알아챘다. 오르가즘 후에 시들해진 육체처럼 변심의 힌트는 스스로 생각해도 많았다. 하도 찌질한 나머지 그 인간은 애인의 가식적인 언행이나 진심이 아닌 것이 뻔한, 그 흔한 거짓말조차 진심으로 받아들였다. 아웃팅으로 겪었던 가족들과의 갈등에 대해 애인이 쏟아내던 위로의 말들이 드라마의 명대사처럼 어색하고 뜬구름처럼 들렸던 것에 대해서도, 그렇게 입으로는 위로를 하면서 정작 공간이 남아도는 제 집으로 들어와 같이 살자는 말을 그토록 아꼈던 것에 대해서도 별로 의심하는 태가 없었다.

사실 남자에겐 다른 사람이 있었다. 전국의 수목원을 돌며 〈팔도의 사계〉라는 제목의 다큐멘터리시리즈를 찍으며 알게 된 구성작가였다. 촬영과 편집 기간 내내 붙어 다니며 게이라는 사실을 서로가 눈치챘고 술기운을 빌미로 둘의 관계는 자연스럽게 섹스로 이어졌다. 넉 달도 더 된 일이었다.

그 역시 섹스 파트너에 불과했지만 그 찌질이와의 차이점은 명백했다. 작가로서 경력이 화려한 것은 물론이고 섹스를 섹스 자체로 즐길 줄 아는 현실적이고도 쿨한 모습에 남자는 자칫 사랑에 빠질 뻔 했다. 하지만 같은 실수를 반복하고 싶지 않았다. 온몸이 타들어갈 것을 뻔히 알면서 불덩이에 몸을 내던질 수는 없는 일이었다. 감정에 매몰되어 숨도 못 쉬는 지경이 되느니, 차라리 멀찌감치 떨어져 거칠고 밭은 호흡으로라도 공기를 들이마시는 것이 나았다. 그렇게 생각하니 고추장찌개를 뒤집어쓴 제 꼴이 아무렇지도 않게 생각됐고, 운전석에 앉자 이제 끝났다는 생각에 마음이 한결 가벼워졌다. 남자는 차를 천천히 출발시켰다.

5

밖에서 큰 소리가 들리기 시작했을 때 좋은 구경거리를 기대하며 대문 밖을 기웃거리던 동네 사람들은 그 싸움의 당사자가 남자들인 것을 알고는 살짝 기운이 빠졌다. 여자들끼리의 싸움이나 부부싸움은 그런대로 봐 줄 만하지만, 욕지기로 시작해서 주먹질로 이어지기 쉬운 남자들의 싸움은 피를 보기 십상이었다. 그런 경우엔 경찰까지 올 수 있고 재수 없게 목격자로 연루된다면 와라 가라 귀찮아지므로 애초에 피하는 게 상책이었다. 그러나 그 김새는 싸움에 처음엔 외면했던 사람들은 두 남자 사이에 오가는 말을 듣고는, 그것이 평범한 남자들의 그저 그런 싸움질이 아니라는 것을 알게 됐다.

그들의 조용하고 얌전하지만 별 관심이 가지 않는, 알아서 득도 없고 몰라서 해도 없는 새로운 이웃은 주위의 흔하고 평범한 사람이 아니었다. 동네 사람들의 머릿속에 '호모' 니 '변태' 같은 단어들이 속속 떠올랐다. 남자들끼리 '그 짓' 을 하는 사람들. 똥을 먹는 더러운 짓도 서슴지 않는다는 사람들. 동네 사람들에게 그런 잡놈들은 여자들 앞에서 옷을 벗어젖혀 말라 죽은 매미 같은 성기를 자랑하는 바바리맨이나, 비루한 제 존재를 폭력과 강제적인 섹스를 통해 과시하는 성범죄자들과 동격이었다.

동네 사람들은 머릿속의 것들을 입 밖에 내지는 않았다. 하지만 눈빛으로 자신들의 생각을 서로 교환하고 동의하고 있었다. 그들은 변태들의 싸움에 끼어들고 싶지는 않았지만 호기심이 아주 없는 건 아니었다.

동네에서 어른 대접을 받으나 사실 환갑도 안 된 신씨도 그들 중 하나였다. 말도 많고 호기심도 많아 싸움 현장마다 사사건건 끼어들어 네가 잘했니 재가 못 했니, 싸움을 말리는 건지 불 난 데 기름을 붓는 건지 분탕질을 해대며 상관하길 좋아하는 신씨는, 그런 버릇으로 동네의 소문이란 소문은 모르는 것이 없었다. 하지만 신씨는 그 자리에서만큼은 꿀 먹은 벙어리였다. 신씨는 두 남자의 모습에서 자신의 군복무 시절을 떠올렸다. 그 아스라한 기억의 씨앗이 세월의 적토(積土)를 뚫고 나오려 할 때면 신씨는 그것을 다시 묻으려 애쓰곤 했다.

밤톨같이 빡빡 깎은 머리에 드러난 두상이 예뻤던 신병이었다. 긴장하면 큰 눈을 끔뻑거리며 귀 밑까지 빨개지는 모습 때문에 신병은 종종 선임들의 짓궂은 장난에 말려들곤 했다. 선임들은 신병을 괴롭히면서도 귀여워해 '색시' 라는 별명을 붙여줬다. 얼굴을 붉히는 모습이 새색시 같기도 했지만 신씨는 그 별명에 별로 동의할 수 없었다. 신병의 늠름한 얼굴과 균형 잡힌 몸매에선 남자다움이 물씬 풍겼다.

그 시절의 신씨는 여기저기 코끝을 들이미는 지금의 수다쟁이와는 거리가 멀었다. 오히려 후임의 별명을 부르는 것도 익숙하지 않은, 수줍음 잘 타고 말수가 적으며 자신의 처지를 잘 알아 선임들의 신뢰를 얻던 스물세 살의 조용한 청년이었다. 내무반의 소대장은 신씨가 제 편이라 믿었던 터라, 종종 야간 근무조 짜는 일을 맡기곤 했다. 신씨가 남은 군 생활 내내 야간 보초를 신병과 함께 설 수 있었던 것은 바로 그 덕이었다.

남자들만 있었던 환경이었으니 어쩔 수 없었다고 신씨는 생각했다. 억지로 끌려와 군복을 입은 것도 그랬지만 가장 힘든 문제는 바로 섹스였다. 거의 모두가 섹스로 고민하고 섹스와 싸웠으며, 동시에 외롭고 고단한 군생활의 위로가 되었던 것 역시, 다름 아닌 섹스였다.

모두들 파정(破精) 욕구로 번뇌했다. 욕망이 분기탱천하듯 살갗을 뚫고 나올 지경이어서 매일 밤, 아랫도리가 뻐근했던 건 신씨뿐만이 아니었다. 칠흑 같은 어둠 속에서 신씨와 신병은 초소의 파랗게 이끼 낀 벽에 소총을 기대놓고 서로의 사타구니에 머리를 처박곤 했지만 매번 애액(愛液)을 방출한 것은 신씨뿐이었다. 신씨는 신병이 귀엽기는 해도, 그의 정액으로 제 입을 더럽히는 것을 원하지는 않았다. 그런 밤을 몇 번 보내고 나니 신병은 신씨에게도 자연스럽게 '색시' 가 됐다. 신씨에게 그것은 별명 이상의 의미였다.

하지만 신씨는 점점 그 일에 특별한 의미를 두는 것에 싫증이 났다. 그 일과 그 감각에 익숙할 대로 익숙해져, 요도 입구가 간질거리는 순간 제 성기를 물고 있는 '색시' 의 머리통을 양손으로 힘껏 당기며 혼이 빠지는 기분에 신음을 흘리면서도, 그건 그저 딸딸이 치는 것과 다름없다 생각했다. 하지만 어느 날 밤 색시가 제대를 앞둔 말년 병장의 옆에 누워, 앓는 강아지마냥 낑낑거릴 때 신씨는 잠을 설치기까지 했다. 거의 뜬눈으로 밤을 지새운 신씨는 아침이 되자 지난밤의 일이 생각나 색시의 눈을 피하기 바빴다. 색시도 그 일에 대해서는 함구했다. 그런 밤이 거듭되자 신씨는 묘한 분노에 사로잡혔다.

신씨는 제 감정에 '질투' 라는 이름을 붙일 이유를 미처 몰랐고 그 감정을 줄곧 부정했다. 그럴수록 야간 근무 때마다 색시의 몸에 점점 더 탐닉해 갔다. 신씨의 정액은 색시의 입이 아닌 더욱 비밀스러운 통로를 찾아냈다.

신씨는 오로지 욕구에만 매달렸다. 그 뒤에 그림자처럼 존재하는 감정은 모른 체 했다. 이율배반적인 제 모습에 죄책감을 느꼈지만 아랑곳하지 않았다. 하지만 그것은 생각보다 길고 끈질겼다. 제대 후, 색시가 자신을 찾아왔을 때도, 둘이서 밥과 술을 함께했을 때도, 술에 떡이 되어 들른 여관의 침대 위에서 색시가 신씨에게 사랑한다며 제 몸을 껴안았을 때도, 그런 색시에게 쌍욕을 내뱉으며 어구창에 주먹을 날렸을 때도 죄책감은 여전했다. 다행히 그것은 신씨가 삶의 습관적인 절차를 겪으며 서서히 사라지는 듯했다. 여자를 만나고 여자와 섹스를 하고 여자와 결혼을 하고 그 사이에서 아내를 닮은 아들 둘과 자신을 닮은 딸 하나를 보면서 과거의 기억은 시나브로 없었던 일, 있어서는 안 됐던 일이 되어갔다.

하지만 젊은 날의 죄책감은 수술에 실패한 암세포마냥 위험한 존재였다. 신씨는 싸우고 있는 두 남자를 보고 있는 순간, 누구에게랄 것도 없는 분노를 느꼈다.

6

남자는 취했다. 몸도 기분도 엉망이었다. 집안도 아수라장이었다. 물리적으로나 정서적으로나 깔끔하고 정돈된 상태를 좋아하는 평소의 모습과는 딴판이었다.

술을 마시지 않은 게 일 년도 넘었다. 의도적으로 술을 끊은 건 아니었지만 마실 일을 만들지 않다 보니 자연스레 그렇게 됐다. 담배도 마찬가지였다. 건강해진 기분이 들었다. 하지만 이젠 말짱 도루묵이었다. 남자는 차가운 방바닥에 벌렁 드러누워 담배 연기를 폐에 잔뜩 집어넣었다. 입맛이 시큼했다.

될 대로 되라지. 폐병에 걸리거나 알코올중독이 된대도 상관없었다. 정말 그럴까. 폐에 암이 생기면 많이 아플 텐데. 오락가락하는 마음에 즐비한 소주병을 세고 있는 남자의 눈이 흐리멍덩했다. 하나, 둘, 셋……, 남자는 일곱까지 세다가 그만두었다. 귀찮고 필요 없는 일 같았다. 한참 금주를 하다가 한꺼번에 많이도 마셨다는 자각이면 충분했다. 이토록 취하게 만든 그 인간이 야속했다. 속살을 드러낸 배반의 상처가 새빨갰다.

난 왜 언제나 이따위일까. 남자에게 사랑은 늘 '이따위'였다. 아무리 절실했어도 그것은 오래 머물지 않았다. 근데 이디 사랑만 그랬을라고. '이따위'란 말이 자신의 삶 전체를 꿰뚫고 있다는 것을 남자는 깨달았다. 남자는 제 삶에 굴욕을 느꼈다.

남자는 학창 시절, 남들과 같은 잘못을 해도, 그것이 아무리 사소한 것이라도 대가를 꼭 치렀다. 선생님들은 그것을 '본보기'라고 말했다.

곤경에 빠진 누군가에게 충고라도 할라치면 다른 친구들의 말은 조언이고 남자의 말은 주제넘은 참견이 되어 원망으로 돌아왔다. 법대 진학도 자신이 원했던 게 아니었다. 꿈을 못 이룬 할아버지에게서 아버지에게로, 실패한 아버지에게서 남자의 형에게로, 그렇게 미루고 밀리다 남자에게로 온 것이었다. 네가 마지막 기회야. 이젠 너밖에 없어. 순종적이고 말 잘 듣는 작은 아들은 최면이나 주술에 약했다. '그렇게 어렵게 들어간 법대' 를 그만두겠다고 했을 때, 부모는 남자를 미친놈 취급했다.

시간이 흐르며 그 일들은 유야무야됐다. 살면서 충분히 있을 수 있는 일이라고, 그 때 그저 운이 나빴던 거라고 남자는 믿었다. 그런데 그게 아니었다. 그런 일들은 아무나 겪는 게 아니었고 남자는 '항상' 운이 나빴다. 남자는 타고난 희생자였다. 과거의 경험들은 치명적인 상처를 남겼고 얇은 반창고 아래 썩어문드러지며 피고름으로 굳어가고 있었다. 기억은 남자의 분노를 자극했다. 왜, 나만?

그것은 까닭을 묻는 게 아닌, 억울함과 분노를 토로하는 '왜' 였다. 남자의 입에서 헛웃음이 나왔다. 여유가 아니라 술기운에 허세였다. 남자는 느닷없이 술병들을 향해 주먹을 내질렀다. 의욕은 넘치나 실력은 모자란 축구선수의 헛발질처럼 남자의 주먹은 빈 병들을 맥없이 쓰러뜨리기만 할뿐이었다. 남자의 분노는 더 거세졌다. 남자는 누워 있는 병을 주먹으로 힘껏 내리쳤다. 병이 깨지고 그 조각이 남자의 손등에 깊이 박혔다. 그리고 피. 피가 흘렀다. 피가 흘러 방바닥을, 손 전체를, 그리고 약지의 반지를 시뻘겋게 물들였다. 반지의 크고 파란 알이 피에 덮여 둔탁한 빛마저 잃고 말았다.

남자는 불길함을 느꼈다.

7

동네의 여고생 한 명이 흠씬 두들겨 맞고 실신한 상태로 뒷산 어귀에서 발견된 것은 한로(寒露)[3]를 지난 첫 월요일 새벽이었다. 온 동네가 난리였다. 동네 사람들은 그 여고생이 연쇄살인범의 손에서 구사일생으로 살아난 거라고, 하늘이 내린 목숨이라고 말했다. 하지만 그건 사람들이 모르고 하는 소리였다.

여고생이 회복되고 기력을 되찾자 경찰들이 달려들었다. 그것만도 여고생에게는 낯설고 무서운 일이었지만 가장 견디기 어려운 상대는 따로 있었다. 노예처럼 일만 하던 엄마가 휴직계까지 내고 온종일 딸 옆을 지켰다.

여고생의 가족에게 그 사건은 일종의 전환점이었다. 그 부모는 가난한 사람들이 아니었다. 그저 더 많이 갖고 더 누리고 더 안락하게 살다가 고통 없이 편안히 죽고 싶었다. 그래서 외동딸은 거의 뒷전이었다. 부모는 딸에게 닥친 불행에 가슴을 치고 후회하며 난데없이 용서를 빌었다. 여고생은 부모의 생뚱맞은 화해 요청에 몹시 당황스러웠다. 제 십칠 년 평생 그런 일이 없었다. 무엇을 어떻게 해야 용서가 되는 걸까.

자신에게 쏟아지는 과한 관심이 두렵고 부담스러워, 여고생은 너무 어두워서 본 게 아무것도 없다는 말만 반복했다. 그렇지만 한로 바로 사흘 전이 보름이었으므로 경찰은 그 말을 의심했다. 여고생의 엄마도

3 일 년 중 찬이슬이 내리기 시작한다는 날로 이십사절기(二十四節氣)의 하나. 추분(秋分)과 상강(霜降) 사이에 있다.

마찬가지였다. 엄마는 본능적으로 제 딸이 무언가 숨기고 있음을 알아챘다. 걱정하고 사죄하던 엄마는 어느새 눈치를 보고 어르며 달래다가 성에 차지 않을 땐 짜증을 부렸다. 스스로도 '모르쇠'로 일관하는 게 마뜩치 않았던 여고생은 기억을 더듬는 척하면서 "크지도 작지도 않은 키에 뚱뚱하지도 마르지도 않은 체격의 남자"였다고 말했다. 모호하기 짝이 없는 증언은 더욱 의심을 샀다. 결국 여고생의 평소 행실이 '타의 모범'이 될 만하지 않다는 것을 생활기록부를 통해 알아낸 경찰은 그 주변의 남학생들을 들들 볶아대기 시작했다.

경찰이 반은 맞았다. 남자문제였다. 여고생은 자신을 폭행한 사람이 누군지 알고 있었다. 하지만 그것을 입 밖에 내서는 안 됐다. 그 동안 학교 안팎에서 심심찮게 문제를 일삼긴 했어도, 학교의 선생과 '그 짓'을 한다는 건 차원이 달랐다. 모든 걸 되돌릴 수만 있다면. 후회가 앞섰지만 부질없었다. 이미 너무 멀리 와버렸다.

먼저 유혹한 건 최선생이었다. 노골적인 시선에 음담패설에 가까운 귓속말. 성추행으로 학교 당국에 고발할 핑계는 충분했지만 여고생은 그러지 않았다. 학교는 믿을 수 없었다. 다 같은 어른들, 모두 한 통속이었다.

사실 최선생이 불어넣은 성적인 환상은 감동 이상이었다. 여고생은 교복을 입은 미성숙한 존재가 아닌 완전한 여자로 대접받는 기분이었다. 불허된 쾌락에 탐닉하며 턱없이 모자란 관심과 애정에 대한 변태된 욕구가 시나브로 해소됐다. 여고생은 그런 것들을 정말로 갈구해왔다.

최선생과의 관계에 빨간불이 들어온 것은 침대 위에서 그가 폭력을 행사하기 시작했을 때였다. 전부터 그런 조짐이 있기는 했지만 그리 심각한 것은 아니었다. 하지만 고통은 퍼런 멍을 남겼고 여고생은 싫은 기색을 드러내기 시작했다. 애인의 말을 거스르고 말대답을 했으며 반항했다.

그날 어떤 일이 있었던가. 여고생은 그 기억에 뼛속까지 얼어붙었다. 끝내자, 헤어지자. 어렵게 꺼낸 요구에 되돌아온 건 주먹이었다. 여고생은 멱살을 잡힌 채 돌바닥에 처박혔다. 하얀 몸에 피멍이 들고 보드라운 피부는 긁히고 찢어졌으며 왼쪽 가슴이 욱신거렸다. 만신창이가 된 몸보다도 심각한 상처를 입은 것은 마음이었지만 그것을 돌볼 겨를은 없었다.

여고생은 최선생과의 일에 대해서는 함구해야 한다는 것을 알았다. 남자를 보호하기 위해서라기보다는 자신의 안전을 위해서였다. 흙바닥 위에 널브러진 채 늦가을의 싸늘한 새벽 공기에 고통에 찬 숨을 보태며 수치심과 추위에 몸을 떨고 있을 때, 아무런 정신이 없었어도 최선생이 남긴 마지막 말을 여고생은 똑똑히 들었다. 위협과 겁박의 말들. 아직은 어린, 여리고 순진한 마음에 그 말들을 떠올리니, 여고생은 숨이 막혔다. 자신이 당한 일보다 이 꼴을 어떻게 설명해야 하는지가 문제였다. 최선생과의 관계가 들통 나면 끝장이다. 경찰의 관심을 돌려야 한다. 전혀 엉뚱한 곳으로. 경찰도 그렇지만 가장 귀찮은 건 엄마였다. 엄마의 호기심은 나날이 그 날을 세워가고 있었다.

'희생양' 이란 단어가 떠오른 것은 우연이었다. 자신이 그런 단어를 알고 있다는 것에 여고생은 놀랐다. 정확한 뜻은 몰랐지만 어떤 의미인지는 감이 왔다. 그때 엄마의 귀걸이가 눈에 들어왔다. 귀걸이, 액세서리……, 그래, 반지.

"엄마, 그 사람, 반지를 끼고 있었어. 아주 큰 반지. 입을 틀어막았는데 내가 그걸 깨물었거든. 이빨이 얼얼했어. 그래서 다시 깨물었어. 아주 세게. 아마 다쳤을 거야. 피. 비릿한 맛이 났어."

거짓말. 새빨간 거짓말. 여고생은 그 거짓말이 누구에게 어떤 영향을 끼칠지 전혀 상상조차 하지 못했다. 아주 커다란 반지. 그런 반지를 평소에 끼고 있는 남자가 과연 몇 명이나 될까. 아예 없거나, 아주 많거나. 알게 뭐람. 그런 게 단서나 될까.

이제부터 남자들의 손가락만 살피고 다닐 경찰들을 생각하니 갑자기 웃음이 터질 뻔했지만 겨우 참았다. 가뜩이나 이상하게 생각하고 있는 엄마 앞에서 크게 웃어버린다면 미쳤다고 생각하겠지. 아니, 벌써 미친 건지도 몰라. 선생님하고 '그 짓'을 하다니. 여고생은 자신이 이미 미친 게 틀림없다고 확신했다.

8

간판에 적힌 상호와는 달리 40대 후반의 남자가 원장으로 있는 '할미손 가정의학과'의 박 간호사는 호들갑스러운데다가 수다스러웠다. 박 간호사는 서른일곱하고도 칠 개월이 지나도록 제대로 된 연애 한 번 못 해봤다. 물론 소개팅이나 맞선은 수도 없이 해봤지만 하나같이 마음에 차질 않았다. 직장이 변변치 않거나 수입이 적거나 차가 마음에 들지 않거나 부양할 식구들이 많거나 머리가 빠지기 시작해 정수리의 맨살이 훤하게 보이거나, 그런 이유들이었다. 박 간호사는 그럴 때마다 친구들에게 '위로주' 라는 이름으로 술을 얻어 마시곤 했는데, 친구들은 왜 제 돈을 써가며 저런 푸념을 듣는 데에 에너지와 시간을 낭비해야 하는지 서서히 화가 나기 시작했다. 친구들은, 서로 입을 맞춰본 적은 없지만, 자신들의 노처녀 친구가 눈이 너무 높은 데다 허영이 심하다는 생각을 갖고 있었다. 친구들에게 박 간호사는 남자들에게 적대적인 여자로 보였다. 좋은 남자를 만나지 못해서 그런 건지, 애당초 그런 성격과 태도를 타고 난 건지는 아무도 몰랐다. 그런 박 간호사에 대한 친구들의 그나마 남은 관심도 점점 사라지고 있었다. 박 간호사는 갈수록 더 외롭다고 느꼈으며, 그럴수록 세상을 '노려보게' 됐고 말은 더 많아졌다.

어느 늦가을 오전에 박 간호사는 접수대 뒤에 앉아 인터넷을 뒤지다가, 인근의 한 동네에서 벌어진 연쇄살인사건의 유일한 생존자인 '열일곱 살 이 모양' 의 뉴스를 읽고는, 며칠 전 자신에게 외과 처치를 받은 한 남자를 생각해냈다. 손바닥과 손등 부위에 몇 바늘을 꿰매는 간단한 치료였지만 박 간호사는 환자를 아주 잘 기억하고 있었다. 환자의 주소가 예의 동네였던 것도 있었지만, 무엇보다도 그 손에 끼고 있던 반지 때문이었다. 간호사는 엄살을 부리며 온몸을 부르르 떨었다. 범인의 반지, 커다란 반지. 간호사는 그 대목에 주목했다. 바로 그 남자의 것이 그랬다. 예쁘고 특이해서가 아니라 피칠갑한 유리알이 음산해 보여서 잊혀지지 않았다.

박 간호사는 접수대 뒤에 앉아 상상의 끈을 꼭 부여잡고 있었다. 사는 곳도 그렇고, 인터넷에서 읽은 거랑 많이 비슷하잖아. 체격도 그렇고 나이도 그렇고. 낮에 그런 꼴로 병원에 오다니 백수가 맞는 것 같고. 거기다가 그 반지! 혹시 자상(刺傷)은 이빨 자국을 감추기 위해 스스로

낸 것일지도 몰라. 박 간호사는 이번엔 엄살이 아니라 진짜 머리카락이 쭈뼛거리는 것을 느꼈다. 뭐야. 내가 연쇄살인범의 손을 소독하고 붕대를 감아준 거잖아. 박 간호사는 당장 원장에게 자신의 추리를 들려주고 싶어 엉덩이가 들썩거렸으나 안간힘을 써 그 욕구를 가라앉혔다. 생각만으로 충분했을 것을 괜히 입 밖에 꺼내 원장과 사모님 사이에 한바탕 분란을 일으켰던 얼마 전의 일이 기억났다. 그 이후로 원장은 박 간호사에게 "입조심 하라"는 충고를 밥 먹듯이 했다. 하지만 그건 전혀 근거 없는 생각이 아니었다. 그리고 제 잘못도 아니었다. 그건 아주 사적인 대화를 다른 사람에게 옮긴 정 간호사 잘못이었다. 박 간호사는 아직도 자신의 고용주와 옆 건물 일 층의 김 약사가 가끔 눈을 피해 모텔에 들락거린다는 증거를 여섯 가지나 댈 수 있었다.

박 간호사는 그날의 남은 근무시간 동안 인터넷을 뒤지며 연쇄살인 관련 뉴스들을 찾아 읽느라 점심도 굶고 진료기록을 두 번씩이나 잘못 전달했다. 원장은 잔소리를 늘어놓았지만 정신이 딴 데 팔린 박 간호사의 귀엔 하나도 들어오지 않았다. 박 간호사는 흥분과 공포에 사로잡혀 있었다.

박 간호사는 퇴근 후에도 그 생각만 했다. 버스 안에서는 내려야 할 정거장을 놓칠 뻔했다. 집에 오자마자 박 간호사가 한 일은 다짜고짜 홀어머니를 앞에 앉혀 놓고, "엄마 있잖아"로 시작해서 수다를 늘어놓는 일이었다. 박 간호사의 홀어머니는 딸의 말을 들으면서 "엄마나, 세상에, 진짜?" 따위의 말을 연발하며 맞장구를 쳤다. 모녀는 닮은 구석이 많았다. 딸이 늘어놓은 이야기들은 홀어머니를 통해 교회 사람들에게 전해지고 그로부터 몇 시간 후엔 온 동네에 퍼졌다. 그리고 월요일엔 할미

손 가정의학과 옆의 보습학원에 다니는 어떤 학생에 의해 예의 남자가 사는 동네까지 전해졌고, 그러는 사이 소문에 살이 붙은 것은 당연했다.

9

어느새 동네 사람들에게 '낯선 사람' 은 수상한 사람이라는 말과 같은 의미가 되어버렸고, 그것은 곧 위험한 사람이라는 말과도 통했다. 동네 사람들은 제들끼리 서로 눈빛을 주고받곤 했다. 단골들만 들락거리고 아직도 외상 거래를 하고 있는 럭키 슈퍼 앞 평상에서, 퍼런 이끼가 얻어맞은 멍처럼 보이는 시멘트담 너머에서, 살림집과 붙어 있어 언제나 된장이니 김치찌개 냄새가 배어 있는 부동산 사무실과 담배 연기 자욱한 기원에서, 소문을 살찌우고 옷을 입히던 사람들은 멀리서나마 남자의 모습이 보일라치면 딴청을 피웠다.

그 누구도 자신들의 생각을 큰 소리로 말하거나 남자에게 직접 적의를 드러내지는 않았다. 그렇지만 동네 사람들 사이엔 눈에 보이지 않는 어떤 정서적인 끈이 생겼다. 그것은 '더러운 호모 새끼' 를 '공공의 적' 으로 결정해 버린 사람들 사이의 은연중의 담합이었다.

그건 마치 전염병과도 같았다. 그것은 시로의 손짓에, 표정과 시선에, 그리고 몰래 올라가는 입꼬리의 미묘한 움직임에 의해 빠른 속도로 전파됐다.

10

며칠 새 기온이 조금씩 내려가더니 어느 날 밤 늦게부터 첫눈이 내렸다. 자연의 마술에 감동 받은 남자는 자정 지나 재활용쓰레기를 버리러 나갔다가 최면에 걸린 듯 무작정 발을 옮기기 시작했다.

동네는 어둡고 조용했다. 어둠과 추위는 상관관계가 없지만 남자의 경험상 그 둘은 같은 거였다. 남자는 자신이 맨발에 앞이 뚫린 슬리퍼만 신고 있다는 걸 너무 늦게 깨달았다. 위에 걸친 거라곤 카디건뿐인 남자는 몸을 옹송그렸다. 어두운데다 배배 꼬인 골목들에 아직 익숙해지지 못한 탓에 남자는 자신이 어디쯤 있는지 알 수 없었다. 하지만 쓰레기만 버린다는 걸음이 이렇게 길어지리라 예상하지 못한 건 남자의 잘못이 아니었다. 정해진 목적지가 있는 게 아니었으니 큰 문제도 아니었다.

남자는 그저 눈을 밟고 싶었다. '첫눈'의 이미지는 항상 '사랑'과 통하는 데가 있었다. 첫눈이 내리는 하늘, 첫눈이 쌓여가는 나뭇가지. 그런 것들을 사진으로 찍어서 사랑하는 사람에게 보내는 걸 상상했다. 하지만 누구에게? 마음은 아팠지만 슬픈 건 아니었다. 다행이었다. 남자는 실연의 상처로부터 곧 자유로워지리라 기대했다.

첫눈은 땅에 닿자마자 곧 녹았다. 눈(雪)의 빛에 번들거리는 땅만 보면 하늘에서 내리는 게 눈이 아니라 비인가도 싶었다. 달도 없고 별도 숨었는데 눈은 어떤 빛을 반사하는 걸까. 스스로 발광하는 걸까.

남자는 젖은 땅 위에 발자국을 남기지 않았지만 질척거리는 소리로 제 존재를 드러냈다. 남자는 발소리가 너무 큰 것 같아 몸을 사리며 걸었다. 사방이 고요해서 작은 소리도 크게 들렸다. 사방이 어두워서 남자의 모든 신경은 청각으로 집중됐다. 밤이 내는 소리는 낮이 내는 소리와 달리 익숙하면서도 생경했다. 어디선가 곤충의 울음소리, 어쩌면 웃음소리가 들렸다. 추위가 시작됐는데도 야생엔 아직 살아 있는 존재가 있다는 사실이 놀라웠다. 얼어 죽지는 않을까. 어떤 종류의 생물일까. 어쩌면 이미 죽은 존재가 내는 소리일지도. 넋이 내는 소리. 육체를 그리워하면서. 세 여자가 죽었다. 아니, 세 구의 시체가 발견됐다. 남자는 또다시 한기를 느꼈다. 한밤의 산책이 유일한 낙이었음에도 여느 때와 달랐다. 추위 때문만은 아니었다. 어디선가 스쿠터[4] 소리가 들렸다. 이 새벽에 누군가 또 깨어 있다는 사실이 반가웠다. 우유배달부겠지. 그런데 왜 하필 우유배달부란 생각이 들었을까.

저 멀리 어떤 움직임이 보였다. 누군가 캄캄한 집 앞에서 대문 안으로 이어진 끈을 당기고 있었다. 남자는 추위도 잊고 가만히 선 채 그 모습을 주시했다.

빛이 있었다. 스스로 발광하는 빛을 제들끼리 반사하는 눈(雪)이 있었다. 그리고 어둠에도 눈(眼)이 익었다. 작은 주머니가 끈을 따라 대문을 넘어왔다. 그 안에서 구백 밀리리터짜리 우유를 꺼내 품에 안고 훔쳐보듯 주위를 두리번거리는 사람은 럭키 슈퍼 아줌마였다. 그런데 그 집은 아줌마의 집이 아니었다.

평소 온 동네를 다니며 재활용 쓰레기 망을 뒤져 돈이 될 만한 폐품 따위를 챙기는 건 이해할 수 있었지만 다른 집 우유를 챙기는 것은 엄연한 절도였다. 남자는 난감했다. 남자는 아줌마가 자신의 존재를 계

---

4 scooter. 소형 오토바이의 한 종류.

속, 아니 영원히 모르기를 바랐다. 엉거주춤한 자세나 추위도 어쩌지 못한 채, 남자는 숨을 죽이며 아무 기척도 내지 않으려 안간힘을 썼다. 하지만 그렇게 일어나지 않았으면 하는 일은 기어코 일어나고 만다. 텔레파시란 것이 반대로도 작용하는지, 아니면 사람의 몸에서 빛이나 체열처럼 타인의 감각을 자극하는 어떤 요소들이 존재하는지, 그것도 아니라면 상상할 수 없는 어떤 이유가 있는지는 모르겠으나, 마치 정물인 듯 겨울 풍경에 녹아 있던 남자의 존재를 럭키 슈퍼 아줌마는 기어이 알아채고야 말았다.

남자는 얼른 외면했다. 시선이 마주치지는 않았지만 남자는 고개를 돌리기 전, 그 검은 얼룩 같은 덩어리 속에서 묘한 분노를 느꼈다. 남자는 곁눈질로 상대를 살폈다. 아줌마는 그 자리에서 남자 쪽을 잠시 바라보더니, 우유를 품에 꼭 끌어안고 몸을 돌려 재빠르게 사라졌다.

그날 이후 남자는 필요한 것을 사러 편의점으로 갔다. 십 원이라도 아끼려고 일부러라도 가지 않던 곳이었다. 남자는 럭키 슈퍼 아줌마와 마주치는 것은 되도록 피하고 싶었다. 아줌마의 목소리라도 들릴라치면 남자는 먼 길을 돌아갔다. 남자는 누군가의 비행을 목격했을 때의 부채감, 그것을 고발했을 때 지나치게 과장될 도덕심, 그것을 묵인했을 때 상처 받을 양심 사이를 오락가락했다.

자신이 먼저 아줌마에게 다가갈까 생각도 했다. 하지만 문제는 그 다음이었다. 아무한테도 말하지 않겠다고, 안심하라고 말할 수도 없는 일이었다. 그렇다고 모른 체할 수도 없었다. 범죄를 묵인함으로써 공범을 자처하긴 싫었다. 남자의 작은 양심은 그것을 허락하지 않았다. 다시는 그런 짓을 하지 않겠다고 약속을 받을까? 남자에겐 그런 오지랖도 없었다. 답을 찾을 때까지 남자는 럭키 슈퍼 아줌마를 피하는 게 상책이라는 결론을 내렸다. 집밖으로 나갈 때면 남자는 항상 주위를 살폈다.

동네 사람들은 남자가 언제부턴가 지나치게 주위를 살핀다는 것을 눈치 챘다. 저 힐끔거리는 눈초리 좀 봐. 저게 정상적인 사람 눈빛이야? 변태 새끼. 영락없는 사이코 같아. 더러운 호모 새끼.

럭키 슈퍼 아줌마는 남자에게 화가 나 있었다. 아줌마는 남자가 제 가게에 발을 끊은 이유가 '바로 그 일'임을 알고 있었다. 남자 때문에 들여놓은 복사 용지가 네 박스나 됐다. 아줌마는 남자가 싫었다. 단순히 싫은 게 아니었다. 시야 안으로 남자의 모습이 작은 점만큼이라도 들어오면 아줌마는 아주 순수한 증오심으로 이렇게 생각했다. '미친 호모 새끼. 내 눈앞에서 사라져. 뒤져버리든가.' 그건 차라리 저주였다.

11

왕복 사차선 도로 중앙에서 한 여자아이가 울고 있었다. 그 아이는 사람들의 눈길을 끌었지만 적당한 관심은 받지 못했다. 아이는 그렇게 어려 보이지 않았고, 서 있는 도로엔 차가 그리 많이 다니고 있지 않았으며, 중앙선을 따라 약간 옆으로 이동하면 건널목이었다. 그래도 아이는 아이였고 서 있는 곳은 차도의 한복판이었다. 아무도 아이에게 다가가서 보다 안전한 곳으로 데려오거나 무슨 연유인지 전후사정을 물으려 하지 않았다. 경찰에 알리는 사람도 없었다.

가장 실제적이고도 적극적인, 그러면서 효과적인 행동을 취한 사람은 바로 남자였다. 남자에게 아이는 초면이 아니기도 했거니와, 아이에게 필요한 도움을 자신이 줄 수 있으리라는 믿음이 있었다.

아이는 동네를 돌아다니며 폐지나 빈 깡통 따위를 주워 파는 여자의 딸이었다. 그 모녀에 대해 남자가 아는 것은 별로 없지만, 그래도 남들보다 아는 것이 있다면, 가난하지도 않으면서 재활용 쓰레기에 집착하거나 심지어 남의 우유까지 훔치는 럭키 슈퍼 아줌마와는 달리, 두 여자의 생계가 수집한 폐품의 양에 달려 있다는 사실 정도였다.

모녀는 진짜 가난했다. 그래서 남자는 잘 보지 않거나 더 이상 갖고 있지 않아도 되는 책들과 혹시 필요할까 싶어 모아둔 신문이나 잡지, 이면지들을 아이 엄마에게 건네기도 했다. 그런 이유로 아이 역시 남자의 얼굴을 익히 알고 있는 터였다. 구강 구조에 문제가 있는 아이는 일곱 살의 나이에도 언어로 소통하는 데 어려움이 있어서, 남자는 아이가 왜 그런 곳에서 울고 있는지, 엄마는 어디로 갔는지, 집은 어딘지 등을 알아낼 수 없었다. 그렇지만 어스름이 깔리면 아이의 엄마가 작은 손수레를 끌고 언덕배기 부근에 어김없이 모습을 나타낼 것이고 마침 진눈깨비가 비처럼 내리기 시작했으므로 남자는 잠시 동안 아이를 돌봐주기로 했다. 누구의 부탁은 아니었지만 모르는 척 할 수도 없는 일이어서 남자는 책임 있는 어른이 되기로 했다.

하지만 제 집으로 아이를 데리고 오면서 남자는 제 행동에 확신이 서질 않았다. 예전에 제 조카들조차 거둬본 적 없는 남자로서 그것은 당연한 걱정이었다. 그렇지만 남자는 망설이지 않았다. 다행히 아이와는 대화가 필요 없었다. 어차피 말을 주고받아도 못 알아들을 것이 뻔했기 때문에 남자는 인간의 가장 보편적인 욕구를 채워주기로 했다. 아이의 옆에 온풍기를 틀어 젖은 몸을 따뜻하게 해주고, 시리얼에 우유를 부어 내밀자 아이는 허겁지겁 먹어치우더니 까무룩하니 잠에 빠져들었다. 그 모습에 남자는 안도했다. 그러자 참을 수 없는 졸음이 밀려왔다.

남자의 달디단 잠을 깨운 건 다름 아닌 문소리였다. 누군가 문을 세게 두드리고 있었다. 황급히 재촉하는 듯, 그러면서도 감정의 무게가 실린 주먹으로 현관문을 두드리는 소리. 그리고 웅성거림. 현관문 뒤로 경찰을 앞세운 일단의 여자들이 서 있었다. 하얗게 질린 얼굴로 바들바들 떨고 있는 아이의 엄마가 제일 먼저 눈에 들어왔고, 그 옆으로 뒷산 기슭에서 폭행당한 여고생의 어머니가 서 있었다. '거 봐라' 는 듯한 얼굴이었다.

남자는 잠결에 시선을 어디다 둬야 할지 모르는 만큼 머릿속도 뒤죽박죽이었다. 남자의 몽롱하고 흐릿한, 꿈과 현실을 모호하게 넘나드는 감각을 '바로 발밑' 으로 돌아오게 만든 것은 아이의 엄마였다. 어느새 옆에 선 아이를 발견한 그 엄마는 기쁘고 안심하며 끌어안고 쓰다듬다가 나중엔 경악에 찬 비명을 질렀는데, 그건 옆에 있는 여고생의 엄마나 다른 여자들, 경찰도 마찬가지였다. 아이의 손엔 사타구니에 터럭까지 심고 유두까지 실재감 있게 묘사한 바비 인형 크기의 '리얼 돌' 이 들려 있었다. 그것은 일본의 성인인형 수입을 앞두고 있는 어떤 완구회사가 남자에게 품평을 청탁한 물건이었다. 인형을 들고 있는 아이를 본 남자 역시 경악했다. 남자는 경찰과 여자들이 그 인형을 어떻게 여길지 상상이 가지 않았다.

경찰에 신고한 사람은 바로 여고생의 어머니였다. 차도에 갇혀 오도가도 못하며 울고 있는 여자 아이를 봤을 땐 남의 일에 끼어들어 좋을 것 없다는 생각이 앞섰고, 수선을 맡긴 옷가지를 찾아 돌아오는 길에 남자가 아이를 데리고 어딘가 가는 것을 봤을 때도 혹시나 했을 뿐 별다른 생각은 없었지만, 동네방네 아이를 찾아 미친년처럼 돌아다니던 아이의 엄마를 보자 제 딸이 당한 사고가 생각나 발바투 나섰다. 여고생의 엄마는 다짜고짜 아이 엄마의 팔을 붙들고 경찰서로 가서는 부동산 아저씨네 셋방 총각이 이 아줌마의 아이를 데려갔다고 신고했다.

여고생의 어머니는 일촉즉발의 순간에 보인 자신의 기지를 자랑스러워하기보다 엄청난 분노를 억눌러야 했다. 변태 새끼. 경찰들은 왜 이 새낄 잡아 가두지 않는 거야. 무능한 것들. 어떤 험한 꼴을 또 봐야 정신을 차릴래. 혐오스러운 짐승을 보던 눈이 아이 손에 들린 인형으로 향했다. 소름이 끼쳤다.

남자는 유괴의 혐의를 벗었다. 그리고 '책임감 있는 어른이 할 수 있는 최선의 조치' 를 했다고 경찰이 믿게끔 하는 데 성공했다. 하지만 동네 사람들은 경찰이 완전히 속은 거라고 믿었다.

12

남자는 묘한 불안감에 시달렸다. 동네의 골목들을 걷는 것이, 그 안에 사는 것이, 그곳의 다른 사람들에게 이웃으로 존재하는 것이 왠지 큰 잘못처럼 느껴졌다.

잘 알지 못하는 대상에서 오는 두려움과 공포, 익명의 대상에게 갖는 거리감, 편견에서 오는 불신과 혐오 등을 견디지 못한 남자는 다시 술을 입에 대기 시작했다. 남자는 하루에 취해 있는 시간이 그렇지 않은 시간보다 점점 길어졌고, 그럴 때마다 과거를 현실로 불러들였다. 하지만 취중에는 기쁘고 행복한 기억들보다 슬프고 안타까운 기억들이 쉽게 부름을 받는다. 남자도 그랬다. 법 공부를 접는 바람에 아버지가 실망의 기색을 숨기지 않았을 때, 아웃팅을 당하고는 식구들로부터 외면당했을 때, 다들 체육복을 안 가져온 적이 있는데도 본보기라며 체육 선생님이 남자만 체벌했을 때, 이혼으로 상심한 친구에게 "그게 뭐 대수냐"는 말을 한 사람이 남자뿐만이 아닌데 오직 남자만 절교를 당했을 때 등등의 일들이 떠올랐다.

남자는 아쉽다가 혼란스럽더니 곧 억울한 기분이 들었고, 억울하다는 생각이 으레 그렇듯 원망과 증오, 분노를 불러일으켰다. 남자는 부모님이 원망스러웠고 우정과 의리를 등진 친구가 미웠으며 사랑을 등진 애인이 저주스러웠다. 남자의 앞엔 사진들이 잔뜩 늘어져 있었다. 과거의 증거들. 남자는 자신의 과거를 파괴하고 싶었다. 그렇게 완전히 새로 시작할 수 있다면. 남자는 손에 들고 있던 라이터를 켰다.

자칫 큰 불이 될 수도 있었다. 과거의 흔적들을 무덤으로 만들고 싶었던 남자는 하마터면 자신을 무덤 속으로 밀어 넣을 뻔했다. 사진 더미에서 시작된 불은 책상 옆의 이면지 박스에, 그리고 이내 낡은 커튼에 옮겨 붙었다. 남자는 당황했고 비록 술기운이었지만 이성적으로 행동했다. 일단 소방서로 화재 신고를 하고 스스로 불길을 잡으려고 노력했다. 그 덕에 소방관들이 할 일은 그리 많지 않았다.

13

'흥부 공인중개사'를 운영하는 임씨는 상호를 짓느라 이름을 빌려온 '흥부'라는 인물과는 영 거리가 있었다. 살집 많은 체구에 세 겹으로 늘어진 턱 때문이라기보다는 자신의 이득을 최우선으로 치고 손해보기 싫어하며 양보를 모르는 인색한 성격으로, 임씨를 아는 사람들은 동화 속 놀부를 떠올렸다. 하지만 타고난 성정이 그랬다손 치더라도, 삼십여 년 전, 간판을 달고 부동산을 개업했을 때만 해도 자신을 통해 동네에 정착한 모든 사람이 흥부처럼 흥하기를 바랐던 것은 사실이었다. 당시엔, 아니, 몇 년 전까지만 해도 직원을 세 명이나 부릴 정도로 호황을 누렸으나 지금은 입에 풀칠하기도 벅찰 지경이니, 하늘이 내리고 운명이 점지해준 제 성격이 바닥을 드러내 보이는 것은 어찌 보면 임씨를 탓할 일이 아니었다.

그놈의 재개발인지 개나발인지……. 임씨는 그 생각만 하면 화가 치밀었다. 하지만 도대체 누구를 탓한단 말인가. 그건 잘못의 원인을 외부의 탓으로 돌리려는 인간의 이기적인 습성 때문만은 아니었다. 임씨는 '실패'에 있어서만은 공정하려고 노력해온 사람이었다. 하지만 아무리 냉정하게 생각해도 그건 능력의 문제가 아니었다. 단순히 운 탓도 아니었다. 그 실패의 원인을 제공한 상대는 구체적인 것이 아니었다. 전체적이고 형태를 갖추지 않은, 거대한 '어떤 것'이었다. 상대의 정체를 모르니 임씨의 원망과 분노는 주변의 지인이나 가족 같은 가까이 있는 사람들에게 향했다. 환갑을 넘으면서 임씨는 '까칠한 중년'에서 '지랄 맞은 노인네'로 변하고 있었다.

최근 들어 환장할 일들이 연달아 일어난 것도 임씨에겐 불행이었다. 하나밖에 없는 아들놈은 삼 년째 백수로 놀고먹는 것도 모자라 임신한 계집까지 데리고 와선 장가보내달라고 속을 뒤집어 놓질 않나, 그나마 세를 준 놈은 집에 불을 놓질 않나.

가만. 임씨의 생각이 멎었다. 그 집이 완전히 타버렸다면 어땠을까. 보험 들어놓은 게 있잖아. 물론 일부러 불을 놓은 거라면 안 되겠지만, 그렇지 않다면? 아니, 그렇게 보이도록 할 수 있지 않을까. 임씨에게 가장 필요한 것은 바로 '돈'이었다. 궁색한 살림도 그랬지만 그동안 해주고 가르친 것 없이 백수로 만들어놓은 아들이 불쌍했다. 임씨는 아들의 무능함이 모두 제 탓 같았다. 무릇 남자는 장가들고 처자식 거느려봐야 철이 드는 법인데. 하지만 예식다운 모양새를 겨우 갖추는 것만도 돈이 꽤 들 것이다. 생각에 고민을 보태던 임씨에게 어떤 생각이 떠올랐다. 문득 떠오른 아이디어치곤 꽤 괜찮았다.

그렇지만 위험하지 않을까. 하지만 그런 망설임과는 달리, 임씨는 교묘하고 비겁한 행동에 전혀 낯설지 않았다. 치명적인 하자가 있다는 것을 분명히 알고 있음에도 거래를 성사시켰던 일 같이. 물론 모르는 척하는 대가로 건물주의 뒷돈을 받았음은 두 말할 나위도 없었다. 그런 일은 임씨의 인생에 더러 있었다. 합법이냐 불법이냐를 떠나 양심을 외면해야 취할 수 있는 행동들.

임씨는 방금 떠오른 생각이 위험하지만 유일한 방법이라 여겼다. 상대가 '더러운 호모 새끼'라는 생각에 미치자 약간의 양심과 주저함도 처서(處暑)[5] 지난 모기, 주둥이 무뎌지듯 사라졌다. 그리고 며칠 뒤, 임씨는 제 생각에 확신을 가졌다.

14

한밤중에 남자가 살고 있는 건물에 불이 났다. 누군가의 신고로 소방차의 사이렌 소리가 들리기 시작했을 때에는 이미 남자가 세든 이층 전체에 불이 번진 뒤였다. 동네 사람들 누구도 그 집에, 바로 그 이층에 세입자가 있다는 사실을 입 밖에 내질 않았다. 개중엔 진짜 몰랐던 사람들도 있었고, 그저 어쩌나, 하면서 발만 굴린 사람도 있었다. 럭키 슈퍼 아줌마나 흥부 공인중개사의 임씨, 수다쟁이 신씨 같은 사람들은 모른 척했다.

남자의 존재를 알리는 데 제일 적극적으로 행동한 사람은 바로 폐지를 줍는 여자의 일곱 살 난 딸이었다. 아이는 어리고 기형적인 구강 구조를 갖고 있음에도 불구경 하러 나온 어른들과 소방관들에게 불에 타고 있는 건물이 빈 건물이 아니며 자신이 어려움에 처했을 때 친절을 베푼 아저씨가 예쁜 인형과 함께 살고 있다는 사실을 알리기 위해 필사적으로 노력했다. 하지만 아이의 나름의 기지에도 그 말을 이해한 어른은 단 한 명도 없었다.

소방관들의 노력에 의해 건물의 삼분의 이를 잿더미로 만든 불길은 결국 잡혔다. 화마가 사라진 후 이층 어느 곳에서 불에 탄 남자의 시체가 발견됐고 경찰은 화재의 원인을 실화로 잠정 결론지었다.

5 이십사절기(二十四節氣)의 하나로 늦여름 더위가 물러가는 때. 입추(立秋)와 백로(白露) 사이에 있다.

15

예전에 낡은, 삼층의 다세대 주택 건물이 있었지만 지금은 흔적만 남은 터 앞에 한 여자아이가 서 있다. 아이의 손엔 이름을 알 수 없는 노란 꽃이 몇 송이 들려 있는데, 그 꽃은 얼핏 홑꽃으로 피는 국화처럼, 또 어떻게 보면 뚱딴지나 코스모스처럼 보인다.

아이는 반짝거리는 두 눈을 허공으로 향한 채 아무도 못 알아들을 말들을 누구에게랄 것도 없이 지껄이고 있다. 그러다 아이는 갑자기 입을 다물더니 잿더미 안쪽으로 발걸음을 옮기기 시작한다. 저 앞에 시커멓게 그슬린 인형이 눈에 띄었기 때문이다.

아이가 주워든 인형의 살엔 체모를 심었을 작은 구멍들이 숭숭히 보인다. 아이는 인형을 마치 자신이 오래전부터 아꼈던 것인 양 품에 안는다. 그 바람에 손에서 노란 꽃들이 떨어지지만 아이는 개의치 않는다. 의기양양한 얼굴 뒤로 보이는 꽃들은 마치 제단에 바쳐진 것 같다.

인형과 함께 집에 돌아온 아이는 엄마에게 꾸지람을 듣는다. 할 수 있는 대로 설명과 변명을 해보지만 선천적인 구강 기형이라 엄마조차 그 말들을 감으로 주워 넘긴다. 그리고 아이의 엄마는 인형이 흉물스럽다며 쓰레기통에 처박아버린다.

소수자들의
삶과 기록

초판1쇄 찍은 날 | 2019년 2월 18일
초판1쇄 펴낸 날 | 2019년 2월 20일

엮은이 | 윤수종
펴낸이 | 송광룡
펴낸곳 | 문학들
등록 | 2005년 8월 24일 제2005 1-2호
주소 | 61489 광주광역시 동구 천변우로 487(학동) 2층
전화 | 062-651-6968
팩스 | 062-651-9690
전자우편 | munhakdle@hanmail.net
블로그 | blog.naver.com/munhakdlesimmian
값 14,800원

ISBN 979-11-86530-67-2 03300